전라도 사람들 7

– 임형수·나세찬·유희춘·정황

하서
haseo

『전라도 사람들』1~6권 수록 인물

제7권을 시작하며

이 책에서도 앞권(『전라도 사람들』 1~6)에 이어 절의를 지키다가 수난한 사림 출신 관료들의 불의를 용납하지 않은 처절한 삶을 살펴본다.

송재 나세찬(松齋 羅世纘)은 중종조의 대표적인 권신 김안로(金安老)를 논척한 책문(策文)으로 고성에 유배되었다.

금호 임형수(錦湖 林亨秀)는 을사사화에 파직되었다가 2년 후에 일어난 을미사화에 사사되었다.

미암 유희춘(眉巖 柳希春) 역시 정미사화에 극지인 함경도 종성에 유배되어 19년간을 지냈다.

유헌 정황(游軒 丁熿) 또한 을사사화에 파직되었다가 정미사화에 거제도로 유배되어 돌아오지 못하고 최후를 마쳤다.

이들의 관직에 임하는 자세, 충군·애국·위민의 사심 없는 고귀한 정신, 의(義)에 목숨을 거는 강한 정의감 등은 오늘의 혼탁한 세상을 사는 우리에게 삶의 밝은 거울이자 서늘한 지침이 되리라 믿는다.

2019년 가을에
김정수

임형수
林亨秀

나세찬
羅世纘

유희춘
柳希春

제1장 귀양길

제2장 용문(龍門)을 향해

제3장 벼슬바다〔宦海〕

정 황
丁 熿

우) 임형수 출생지(전남 나주시 송현마을)

임 형 수

林亨秀

1514(중종 9)~1547(명종 2)

제1장

국기(國器)

과거 보러 가는 길에서

1535년(중종 30), 1월의 매서운 겨울바람이 휘몰아치는 공주의 금강 가에 유배 죄인을 호송하는 금부도사 일행이 당도하였다. 함거(檻車) 안에는 머리칼을 풀어 흩뜨린 채 지치고 수척한 몸에 곤장 맞은 상처는 미처 아물지 않았는지, 붉은 피가 옷에 배어나오는 처참한 몰골의 서른 남짓 된 '죄인'이 넋을 잃고 모로 누워 있었다. 그 모습이 어찌나 참담한지 행인들이 차마 볼 수 없어 고개를 돌릴 지경이었다.

그는 바로 흥양(興陽. 현 고흥)으로 귀양 가는 전 이조좌랑 홍섬(洪暹. 1504~1585)이었다. 홍섬이 누구인가? 그는 영의정을 지낸 홍언필(彦弼)의 아들로 조광조(趙光祖. 1482~1519)의 문인이다. 문과를 거쳐 이조좌랑으로 있으면서 권신 김안로(金安老. 1481~1537)의 전횡을 탄핵했다가 도리어 안로파의 역습을 받아 죄인으로 몰려 귀양길에 오른 것이다.

때마침 남쪽 방면에서 많은 선비들이 길이 터지게 서울을 향해 올라가고 있었다. 그들은 중종 을미년의 식년과(式年科. 3년마다 정기적으로 실시하는 과거)에 응시하러 상경하는 공주 이남의 충청도 및 전라도 선비들이었다. 이들이 나룻가에서 홍섬 일행과 마주친 것이다.

벼슬하기 위해 과거 보러 가는 사람들이다. 그들이 가려고 하는 길을 먼저 간 선배가 귀양 가는 행차라, 그들은 착잡한 감회에 젖어 바라보았을 것이다. 갑자기 군중 속에서 큰 소리로 외치는 사람이 있었다. 모두의 눈이 그리로 쏠렸다. 무리 중에서 나이가 가장 적어 보이고 준수한 외모에 자태가 의젓하고 당당한 선비였다. 그는 군중을 향해 우렁차게 외쳐댔다.

"내가 들은 바로는 홍섬은 사류(士類)라 했소. 지금 그가 죄 없이 곤장을 맞고 유배를 당하여 가고 있소. 이로 보건대 지금 필시 소인이 국정을 어지럽히고 있음이 분명하오. 이렇게 정사가 어지러운 때에 우리가 과거는 보아 무엇 하겠소. 그만 돌아갑시다!"

누워서 앓고 있는 홍섬의 귀에도 외치는 소리가 들렸으리라. 절망의 귀양길에서 자신을 알아주는 젊은 선비의 외침에, 홍섬은 크나큰 위안을 받으며 깊이 감격한 나머지 가만히 그 성명을 물어보았다.

그가 바로 임형수(林亨秀)였다.

후일담. 홍양으로 귀양 간 홍섬은 1537년 김안로의 사사(賜死)로 3년 만에 풀려나 관직에 복귀하였다. 그 뒤로 승승장구하여 청요직을 두루 거치고, 대사헌과 예문·홍문 양관대제학을 역임한 다음 선조조에 영의정을 세 번이나 지냈다.

그럼 임형수는 어찌되었을까? 과연 과거를 포기하고 되돌아갔던가? 그 전후 사정을 전하는 말이 없어 알 수 없으나, 그가 그 해(을미년)에 문과 급제한 사실로 보아 실제로 발길을 돌리지는 않았음을 알 수 있다. 아마도 홍섬의 설유(說諭)가 있었을 것이며, 이에 마음을 돌렸으리라 짐작할 수 있다.

이 짤막한 한 토막의 일화는 듣는 사람으로 하여금 통쾌감을 자아내게 하는 한편, 그의 사람됨의 일단(一端)을 엿볼 수 있게 한다. 여기에 나타난 그의 다혈질적인 직정경행(直情徑行)의 강기(剛氣)와 정의감은 남다른 정신적인 자산임과 동시에, 환로(宦路)에는 어두운 그림자를 드리울 수도 있을 것이었다.

'운명은 성격의 소산'이라는 말이 있거니와 그의 성격의 일단을 드러내는 이 일화의 연장선상에 그의 비극적인 종말이 놓였다고 볼 수도 있겠다.

나주 송현마을

이중환의 『택리지(擇里志)』에 나주는 그 형국이 규모만 작을 뿐 꼭 서울과 비슷하다고 하였다. 북쪽에 좌정한 진산(鎭山)인 금성산이 곧 북악산이요, 동쪽 노안으로 뻗은 자락은 곧 낙산이요, 서쪽 영산포로 뻗은 자락은 곧 인왕산이며, 남쪽의 안산(案山)은 서울의 남산과 이름 도 같은 남산이다. 이 남산 바깥쪽의 동북에서 서남으로 반원을 그리 며 영산강이 휘감아 흐른다. 서울의 한강과 같다. 멀리 동으로 들판 건너 무등산 연봉은 마치 수락산·남한산 같고, 남으로 아득히 바라 다보이는 월출산은 산세조차 그대로 관악산이다. 이렇게 보면 『택리 지』의 기사는 근리한 견해라 하겠다.

산수가 절묘하게 조화를 이룬 천혜의 지형에 더하여, 광활하고 비 옥한 나주평야를 안은 나주는 고려 태조 왕건의 왕업의 기지가 된 이 래로, 조선말까지 전주와 더불어 호남의 웅도로 일관하였다.

이러한 자연·역사·인문 환경은 필연적으로 많은 인물을 배출하 였다. 『택리지』에서 '전라도 인물의 반은 나주에서 나왔다.'고 말한 그대로, 고려 초 최지몽(崔知夢. 나주 소속의 영암 출신)을 비롯하여 매거 할 겨를이 없을 만큼 많다.

인물 고장의 수부(首府)인 나주성의 남문(지금 복원되어 있음) 밖, 금 성산의 오른쪽 한 줄기가 영산강을 향해 내닫다가 머문 끝자락에 '송 현(松峴)'이라는 고즈넉한 마을이 하나 있다. 서울이라면 용산 언저리 쯤 되는 마을 어귀에 '松峴마을'이라 새긴 자연석의 표지석 하나가 우뚝 서 있다. 바로 우리의 주인공 임형수의 마을이다. 금성산을 등지고 영산강과, 시원스레 펼쳐진 나주평야를 앞에 한 전형적인 배산임수의 마을터다. 고려 태조 왕건의 제2부인 장화왕후 오 씨의 태생지라는 전설이 있는 유서 깊은 곳이다.

마을 중심부에 최인규 국회의원 생가가 역사적인 명촌의 면목을 자랑하듯 육중하게 자리잡고 있다. 그 집 바로 오른쪽 옆 담 하나 사이로 조그만 민가 한 채가 있는데, 거기가 임형수 생가 터로 추정되고 있다.

출생

임형수는 조선 중종 9년(1514)에 위 송현마을에서 태어나 자랐다. 이 출생년에 대하여 이설이 있음을 부기한다. 숙종조의 영의정 김수항(金壽恒. 1629~1689)이 지은 「묘갈명 서(墓碣銘 序)」에 홍치 갑술(弘治甲戌)생으로 나오는데, 명(明)의 홍치 연호에 갑술이 없고 갑자(甲子)는 있다. 홍치 다음의 정덕(正德) 연호에 갑술이 있다. 홍치를 정덕의 오기로 본다면 정덕 갑술인데 이 해는 중종 9년이다.

그런데도 현행 대부분의 문헌에 거의 홍치 갑술을 홍치 갑자로 보았는지 생년이 연산 10년(1504)으로 나온다. 이홍직 박사 편 『국사대사전』, 정신문화연구원(현 한국학중앙연구원) 편 『한국민족문화대백과사전』 등 최고 권위의 사전에도 그렇게 되어 있다. 그러니 다른 문헌이야 말할 것이 없다.

그런데 「묘갈명 서」를 조금만 주의 깊게 살펴보면 '홍치 갑술'이라는 생년의 오류를 곧 발견할 수 있다. 몇 줄 읽어 가면 22세에 문과급제(을미년), 사사당한 해(을사년) 나이 겨우 34세라 하였으니, 역산하면 생년이 중종 9년(1514)이 된다. 족보에도 '중종 9년 갑술생'으로 나온다. 「묘갈명 서」에 정덕이 홍치로 오기된 것을, 후인은 다시 홍치에 갑술이 없으므로 갑술을 갑자로 바꾸어 결국 홍치 갑자(연산 10. 1504)로 생년을 잘못 전한 것이 아닐까?

그의 생년은 중종 9년으로 바로잡아야 할 것이다.

임형수의 본관은 평택, 자는 사수(士遂), 호는 금호(錦湖)다. 태어난 마을이자 세거지인 송현의 위치, 금수지양(錦水之陽. 영산강의 북쪽)이 호의 유래다. 아버지는 무관으로 북병사 겸경성(鏡城)도호부사를 지낸 준(晙), 어머니는 안동 권씨로 현감을 지낸 석(錫)의 딸이다. 고려 영삼사사(領三司事) 희(禧)가 시조이며, 고려말 명신 삼중대광(三重大匡) 평성부원군(平城府院君) 충정공(忠定公) 언수(彦脩)와 충간공(忠簡公) 성미(成味) 부자가 드러난 선조다. 증조 종직(從直)이 무관으로 수군우후(水軍虞侯)를 지냈다.

문무를 겸비하다

금호는 어려서부터 성품이 호탕하고 영민하며 비범하였다. 사승(師承)에 관하여는 전하는 바가 없어 알 수 없으나, 아마도 가학을 바탕으로 유학의 제 경전을 비롯하여 사(史)·문(文) 등을 널리 깊이 갈고닦았을 것이다. 그리하여 학문이 숙성하여 일찍부터 박학으로 알려졌다. 중종 26년(1531) 18세 때 사마시에 합격하여 진사가 되고, 4년 뒤 22세(중종 30. 1535)에 문과에 급제하였다. 매우 이른 등제로, 그의 비범성을 드러낸 일면이다.

금호는 책상물림의 창백한 지식인이 아니었다. 『중종실록』에 "임형수가 젊기는 하나 공부를 많이 한 데다 재주와 사려가 호방하고 처사가 관대하여 호걸이라 할 만하다."고 평한 기사가 보인다. 그에게는 조선 시대 문신에게서는 볼 수 없는 호기와 무예가 있었다는 게 당시의 중평이었다. 물론 글재주에 문장 수련을 하고 학문을 온축한 사류로서의 근본기가 갖추어져 있었다. 특히 그의 문장은 조야(朝野)를 통틀어 명성이 높았다. 조정 중신들의 시회에서 누차 입선되기도 하였고, 중국 사신 방문 시에 접빈사의 종사관이 되어 글로써 중국 사신과 응수하는 역을 맡기도 하였다. 또 중종이 승하하자 지문(誌文)과 시책(諡冊)을 짓는 중책도 맡았었다.

이렇듯 우수한 문신으로서의 자질을 갖춘 금호가 말을 잘 타고 활을 잘 쏘는 무예까지 지녔었다. 거기에다 지모가 뛰어나고 담론이 명쾌하고 해학을 잘하고 도량이 크며 호방하여 큰 인물로 중망(衆望)이 높았다. 김수항은 「묘갈명 서」에서 다음과 같이 칭송하였다.

공은 위인이 활달 준수하고 아름다운 풍신에 거동이 고상하고 기개가 소탈 호탕하여 소절에 매이지 않았다. 그 뛰어난 행실과 큰 식견은 곡학아세(曲學阿世)하는 유자 따위가 감히 미칠 수 없었다. 일찍이 글로써 세상을 울리고, 또 말타기·활쏘기를 잘하고, 재주와 지모가 영발하여 어떤 일을 시험하더라도 마땅하지 않음이 없었다. 담론이 시원시원하고 해학을 잘하여 사람들이 정신없이 경청하도록 만들었다. 악을 미워하고 사(邪)를 물리치는 데는 조금도 망설이거나 꺼리는 바 없이 그 말이 늠름하여 뼛속을 찌르듯 하였다.

당시 세상에서 국기(國器. 나라를 다스릴 만한 기량이 있는 사람)라

추중(推重)하였다.

금호는 퇴계(退溪-李滉. 1501~1570)보다 열세 살 연하이고 문과 급제는 1년 늦었지만 호당(湖堂. 독서당) 수계(修禊)를 같이 한 사이로, 매우 친하였다. 야사에 두 사람 사이의 일화 내지는 대화 장면이 여러 군데 나오는데, 위에서 말한 바와 같은 호탕한 금호의 사람됨을 극명하게 드러내는 장면 하나를 『연려실기술』에서 인용할까 한다.

이황이 항상 공의 사람됨을 칭찬하여 말하기를, "참으로 재주가 기이한 사람이었는데 죄 없이 죽었으니 정말 원통하다." 하며 애석하게 여김을 마지않았다.

공은 사람됨이 뜻이 높고 기개가 한 세상을 덮을 만하였으며, 또 문무의 재주를 지녔었다. 일찍이 이황과 함께 호당에 들어갔는데, 술이 취하면 곧 호탕하게 노래를 부르며 시를 지었다. 황의 자(字)를 부르며 "자네(열세 살 연상인데 '자네'라고는 안 했겠지-필자)는 사나이의 장쾌한 취미를 아는가. 나는 안다." 하니, 황이 웃으며 "말해 보라." 하였다.

"산에 눈이 하얗게 쌓일 때, 검은 돈피 가죽옷을 입고 흰 깃이 달린 기다란 화살을 허리에 차고, 팔뚝에는 백 근짜리 센 화살을 걸고 철총마를 타고 채찍을 휘두르며 골짜기로 들어가면, 긴 바람이 골짜기에서 일고 초목이 진동하는데, 느닷없이 큰 멧돼지가 놀라서 길을 헤매고 있을 때, 곧 활을 힘껏 잡아당기어 쏘아 죽이고 나서 말에서 내려 칼을 빼서 이놈을 잡고, 고목을 베어 불을 놓고 기다란 꼬챙이에다 그 고기를 꿰어서 구우면, 기름과 피가 끓으면서 뚝뚝 떨어지지. 그러면 걸상에 걸터앉아 저며 먹으며 큰 은대접에 술을 가득히 부어 마시고, 얼근히 취할 때에 하늘을 쳐다보면 골짜기의 구름이 눈이 되어 취한 얼굴 위를 비단처럼 훨훨 스치게 된다.

이런 맛을 자네가 아는가. 자네가 잘 하는 것은 다만 글자를 다루는 작은 재주뿐이야."

이렇게 말하고는 무릎을 치며 너털웃음을 웃었다. 황이 공의 인품을 말할 때면, 언제나 그가 하던 말을 이렇게 외웠었다.

금호, 그는 창백한 얼굴의 나약한 지식인이 아니었다. 천리마를 타고 장창을 휘두르며 만주 벌판을 종횡무진으로 달리던 고구려인의 기상을 지닌 대장부였다. 문무를 겸비한 국가의 대들보였다.

제2장

벼슬길

한림(翰林)

중종 30년(1535)에 22세의 젊은 나이로 문과에 급제한 금호는 곧 대망하던 벼슬길에 올랐다. 「묘갈명 서」에 '사국(史局)에 들어 한림이 되었다.'고 하였으니 아마도 예문관검열(檢閱. 통상 한림이라 불렀음)이었을 것이다. 예문관을 사국이라 한 것은 예전에 예문관·춘추관을 합해서 두었기 때문이다. 검열은 비록 정9품 하위직이지만, 승문원·홍문관의 정자(正字), 성균관의 학록(學錄), 춘추관의 기사관(記事官) 등과 더불어 대개 문과 급제자에게 주어지는 첫 관직으로 영예로운 자리다.

천하의 독서자들이 생을 다 걸기로 도전하는 과녁인 문과를 돌파하고 국정의 심장부 조정에 들어선 금호는 험난한 벼슬길을 과연 어떻게 헤쳐 나갈 것인지 그 뒤를 따라가 보겠다.

우선 그가 등장한 당시의 국정 상황부터 대강 들여다보자.

정정(政情)

조선 제10대 왕 연산군(燕山君)을 패역무도(悖逆無道)한 폭군이라 하여 박원종(朴元宗. 1467~1510), 성희안(成希顔. 1461~1513), 유순정(柳順汀. 1459~1512) 등 신료들이 연산군 12년 9월에 군사를 일으켜 왕좌에서 끌어내리고, 이복 동생(성종의 둘째 아들) 진성대군(晉城大君)을 왕위에 올렸다. 이른바 중종반정(中宗反正)이다.

새로 왕좌에 앉은 중종은 왕위에 오른 수순(手順)이 정상적이 아니였던 때문인지, 그 묘호(廟號) '중종(中宗)'과는 달리 국정에서 '中'을 얻지 못하고 재위 39년간 내내 평안한 날이 별로 없었다. 공신들의 강요로 즉위와 동시에 왕후에 오른, 잠저(潛邸) 시대의 부인 신비(愼妃)와 생이별(폐비)을 하는 굴욕을 겪어야 했다. 왕권이 아직 유동적인 즉위 바로 이듬해 1507년(중종 2년)에 '박경(朴耕)의 옥'과 '이과(李顆)의 옥' 및 이에 연루된 견성군(甄城君) 돈(惇. 성종의 제7왕자)의 사사 등이 연달아 일어났다. 반정공신들에게 얽매여 지내다가 재위 8년 안에 박원종, 유순정, 성희안 등이 차례로 죽어서 비로소 그들의 철주(掣肘)를 벗어나 겨우 심지(心志)를 펴게 되자, 곧 왕비 장경왕후(章敬王后. 인종의 모후)의 상을 당하였다.

뒤이어 '신비 복위소(愼妃復位疏)' 사건으로 온 조야가 한바탕 큰 홍역을 치렀다. 이 와중에 조광조가 혜성같이 등장하여 몇 해 동안 혁신의 강공을 폈으나 좌초하고, 기묘년(중종 14. 1519)과 신사년(중종 16. 1521) 2년 사이에 사류들이 대거 유혈의 참화를 입었다. 이후로 남곤(南袞. 1471~1527), 심정(沈貞. 1471~1553) 등 권간(權奸)이 국정을 농단하다가 끝장난 뒤를 이어 중종 26년(1531)을 전후하여 이젠 권신 김안로의 시대가 열렸다.

임형수가 처음 출사한 중종 30년은 바로 김안로가 예조판서, 대제학, 이조판서, 우의정 등을 거쳐 좌의정에 올라 국정을 전횡하던 전성기였다. 앞에 나온 홍섬은 이 절정기의 김안로를 탄핵하다가 유배를 당한 것이다. 반면에 기묘사화에 된서리를 맞은 사림은 15년 세월이 지나는 동안, 권신들이 갈아들며 국정을 어지럽히는 상황에서도 과거를 통해 조정에 진출하여 점차 세를 불리고 있었다. 특히 김안국(金安國. 1478~1543), 김정국(金正國. 1485~1541), 이언적(李彦迪. 1491~1553), 이황, 송인수(宋麟壽. 1487~1547), 나세찬(羅世纘. 1498~1551) 등 청류(淸流)가 요소에 자리잡고 있었다. 바로 뒤를 이어 정황(丁熿. 1512~1560), 유희춘(柳希春. 1513~1577), 김인후(金麟厚. 1510~1560) 등 신진 사류가 조정에 진출하였다. 기묘사화 이후로 비록 사기(士氣)는 저상하고 권신들의 발호가 심했지만, 세월과 더불어 그들은 차례로 도태되고 말았다. 금호가 조정에 진입할 때에는 김안로만이 몰락을 앞두고 마지막 여광(餘光)을 번득이고 있었다.

반정 이후 30년간 국정을 어지럽힌 공신 권간들의 시대가 막을 내리고, 그동안 겨우 명맥을 유지해 오던 사림파 관료들에게 한 줄기 희망의 빛이 비치기 시작할 때 임형수는 한림이 된 것이다. 그의 앞길에 장차 맑고 화평한 조정이 열려야 할 텐데 그렇게 되지 않았다. 그가 문과 출신 엘리트 관료로서 문한직(文翰職) 시종직(侍從職)을 거치는 동안 김안로가 사사되었다. 이에 조정은 소강 국면에 접어들었다.

이제 조정은 안정되고 국정이 정상화되며 사림 출신 관료들이 꿈꾸는 왕도 지치의 성대를 맞이할 수 있을 것인가? 무지개를 쫓아가면 손에 잡힐 듯 잡힐 듯하다가 한없이 멀리만 사라지듯, 치세도 좇을수록 멀어져 가는 것일까. 김안로만 제거되면 정국이 평온할 줄 알았는데 이미 전혀 또 다른, 더욱더 고약하고 험악한 먹구름이 덮쳐오고 있었다. 그것은 중종의 후사 문제로 야기되는 소용돌이였다.

검열로 첫발을 내디딘 금호의 벼슬은 순조로운 궤도에 올라 전진하였다. 그러나 벼슬이 올라가면서, 후사를 둘러싼 소용돌이도 더욱 거세어져 장차 금호는 본의 아니게 거기에 휩쓸리게 된다.

순항(順航)

　금호는 중종 30년부터 34년 6월 사이에 검열, 승정원주서(注書), 춘추관기사관, 홍문관 박사·부수찬·수찬, 세자시강원 설서(說書)·사서(司書), 경연검토관, 예조좌랑 등 주로 문한직을 순탄하게 역임하였다. 이 기간에 특기할 일 몇 가지가 있다.

　하나는 시강원 설서·사서로 세자(뒤의 인종)를 보도(輔導)할 때, 문장과 박학으로 세자의 사랑과 존경과 대우가 매우 돈독했으니 밝은 후일을 기약할 수 있었다는 것이다. 또 하나는 중종 32년 9월 주서 재임 시 왕이 서교(西郊)에 행행하여 농사일을 시찰하고, 입시한 문신들에게 시를 짓게 하였는데, 금호가 2위로 뽑혀 상으로 어린 말 한 필을 받은 것이다. 그는 또 시강원사서 재임 시인 중종 33년 4월 19일 왕이 춘당대(春塘臺)에 나가 관사(觀射)하고 나서 입시한 재상 및 제신과, 홍문관·예문관·독서당의 관원을 불러 글을 짓게 하였는데, 입격하여 반쯤 길들인 말[半熟馬] 한 필을 상으로 받았던 것이다. 그는 또 동년 동월 22일, 왕이 명정전에 나가 문신 정2품 이하에게 보인 정시(庭試)에 입격하여 반숙마 한 필을 수상하였다.

　이렇듯 그는 시재가 뛰어나 그 문명이 조야에 울렸으며 그 덕으로 말도 세 마리를 갖게 되었다. 중종 33년 봄에는 호당에 들어 사가(賜暇) 독서하는 특전도 누리었다.

　더욱이 중종 34년 4월에 명나라 사신 화찰(華察), 설정총(薛廷寵) 등이 내조(來朝)하는데 그는 예조좌랑으로, 원접사 소세양(蘇世讓. 1486~1562)의 종사관이 되어 명사 일행과 시로 수창(酬唱)하여 명성을 올렸다(당시의 시 몇 수가 『금호집』에 남아 있다).

회령판관(會寧判官)

전술한 바와 같이 금호는 출사 이래 불과 3년 반 동안 문한·청요
직을 두루 거치면서 경륜을 쌓고 문명을 떨쳤다. 그리고 중종 34년 6
월 24일 홍문관부수찬이 되었다. 그러나 그로부터 20일도 채 못 되어
7월 13일에 회령판관 임명을 받았다. 뜻밖의 인사였다. 내직 중에서
도 국정의 중추인 문한·시종직에만 재임했던 그가 외직, 그것도 천
리 먼 북쪽 변경 고을의 판관(종5품)이라니, 유배나 다름없었다.

회령은 함경(북)도 북단 두만강 가의 국경 고을로 바로 만주의 연
길—간도와 마주 대하고 있는 극지였다. 구름 위의 선계에서 홀연 나
락(奈落)으로 떨어뜨려진 것 같은 일이었다. 여기에는 그럴 만한 국가
적인 정책상의 이유가 있었다. 그 이유를 짚어보면 왕과 조정이 임형
수의 능력을 높이 인정한 데서 온, 그에게는 영예로운 변경 차출이었
던 셈이다.

고구려 내지는 발해의 유민인 만주족을 고려 때에는 여진족, 조선
시대에는 야인이라 불렀다. 두만강 유역의 야인은 고려 말엽에 함경
도 동북부를 차지하고 살았는데, 조선 태조 이성계가 이들을 두만강
북쪽으로 몰아내고 강 안의 땅을 확보하게 되었다. 그러나 그 뒤 그들
이 자주 침입하여 분란을 일으키므로, 태종 때에는 일시적으로 경성
(鏡城) 이북의 땅을 비우기까지 하였다.

세종조에 김종서(金宗瑞. 1390~1453) 장군(실은 문신)이 이 땅을 수복
하여 6진(종성·온성·회령·경원·경흥·부령)을 두고, 강원도·경상도에서
민가를 옮겨 거주케 하여 실질적인 영토를 삼았다. 그래도 야인은 세
조·성종대를 거쳐 중종조에 이르도록 침입을 반복하였다. 그때마다

토벌하여 영토를 보전하였던 것이다.

임형수가 회령판관에 임명된 무렵, 여진족의 동향이 매우 수상하였다. 압록강 대안의 서북쪽에 도사린 소위 건주야인이 점차 힘이 강세해짐에 따라 동북쪽의 야인도 활발히 움직여 6진에 긴장이 팽팽하였다. 이럴 때일수록 지방관들이 안으로 선정을 베풀어 민생을 안정시키고 민심을 붙들어야 한다.

그런데 이 변방의 수령들 대부분이 무관 출신인 데다 조정에서 천리나 먼 곳이라 대민 행정이 거칠고 사나우며 수탈이 심하여 민생이 도탄에 빠졌다.

그러니 자연 민심은 이반하여 조정을 원망하고 지방관을 미워하였다. 야인의 침입보다 더 무서운 내부의 괴란이 진행되고 있었다. 더욱이 중종 33·34년에 6진에 흉년이 든 데다 변장(邊將)들의 작폐가 심하여 민심이 흉흉하였다.

이에 왕과 조정은 위기 대책을 강구하였다. 그래서 야인에게는 위무(威武)를 보이고, 안으로는 민심을 수습할 수 있는 신망 높은 중신을 파견하자는 데 의견이 모아졌다. 왕과 중신들의 말을 들어보자.

『중종실록』,「중종 34년 7월 12일 조(條)」에 나오는 왕과 대신들의 문답에서 임형수를 회령판관으로 선임한 배경을 엿볼 수 있다.

사헌부의 계(啓)—"어제(7월 11일) 인사에서 회령판관을 가려서 선출하라는 명에 따랐다 하더라도, 이조(吏曹)가 교리 유진동(柳辰仝)·수찬 임형수를 소정의 절차(미리 왕에게 계하여 내락을 받아야 함) 없이 멋대로 주의(注擬. 관원 임명 시 문관은 이조에서, 무관은 병조에서 후보자 세 사람을 정하여 임금에게 올리는 일)하였습니다. 홍문관은 논사(論思)하는 중요한 기관이라 여기 관원은 대간에 임명하는 경우가 아니면 이조에서 독단할 수 없는 일인데도 그리했습니다. 이는 내외의 경중을 잃었을 뿐 아니라 앞으로 끝없는 폐가 될 것입니다."

왕—"어제 대신이 계하기를 '회령판관은 당연히 무재(武才)와 명망을 겸비한 문신을 교대로 임명해야 된다.'고 하였다. 나는, 이는 틀림없이 대간과 시종 출신을 지적한 것이라 생각했다. 그들이라야 자기 행동을 근신함은 물론, 이웃 고을 수령들도 보고 두려워하며 꺼리어 제멋대로 하지 못할 것이다. 그래서 예조좌랑이 후보자로 올랐으나, 대간 시종 출신이 아니기에 홍문관 관원으로 차출하라고 한 것이다."

7월 13일에도 논의가 이어졌다.

삼공의 계—"육진은 서울에서 멀고, 감사의 이목도 미치지 못해 탐욕스러운 관리가 불법을 자행해도 바로잡을 수 없기 때문에 기탄없이 작폐하는 일이 극심합니다. 성종조부터 명망 있는 문신을 수령으로 보내어, 이웃 고을의 수령들로 하여금 두려워서 비행을 못하도록 하였습니다. 근래 북도에 흉년이 계속되어 민생의 곤궁이 배나 극심하므로, 이를 정상으로 회복시키는 것이 시급합니다. 수령을 문신으로 임명하되, 문신이라 해도 명망이 없으면 도리어 재략 있는 무신만도 못하므로 전일에 대간·시종 출신을 임명하도록 말씀 올린 것입니다."

왕—"정부의 뜻대로 시행하라." 이어 정원(政院)에 전교(傳敎)하였다.

"삼공의 의논이 지당하다. 서북 양계에 명망 있는 문신을 선발하여 번갈아 임명하는 뜻은, 한 고을을 진압함으로써 이웃 고을들도 두려워서 선정을 하게 하기 위한 것이다. 그러나 지금 감당할 만한 인물이 없어 임형수를 제수한 것이다. 이조가 계품(啓稟)하지 않고 주의한 것을 헌부에서 문제 삼으나 이제 와서 고칠 수 없으니 그대로 승전(承傳. 임금의 뜻을 전함)을 받들라."

석별(惜別)

북변의 민심 수람이라는 고도의 국가 정책을 위해 문무를 겸한, 명망 있는 시종신(侍從臣)이라 하여 임형수가 회령판관으로 선발되었다. 그렇다면 이 인사는 본인에게는 물론이고 조정 안팎에서 매우 자랑스럽고 명예롭다는 공감대가 형성되었어야 마땅한데 반드시 그렇지는 않았던 것 같다. 명분은 그럴 듯하나 실지로는 영전으로 간주하기 어려운 측면도 있었던 것 같다.

예나 이제나 정치에서는 명분과 실상은 일치하지 않는다. 그것이 오히려 정치의 속성이라 할 것이다. 금호가 회령판관으로 임명된 당시의 정정(政情)이 매우 불온하였다. 세자(뒤의 인종)가 건재함에도 문정왕후와 윤원형(尹元衡) 남매가 경원대군을 후사로 삼으려고 획책하는 반면, 세자의 외숙 윤임(尹任)은 세자를 지키려고 하여 양자 사이에 생사를 건 물밑 싸움이 벌어지고 있었다. 전자를 소윤(小尹), 후자를 대윤(大尹)이라 불렀다.

금호는 대부분의 사류와 더불어 세자 보호에 뜻을 두었기 때문에 소윤파로부터 대윤파로 지목을 받고 있었다. 후술하겠지만 그가 홍문관 (부)수찬일 때 여러 자리에서 피력한 윤원형에 대한 악담이 바람을 타고 소윤의 귀에 들어가 미움을 살 수도 있었을 것이다. 그래서 그들의 보이지 않는 손이 작용하여 그럴 듯한 패를 붙여서 그를 변방으로 내보냈는지도 모른다. 일찍이 그의 부친이 병마절도사로 있었던 함경도의 한 고을 판관은 그에게 그리 달가운 자리는 아니었을 것이다. 조정 관료들도 대체로 그런 시각이었던 듯하다.

평소 금호를 아끼며 사랑하였고, 원접사가 되어서는 그를 종사관으로 삼은 적이 있는 소세양이 대제학으로서 왕에게 임형수에 대한 인사 반대를 완곡하게 계한 내용에 당시의 사정이 함축되어 있다.

임형수를 회령판관에 제수한 것은, 근래 변장들이 밖에서 그르치는 일이 많으니 명망 있는 문신의 차출이 당연합니다. 그러나 형수는 독서당의 선비로서 이제야 성년(盛年)이 되었고 또 젊으니 후일의 성취가 무량할 것입니다. 이런 사람을 외직으로 보내기는 매우 애석한 일입니다. 임형수를 이미 제수하였으니 아뢰옵기 황공하오나, 신이 중직에 있기 때문에 마음에 미안하여 아룁니다. 신이 원접사였을 때 임형수가 종사관으로 동행했습니다. 당시 형수의 제술은 모두 격을 이루었습니다. 만일 여기서 한 걸음만 더 진보되면 대사를 맡길 수 있는 인재이오니 그를 독서당에 머물게 하여 재예(才藝)를 성취하도록 하소서.(중종 34. 7. 12)

며칠간 끌어온 금호의 회령판관 임명 절차가 7월 13일에 매듭지어지고 드디어 그는 부임길에 올랐다. 왕에게 배사(拜辭)하고 나서는 그에게 조정의 요인들이 흥인문 밖에 대거 참집하여 성대한 환송회를 열어주었다. 그럴 듯한 명분에도 불구하고 사실은 유배와 다름없는 그에 대한 위로의 뜻이 모아졌던 것 같다. 이때의 상황을 사신(史臣)의 붓을 빌려 살펴보자. 매우 생생하고 실감나는 기술이다.

회령판관 임형수가 (왕께) 하직 인사를 하고 나왔다. 온 조정이 흥인문 밖에서 전송하는데, 서로가 '예부터 이처럼 융성한 전송이 없었다.'고 감탄하며, 모두 시를 읊어 외직으로 떠나는 불행을 슬퍼하였다. 혹 눈물을 흘리기도 하고, 혹 이틀씩이나 형수의 집에서 묵어 가면서 전별했건만 섭섭한 마음이 풀리지 않았다. 옥당 관원들은 보제원(普濟院) 뒤 소청(小廳)에 자리를 마련하고, 대루(大樓)에는 정부 요인들이 먼저 휘장을 두르고 있었다.

임형수는 먼저 정부 요인들이 자리하고 있는 장막에 들어가서 대제학 소세양과 석별의 인사를 하고, 다음에 홍문관 관원들이 있는 소청 안에 들어가서 앉자마자, 북받치는 서러움을 참지 못해 자못 실의한 모습을 표면에까지 역력히 드러내니 식자들은 오히려 그를 매우 낮추어 보았다.

임형수에게 약간 우호적이 아닌 사필이지만, 꼭 영전이라고 할 수 없는 임형수의 심경과 주변의 동정적인 전별의 정경을 적실하게 표현한 글임은 틀림없다.

『금호유고』를 보면 이때 송별시를 지어준 사람들은 모두 일대의 명류들이다. 소세양을 비롯하여 기재(企齋) 신광한(申光漢. 1484~1555), 호음(湖陰) 정사룡(鄭士龍. 1491~1570). 홍섬, 석천(石川) 임억령(林億齡.

?~1568), 면앙(俛仰) 송순(宋純. 1493~1592), 임호신(任虎臣. 1506~1556), 석벽(石壁) 홍춘경(洪春卿. 1497~1548), 소재(蘇齋) 노수신(盧守愼. 1515~1590) 등 휘황찬란한 인물군이다.

이들 별장(別章) 중에서 소세양의 시 한 수만을 소개한다. 충정(衷情)을 토로한 서(序)와 함께.

임형수가 홍문수찬으로 회령부판관이 되어 나간다. 조정의 논의에 따른 것이다. 지금 북도에 흉년이 들어 백성이 흩어져 떠나가고, 변방을 맡은 관리들은 법도를 지키지 않고 부정을 일삼아 재물을 모은다.

조정에서 이를 근심하여 경연(經筵)의 명신에게, 백성을 기르고 돌볼 임무를 맡겨 일도의 탐관들로 하여금 부정을 못하도록 경계코자 한 것이다.

이에 임 군이 첫째로 뽑히니 조정의 관료가 모두, 그가 떠나가되 머물게 할 수 없음을 애석하게 여겨 시가를 지어 가는 길에 노자로 드린다.(중략)

군은 약관에 등제하여 빛나는 재주가 일세를 덮었다. 바로 문장으로 중용되어 마침내 오늘의 떠남이 있게 되었다. 앞으로 진유(眞儒)의 임무를 짊어질 자가 그대 아니고 누구이겠는가.

난 늙었다. 허명으로 왕은을 잘못 입어 앉아서 영록(榮祿)을 누리면서 평생 북로(北路)를 달려본 적이 없다. 오늘 그대의 길 떠남을 바라보며 더욱 느낀 바가 있다. 작년 봄, 내가 명나라 사신 화찰과 설정총을 강상(江上)에서 영송(迎送)할 때, 그대와 최연(崔演. 1500~1549) 및 엄흔(嚴昕. 1508~1553)이 종사관이 되어, 주선 접빈

을 잘하여 내가 허물을 면한 것은 모두 공들이 힘쓴 덕이었다. 이
에 멀리 떠나감에 말이 없을 수 없어 우선 이 시를 지어 드린다.

이렇게 그는 정분이 두터운 후진을 떠나보내는 별리의 회포를 절
절하게 풀어내는 서를 쓴 다음 7언율시를 한 수 읊었다.

요즘 조정에선 변방을 중히 여겨	朝廷近日重邊關
옥당 명류를 목민관으로 보내네	牧守還從玉荀班
청절은 정녕 북쪽 벌판 들레고	淸節固應驚朔野
위엄은 앞서 이미 되땅에 떨쳤네	威聲先已振胡山
출처를 자신하니 마음 매인 데 없고	行藏自信心無累
공업은 드러나도 수염은 아직 검네	勳業當看鬚未斑
성대의 왕은 내려 소환될 날 멀지 않으리	聖代賜環終不遠
그대 없는 동호 풍물이 잠시 심심하겠네	東湖風物暫時閑

금호는 회령에 부임한 이래 중종 37년(1542)까지 만 2년 10개월여
를 삭북의 모진 풍우를 견뎌냈다. 그 사이 조정에서는 중종이 연세가
들면서 권력의 누수 현상과 함께 대윤(윤임-尹任. 1487~1545. 인종의 외숙)
소윤(윤원형-尹元衡. ?~1565. 명종의 외숙)의 싸움이 점차 더욱 치열해지
고 있었다. 금호가 천리 밖에 나와 있는 것이 어찌 보면 다행한 일이
기도 하였다.

이 기간 『실록』에서 임형수의 이름을 두 번 찾아볼 수 있다. 중종
35년 9월 15일, 시종직의 김진종(金振宗. 1485~1546)을 경성판관으로
내보내면서 정원에 내린 전교에서 임형수에 대하여 언급한 대문이

있다.

    ……북도는 변방으로 서울과 매우 멀어 음흉한 짓을 많이 행할 뿐더러 함부로 불법적인 일을 저지르는가 하면, 야인과 내통하여 금수품을 매매하거나 호지에 보내 밀무역을 시키는 등 탐욕의 부패 풍조가 날로 심해져서, 백성이 마음 놓고 살아가지 못한다. 그래서 조정의 상하가 모두 염려하고 대간과 시종의 직책에 드나든 몇몇 사람으로 번갈아가며 차임시켜 보냈다. (중략) 임형수에게도 번갈아가며 차임할 것이라는 뜻을 이르되 각자 마음을 다하여 조금이라도 게을리하는 일이 없도록 하라.

임형수에게 꼭 조정에 복귀시키리라는 희망과 함께 격려를 보내는 메시지다. 시종의 명신을 보내서 민심을 무마한다는 명분으로 김진종 역시 6진의 경성판관에 선발되었으나, 실은 소윤파의 경계 인물로 찍혀 보내진 것이 아닐까? 왜냐하면 그는 을사사화에 걸려 유배 가서 풀리지 못한 채 죽었기 때문이다. 이 점 임형수(뒤에 사사)와 비슷하여 겹쳐 생각케 하는 것이다.

중종 37년 1월 20일, 왕이 사정전에 나아가 대신들을 맞아 자문하는 자리에서, 영의정 윤은보(尹殷輔. 1468~1544)가 아뢴 다음의 말 가운데 임형수가 나온다.

    ……남쪽과 북쪽 변방에 유장(儒將)을 가려서 임용하여 변방 실정을 알게 한 다음에 변방 일을 의논해 가도록 한다면, 또한 반드시 유익함이 있게 될 것입니다. (중략) 또한 임형수를 회령판관으로 삼은 것은 단지 불법을 범한 변장들을 조심시키기 위해

서만이 아니라, 이런 사람이 오래 변방 요새에 있으면 변방 일을 잘 알게 되어, 뒷날 중한 소임을 제수할 수 있을 것이기 때문입니다.

이 두 기사로 보아 당시 조정에서 임형수의 회령판관 임용을 북변 인사의 한 본보기 사례로 왕과 중신들이 즐겨 인용했음을 알 수 있다.

금호는 회령판관 재임 중 마음을 다해 쇠퇴한 시책들을 가려내고 진작하여 깨끗하게 다스려 미구에 관내가 되살아나고 백성이 안정하였다.

이 대목 중종 38년 12월 27일 이조의 판서·참판의 계에 대한 왕의 답 중에서 "……임형수가 북도의 판관이었을 때 관아일에 힘써 폐단을 없앤 것이 매우 많다 하였는데……"라고 언급한 일이 있다. 특히 맞은편의 야인을 잘 무마하여 그들의 마음을 사서 인기가 있었다. 국경의 시장을 왕래하는 야인들이 금호를 '큰어른〔大爺〕'이라고 친근하게 높여 불렀다.

뒷날 강섬(姜暹. 1516~?)이 북경 사행길 도중에 공물을 바치러 가는 야인을 만났다. 그 야인이 통역에게 '당신 나라의 임형수는 잘 있느냐?'고 안부를 묻고 나서 '형수는 좋은 사람인데 들으니 당신 나라에서 죽였다는 게 사실인가?'라고 다그쳐 물어서 통역이 당황해서 대답할 바를 몰랐다.

위는 어느 야사가 전하는 내용이다. 금호가 회령판관 재임 시 야인에게 미친 감화가 상당하여 떠난 뒤에도 야인이 사모와 관심을 지속했으며, 그의 원통한 죽음을 전해 듣고 애석하게 여긴 정황을 짐작케 하는 이야기다.

환조(還朝)

회령판관의 임기를 무사히 마치고 조정으로 복귀한 임형수는 중종 37년 4월 23일, 사헌부지평에 임명되었다. 이 부분이 「묘갈명 서」에는 이조좌랑으로 나오는데, 『실록』에 지평으로 나오므로 『실록』을 따른다.

이후 그는 인종 즉위 전까지 약 2년 반여 동안 주로 내직, 그중에서도 거의 대간(臺諫) 및 홍문관과 정부에서 요직을 맡았다. 사헌부지평으로부터 재출발하여 이조정랑, 예조정랑, 사헌부장령, 사간원사간, 의정부 검상·사인, 홍문관 교리·응교·전한 등을 두루 역임하였다. 그런데 여기 한 가지 석연치 않은 문제가 있다. 그것은 종성부사 임명에 관한 것이다. 이것이 「묘갈명 서」나 「행적기략」에는 빠져 있고 『실록』에는 제수에 대한 논의만 무성하고 실지 부임한 기사는 보이지 않는다.

『실록』에 임형수에 대한 종성부사 임명 기사는 나오지 않고, 중종 38년 12월 21일 조에 대뜸 임형수에 대한 헌부의 계(啓)가 나온다. "종성부사 임형수는 통선랑(通善郎)으로서 아홉 자급이나 뛰어넘어 문득 당상(정3품)에 제수되었으니, 관작이 매우 외람됩니다."라고.

왕은 이렇게 답하였다.

"임형수는 전에 회령판관이었을 때 조정의 뜻을 받들어 관무에 힘썼으므로 조정에서 비범하다고 일컫는다. 나는, 이 사람에게 변방의 방비를 맡기면 젊을 때에 유용할 것이나 늙고 나면 하는 일이 없겠고 생각한 것이다. 오히려 낮은 직급이 염려되어 이조에 물었더니 이조도, 이미 첨정(僉正)을 지냈으며, 조종(祖宗) 때에는 쓸 만한 사람이 있으면 항오(行伍) 사이에 있더라도(졸병이라도-필자) 6진의 부사를 삼았다고 하였다. 합당하게 차임하였으니 체직할 것이 없다."

22일, 25일에도 헌부에서 임형수의 체직을 아뢰었으나 왕은 불윤(不允)하였다.

헌부는 집요하였다. 26일에도 또 임형수의 체직을 아뢰었다. 왕이 답하였다. "임형수의 일을 내가 망설이는 것은 그가 쓸 만한 사람이라 발탁하였는데, 아뢴다고 문득 체직할 수 없기 때문에 윤허하지 않았다. 그러나 다시 생각해 보니 쓸 만한 사람이더라도 자급(資級)을 뛰어넘어 당상이 되는 것은 근래에 없던 일로 정청(政廳. 이조·병조의 인사 담당관이 정사<政事-인사 행정>를 보는 관청)에 의논하라고 분부하였으니 기다려라." 집요한 헌부의 주장에 왕의 마음이 동요한 것인가.

27일에도 논의는 계속되었다.

문제가 꼬이고 확대되어 이조에서 인사를 잘못했다는 시종(侍從)의 글이 왕에게 올라왔고(26일), 이에 이조의 판서와 참판이 책임상 체직을 청하는 일이 벌어졌다. 물론 왕은 불윤하였고, 한편 이조에서는 "임형수는 글을 잘하고 인물이 쓸 만하므로 이 사람을 조정에 쓰는 것이 지극히 적절합니다."라는 의견까지 나왔다. 이날 장시간 논의에 논의를 거듭한 끝에 가자(加資)만을 고치고 종성부사 임명은 원안대로 결정이 났다.

이 과정에서 이조의 계에 대한 답에서 왕이 "경연에서 들으니 임형수가 북도의 판관이었을 때에, 관아의 일에 힘썼으므로 폐단을 없앤 것이 매우 많다 하였는데……"라고 그 치적을 언급하였다. 이런 전력을 감안하여 종성부사로 특진시켰을 것이다.

임형수의 아버지가 일찍이 북도병사를 지냈고, 임형수 또한 회령판관을 지낸 데다 이번에 다시 종성부사가 되었으니, 곧 2대에 걸친 북변 진수(鎭戍)의 임무라, 말하자면 북변 방위 전문 가문이라 이를 만하였다.

금호의 종성부사 임명에 관한 위 기사(부임 기사는 나오지 않음) 이후로 반 년 동안 『실록』에 임형수의 이름은 한 번도 안 나온다. 아마도 이 기간 종성부사에 재임하였을 것이다. 중종 39년 6월 3일 조에 왕이 정원에 내린 전교가 나오는데, 여기에 임형수가 보인다. 외적에 대한 방비 상황을 점검하기 위해 팔도에 파견할 어사 후보들 중의 1인으로. 이로 보아 종성부사로는 기껏 6개월쯤 있다가 조정으로 돌아왔음을 알 수 있다. 관계 기사가 없으므로 추측할 수 있을 뿐이다. 그리고 석 달 후인 9월 5일엔 예조정랑으로서 상재어사(傷災御史)가 되어 황해도에 파견되었다.

제3장

정론(政論) – 정론(正論)

이단 배척

패륜왕 연산군을 폐위하고 들어선 중종은 연산군에 의해 부수어진 유교 국가의 틀을 복원하는 데 주력하였다. 이러한 시대적인 진운에 따라 점차 유신들이 정국 운영의 주류로 부상하여 왕의 교육에 매달리며, 왕도 지치의 이상을 구현하고자 매진하였다. 그러나 그 중심인물, 정암(靜庵) 조광조가 현실을 고려하지 않고 너무 이상만 좇아 과격하게 개혁을 몰아붙이다가 난파했다. 그래서 개혁파 사류가 죽음을 당하거나 귀양 가거나 파직되는 큰 화를 입었다. 이른바 기묘사화다.

이 사화로 인하여 사림파 관료의 피해는 막심했지만, 그들의 이상 실현의 열망은 식을 줄을 몰랐다. 아니, 안으로 더욱 치열하게 불타면서 틈을 보아 분출하였다.

금호가 과거에 합격하여 신진 사류로 조정에 진출한 지 3년 만에 호당에서 사가독서하는 영전을 입고, 이듬해 중종 34년에는 홍문관 수찬에 검토관(檢討官)으로 경연에 출입하게 되었다. 경연에서 아침저녁 왕을 모시고 진강(進講)하며 토론하는 자리에 참여하게 되었으니 금호 득의의 때라 이를 만하다. 더욱이 이때는 기묘사화로부터 10년이 지났기 때문에, 비록 대윤·소윤의 싸움이 궁중과 조정에서 내연하고 있었지만, 사류 관료의 입지는 많이 강화되어 경연이 활기를 띠고 있었다.

당시의 언로(言路)는 삼사(三司. 홍문관·사헌부·사간원)에 속해 있어, 이들은 왕의 측근에서 국정 전반에 걸쳐 광범한 발언권(내지는 의무)을 행사했다. 그 행사의 자리는 경연이 가장 이상적이었다. 한 관인(官人)의 학문·사상·정견·포부·충성도 등은 경연의 발언을 통해서 가장 효과적으로 드러낼 수 있다. 왕 앞에서 하는 말이라 일언반구라도 소홀히 할 수 없고, 혼신의 힘을 쏟아, 경우에 따라서는 죽음까지도 각오하는 것이다. 그러므로 진정성이 있으며 전인적인 표출이다.

임형수가 경연에서 한 발언을 몇 군데 짚어보는 것은 매우 흥미 있는 일이다.

중종 34년 6월 4일 조강에서 수령의 청렴을 논하는 과정에서 임형수(검토관)는 궁궐-내궁의 법도가 문란함을 지적하는 발언을 하였다.

신은 젊어서 산사에서 글 읽은 적이 있었는데 중들이 하는 말을 들었습니다. 아무 사찰은 아무 전(殿)의 원당, 아무 사찰은 아무 왕자, 아무 공주, 아무 옹주의 원당이라고 하는 따위였습니다. 또 공공연히 언찰(諺札. 한글 편지)에다 아무 전으로 보내는 것이라고 기록하였습니다. 진기한 물품을 보고 출처를 물으면 아무 전에서 보내주신 것이라고 하였습니다. 이는 중들이 과장하는 말일 수도 있겠으나 궁중이 근엄하지 못한 탓이 아닌가 여깁니다.

조선은 건국 초부터 불법(佛法)을 금했지만 그 이면에서 궁중의 비빈 궁녀나 사대부의 사가 처첩들 중에는 암암리에 불교를 신봉하는 사람이 많았다. 특히 중종 비 문정왕후는 불교를 깊이 믿어 명종 대에는 국가적인 논란을 불러일으키게 되지만, 이미 이때 궁중이 절과 밀접하게 연결되어 왕래와 거래가 잦아지면서 궁중의 존엄성이 훼손되는 현상이 나타나기도 하였던 것이다.

궁중과 절의 걸림이 깊어지고 잦아지면서 자연히 유교적인 궁중 체제와 예절에 이질적인 요소가 증대된 것이다. 이를 임형수가 왕에게 직접 문제를 제기한 것이다.

이 무렵 불교와 관련하여 이와 다른 또 골치 아픈 일이 벌어지고 있었다. 전에 사찰 철거령을 내린 적이 있는데, 이를 어기고 다시 짓는 사태가 여기저기서 일어났다. 이로 인하여 조정이 들끓고 성균관 유생들까지 나서서 상소하기에 이르러 논란이 격화되고, 드디어 그들이 권당(捲堂. 동맹휴학)을 감행하게 되었다. 성균관 유생들의 주장은 '두 사찰은 위에서 망설이니 다시 논할 수 없거니와 나머지 사찰은 모두 철거해야 하고, 두 중도 베어야 마땅하다'는 것이었다.

성균관 유생들의 동맹휴학이라는 이 비상사태에 처하여 왕이 정원에, 그들을 권면하고 달래어 속히 학관에 복귀하도록 사장(師長)에게 이르라고 전교하였다. 그러자 중종 34년 6월 12일 석강에서 검토관 임형수가 아뢰었다.

유생들이 여러 날 학관을 비우고 있으니 매우 놀랍습니다. 그들의 상소를 보니 말은 비록 지나치나 뜻은 가상합니다. 그들의 두 사찰 철거 주장은 정론입니다. 임금이 나라를 다스리면서 조종(祖宗)께 효도하려는 데 지극하지 못한 것이 무엇이기에, 기필코 중들에게 기대어 명복을 빌려 합니까. 이는 만세의 부끄러움이니 상께서 그들의 주장을 힘써 따름이 어떻겠습니까.

그는 거리낌없이 성균관 유생들의 손을 들어주었다. 조종에 대한 상제 예법이 제정되어 실시 중인데 왜 원찰을 두어 절에 가서 명복을 빌 필요가 있느냐는 취지였다.

그는 여기에 그치지 않고 한걸음 더 나아가 사찰 철거 대책을 논하고 사찰과 중들의 불법까지 언급하였다.

어제 홍문관의 상차(上箚. 신하가 임금에게 올리는 글)에 각 도의 사찰을 순차적으로 철거하자는 뜻이 있었습니다. 상의 분부에 이런 농사철의 경관(京官) 파견은 폐단이 있게 된다고 하셨습니다. 신은 경관을 파견하여 사찰을 철거하자 함이, 오늘 당장 경관을 보내 내일 다 철거하자는 뜻이 아니라고 생각합니다.

이렇게 홍문관의 상차를 지지하는 발언을 한 다음 사찰에서 행해지고 있는 불법 행위를 논하였다.

신이 거년 말 말미 받아 전라도에 갔을 때 보니, 중이 된 자들에게 모두 부모와 산업(속가의 생업)이 있었습니다. 이들이 머리 깎고 사찰에 거주하는 것은 오직 신역(身役)을 면하기 위한 한때의 방편입니다. 이때 경차관(敬差官. 지방에 나가 전곡의 손실을 조사하고 인정을 살피는 일을 맡은 임시직) 박세옹(朴世蓊. 1493~1541)이 중들을 환속시키고 사찰을 철거하기 위해 내려온다는 말을 듣고, 반수 이상이 머리 기르고 환속하였습니다.

이제 중들을 환속시키려 미리 금년에는 아무 곳을, 또 내년에는 아무 곳을 철거하겠다는 영을 정하고 점차로 시행해야 됩니다. 그러면 소요가 일어날 걱정이 절로 없어질 것입니다.

그는 탁상에서가 아니라 이렇듯 실정에 밝은 현실 감각을 가지고 합리적이고 건설적인 의견으로 온건하게 왕에게 접근하였다.

이때의 조정, 홍문관, 경연 등의 동향이나 임형수의 발언을 통해서, 중종 몰후의 문정왕후에 의한 숭불책을 예견하고 유신들이 미리 대비코자 쐐기를 박고 있었다고 짐작할 수도 있다.

임형수의 아룀에 대한 왕의 말.

지금 중들의 환속과 사찰 철거를 위해 경차관을 파견하고 독책하게 한다면 한갓 소요만 일 뿐이니, 수령이 검속하여 다스리게 하고 감사가 고찰하게 하라. 그러나 백성들이 중이 되는 것은 부역이 번거롭고 무겁기 때문이다. 백성 구휼을 근본 삼고 백성들이 편안히 농사지으며 살도록 한다면, 중이 되라 해도 안 될 것이다.

이에 임형수가 다시 아뢰어 경차관 파견을 역설하였다.

백성 구휼을 근본으로 삼으라 하신 상의 분부는 만세의 격언입니다. 다만 수령이 검속하여 다스리고 감사가 고찰하도록 해도 환속과 철거가 가능하겠습니다만, 신이 반드시 경차관을 보내자 함은 소견이 있어서입니다.

박세옹이 중을 환속시키고 사찰을 철거시키는 데 모두 원칙과 법도가 있었기 때문에, 환속한 중이 3,500명에 반 이상의 사찰이 철거되었습니다. 그 뒤 봉명 사신이 오래 밖에 머물면 폐단이 있다 하여 세옹을 소환하였습니다. 그리고 그 도의 감사에게 다스리게 하였더니, 인심이 해이하여 마침내 겉치레로 끝나고 말았습니다. 그때 만약 세옹으로 하여금 오래 머무르게 하여 일을 끝내고 돌아오게 하였다면, 중들의 환속과 사찰 철거가 어찌 이에 그쳤겠습니까.

경연에서 임형수가 유교 국가의 정체성과 이단 배척의 대의를 위해 위와 같이 왕에게 적극적으로 성의를 다해 소견을 개진한 것이다. 그 결과 지성균관사, 대사성, 삼공 등이 왕과 숙의하여 두 절 이외의 다른 절들은 점진적으로 철거하고, 두 중은 추국하여 처벌한다는 결정이 내려졌다. 성균관 유생들도 이튿날 6월 13일에 맹휴를 풀고 복관하였다. 이렇게 이번 사태는 우선 봉합되었다.

위민(爲民)

예나 이제나 정치의 요체(要諦)는 백성을 귀히 여기고 위하여 배불리 먹고 등 다습게 자며 편안히 살게 하는 위민·보민·안민에 있다. 『맹자(孟子)』에서 왕도 정치의 요점을 추출해 본다.

첫째, 백성에게 항산(恒産. 일정한 재산이나 생업)을 주어 생활 안정을 보장하고, 둘째, 교육을 진작하여 인륜과 예절을 가르쳐 고도의 도덕 사회를 이룩한다는 것이다. 이 두 가지 핵심에 대하여 「양혜왕장구상 3장」 말미에서 구체적으로 부연하였다.

백성을 부릴 때에는 시기를 잘 생각하여 농번기를 방해하지 않으면 곡식은 다 먹을 수 없을 만큼 생산될 것이다. 늪이나 못에서의 고기잡이에 촘촘한 그물을 못 쓰게 하면 물고기와 자라가 다 먹을 수 없을 만큼 불어날 것이다. 산림에서 나무를 베는데 봄·여름철을 피하게 하면 재목은 다 쓸 수 없을 만큼 자랄 것이다. 이렇게 곡물, 어류, 재목 등이 쓰고 남을 만큼 넉넉해져 백성에게 생전의 생활이나 사후의 장제에 걱정이 없게 하는 것(민생 안정)이 왕도의 시작이다.

5묘(五畝)의 택지에 뽕나무를 심어 양잠을 하면 오십이 된 늙은이가 따뜻한 비단옷을 입을 수 있으며, 닭·돼지·개를 기르는데 그 번식의 때를 잘 챙겨 돌보아 주면 칠십 된 늙은이가 고기를 먹을 수 있다. 100묘의 논밭에 농사지을 때를 빼앗지 않으면 여러 식구들이 굶주리지 않게 된다. (이렇게 넉넉하게 되면) 학교 교육을 신중히 하여 거듭 효제(孝悌)의 도를 가르친다면, 젊은이들은 어른에 대한 도리를 알고 있기 때문에, 반백 노인이 짐을 짊어지고 길 걷는 일이 없으리라. 오십, 칠십 된 노인이 비단옷 입고 고기를 먹으며, 만백성이 굶지 않고 춥지 않도록 하고도 제대로 왕노릇하지 못한 자는 없다(곧 왕도 정치가 이루어지는 것이다).

이상이 맹자의 왕도의 기본론이다. 난삽한 형이상학이 아니다. 공리공담이 아니다. 현실에 뿌리박은 평이한 '실학(實學)'이다. 조선 시대 역대의 왕(연산군 제외)과 유신·관료들이 목표한 정치가 바로 이런 세상을 만들자는 것이었다. 중종도 물론 반정 후의 시대정신에 부응하여 열정을 가지고 왕도 지치에 매달렸다. 그 과정에서 기묘·신사사화의 역풍도 일으켜 실패와 좌절을 겪어야 했다. 또 연이은 권신들의 농간으로 궤도 이탈이 잦았다. 하지만 험난한 역정(歷程)에도 불

구하고, 중종의 선성(善性)과 유신들의 집념이 합해져 보민·안민책을
펴나갔다.

금호 임형수는 20대 후반의 이상과 정열과 강기를 가지고 경연에
출입하면서 시종 민생을 위해 왕에게 직언을 서슴지 않았다. 그는 민
정에 밝았다. 그는 원접사 종사관으로 서북면에 나갔을 때나 회령판
관으로 동북면에 나갔을 때, 북쪽 야인을 향했던 그 형형한 혜안을 우
리 내부 백성들에게도 돌리기를 게을리하지 않았다. 그래서 그는 변
방 백성들의 실정에 정통하고 있었다.

중종 34년 6월 4일 조강에서 왕이 "강변(압록·두만강변인 듯)에 있는
변장들이 야인 살해하기를 즐긴다 하니, 변방의 흔단(틈이 생기는 실마
리)이 야기될까 매우 염려스럽다. 평안도가 여태껏 시달려 왔는데 거
기다 변방의 흔단마저 발생한다면 어떻게 방어할 수 있겠는가?"라고
말하였다.

이 말에, 북변 사정에 밝은 임형수가 아뢰었다.

"신이 원접사 종사관으로 평안도에 갔을 때 보니, 근래 흉년이 잇
따라 들었는데 용천, 철산 등 고을이 극심하여 주민들이 흩어져 고을
전체가 쓸쓸합니다. 조정에서 참작하여 감해주려고 했으나 군자(軍
資)를 헤아려 중지하였습니다. 백성들에게 좁쌀 한 됫박도 없는 형편
인데 전세(田稅)를 거둔들 어디에서 마련해 바치겠습니까. 백성이 보
전되고 나서야 국가를 공고히 할 수 있는 법인데, 군자가 비록 넉넉한
들 백성이 기근에 시달린다면 누구와 함께 적을 막겠습니까.

또 사신이 통행하는 길의 공궤(供饋. 음식을 대접함)를 풍성하게 준비
하지 말라고 누차 하유하였습니다만, 봉명사신의 마음이 모두 한결
같지 않으므로 간혹 소략함을 탓하는 자도 있습니다. 따라서 수령들

은 그 의중을 헤아릴 수 없기 때문에 구습에 따라 여전히 공궤를 풍성하게 하고 있습니다."

임형수는 평안도 북변 백성에게 전세 감면과 봉명사신 왕래 길에 음식 대접을 소박하게 하여, 관폐 나아가서 민폐를 줄일 것을 명쾌하게 진언하였다. 실정에 근거를 둔 소신 발언이었다.

왕은 "지당한 말이다. 사람의 마음이란 과연 한결같지 않다. 수령 중에는 강명(剛明)한 자는 적고 나약한 자가 많으므로, 봉명사신에게 소략하다 할까 두려워서 공궤를 풍성하게 하지 않을 수 없을 것이다."라고 공감을 표시하였다.

임형수는 다시 다른 문제 하나를 거론하였다. 그것은 전에 다녀간 명나라 사신 동월(董越)이 지은 「총수산기」(葱秀山記. 산은 황해도 평산부에 있음)와 오희맹(吳希孟)이 지은 「취병산부」(翠屛山賦. 산은 평산부에 있음)를 새겨 세운 비와 비각에 관한 일이었다. '뼛속까지 사대(事大)'인 자들의 지각없는 짓, 아니면 주변 소국의 열등감에서 연유한 과시욕이었을까. 비각이 지나치게 웅장하고 화려함을 그는 그대로 보아 넘길 수 없었다.

"신이 총수산의 비각을 본 바 제도가 매우 웅장하고 화려했습니다. 이 비각을 세운 뜻은 비바람을 막자는 것인데 크기가 궁궐 같고 돌기둥으로 높다랗게 지었으며, 망새〔鶩頭〕와 여러 장식을 빠짐없이 꾸며놓았습니다. 앞뒤 섬돌은 모두 연석(鍊石)을 사용했습니다. 목재도 모두 본토 것이 아니고 외지에서 운반하여 온 것입니다. 일로(一路)가 폐단에 시달려 온 터에 그만두어도 될 일을 하였으니 그 폐단이 어찌 적겠습니까."

왕은 이 임형수의 계를 선선히 받아들였다.

"그 말이 지당하다. 비바람만 가리면 될 것을 그렇게 웅장 화려하게 지었다고. 뒤에 오는 중국 사신이 또 글을 짓게 되면 전례에 따라 그렇게 지어야 되니 그 폐단이 끝이 없을 것이다. 헐고 다시 짓도록 하라. 그 재목과 기와는 거두어 두어 수령들이 사사로이 못 쓰게 함이 어떻겠는가. 정부의 낭관을 불러 대신들에게 의논케 하라."

신하의 계에 대하여 즉석에서 이렇게 명쾌하게 결정을 내리는 일이 드물다. 덧붙여 왕은 앞에서 임형수가 계한 전세 감면에 대해서도 군자의 수량을 헤아려 조처하도록 호조에 이르라고 하교하였다.

근 3년 동안 회령판관으로 나가 있을 때의 임형수에 관한 기사는 『실록』에 보이지 않는다. 중종 37년 4월 23일 지평에 제수되어 조정으로 돌아온 그는 5월 21일 아침 오랜만에 왕에게 아뢰었다. 북변의 군비 강화에 대한 건의였다.

"신이 회령판관이었을 때 북변의 폐단에 관한 일을 듣고 보아 왔는데, 오늘 마침 조정이 다 모여서 의논하므로 아룁니다."라고 전제한 다음, 북방 문제의 전문가답게 상세한 실례를 들어 정연하게 논리를 전개하였다. 그러면서도 역시 민생 문제를 중점적으로 짚어나갔다.

"신이 보건대 변방의 군인이 부실하여 다 보인(保人-보증인)이 없습니다. 이름이 군적에 편입되었어도 단신인 자가 매우 많고, 이따금 보인을 가진 자가 있으나 다 관가에 나아가 일합니다. 이 사람들을 버리면 관가에서도 부릴 사람이 없으니, 이 때문에 호수(戶首)가 된 자가 지탱하지 못합니다. 회령이 관장하는 고령(高嶺), 풍산(豊山) 등 다섯 보(堡)는 방어상 가장 긴요하나 보 안의 민가는 열 집이 못 되고, 토병(土兵)이 겨우 30명인데 쓸 만한 사람은 일고여덟입니다. 인구는 많은데 군인은 적기 때문에 번마다 불과 20명이 나뉘어 지킵니다. 이것으로 보면 사변이 있더라도 어떻게 방어하겠습니까.

신이 듣건대 국가에서 자성(慈城)을 다시 설치하려 한다는데, 자성은 우리 소유가 아니어서 다시 설치하기 매우 어렵고, 6진은 이미 우리 땅이라 회복하기 매우 쉬우니, 먼저 우리 땅을 충실하게 한 뒤에 자성으로 미쳐야 하겠습니다. 시종직의 신이 차출되어 가자, 경흥 관내의 조산보 사람들이 말 머리에 모여서 호소하였습니다. '전일 경흥 본진에 강제로 입주시킨 사람들을 조산보에 많이 들여보냈는데, 땅은 좁고 사람은 많으므로 조정이 의논하여 녹둔도에 들어가는 것을 허가하였습니다. 지금은 조산보에 입주한 사람이 모두 도망가고 겨우 열 집이 있는데도 녹둔도에 가서 경작합니다. 봄에 농사지을 때가 되면 만호가 군민(軍民)을 거느리고 본보를 비우고 녹둔도에 가서, 성과 기계를 만들다가 가을이 되면 본보로 돌아오는데, 갈 때와 돌아올 때에 모두 가산을 나르기 때문에 백성에게 항산이 없어서 거의 다 유망(流亡)하였습니다. 만호 등이 왕래하지 않으려 하나 감사에게 의심받을까 하여 마지못해서 한다.'는 것입니다. 신이 보건대 이쪽에도 황지(荒地)가 많아 다 개간하지 못하는데 여전히 녹둔도로 넘어가서 경작하므로 백성들이 지탱하지 못하니 지극히 온당하지 못합니다."

이에 대하여 왕은 북도의 폐단을 조정이 함께 의논하여 선처하도록 하라고 일렀다.

임형수는 또 "변방으로 옮긴 사람들이 반은 나옵니다. 북도에는 바다 곁으로 길이 하나만 있을 뿐이니, 요해처(要害處)에 관문을 설치하여 나오지 못하게 하는 것이 어떻겠습니까."라고 아뢰었다. 왕은 뒤에 대신이 예궐(詣闕)하는 날 의논하라고 일렀다.

임형수는 또 야인 대책을 건의하였다.

"예전에는 변장이 야인에게서 상경세를 받고 또 인정물(人情物—뇌물 성격의 선물)을 받아서 사용(私用)하였으므로 그들이 상경하려 하지 않았고, 잡아간 동포를 돌려보내는 일도 적었으나, 이제는 변장이 그런 일을 하지 않자 야인이 올라오기를 즐거워하고 잡혀갔던 백성을 잇따라 쇄환(刷還. 외국에 잡혀간 동포를 데리고 돌아옴)합니다. 호인이 상경할 때 각 역이 쇠퇴하여 말을 준비할 수 없으므로 백성에게서 말을 빌립니다. 그런데 야인이 하루 말을 타는 값으로 하루갈이 밭을 1년 갈아먹게 하는데, 점점 수가 많아져 열 사람이나 열다섯 사람이 되면 그 수대로 말 주인에게 밭을 내어줍니다.

예전에는 1등과 2등으로 나누어 1등은 별운(別運)으로 하고 2등은 연례(年例)로 하였는데(쇄환한 백성의 수가 많은 야인은 1등, 연례는 각 성 밑에 사는 야인에 대하여 해마다 그 공로를 고과하여 올라오게 하는 것), 이제는 1등과 2등으로 나누지 않고 다 별운으로 하여 올라오고 내려가는데 그때가 꼭 세후라 바로 농사철이 됩니다. 그러므로 역말이 모자라 꼭 민간의 말을 찾게 되는데, 관아에 많이 모여서 서너 날 머물며 기다리는 수도 있으니 그 폐단이 적지 않습니다."

이에 왕은 관례대로 1등과 2등으로 나누도록 하라고 일렀다.

임형수가 또 아뢰었다.

"백성을 다스리는 벼슬은 수령이 중요한데, 지금 외방에 보임된 자는 부임 날로부터 자신을 도모할 생각을 하여, 삼공 육경과 조정의 의논을 담당하는 명사들의 이름을 써서 벽에 붙여놓고, 날마다 뇌물을 실어 나르는 것을 일삼습니다. 지금 당국자들의 의논도 이러한 사람을 어진 관리로 여겨서 서로 칭찬하여 차서에 의하지 않고 높여 사용합니다. 무반 가운데에서도 무리끼리 서로 이것을 힘쓰고자 자제에게 가르치기까지 하는데 사람들은 모두 당연한 것으로 생각합니다. 남에게 주는 뇌물은 다 백성에게서 취한 것이니, 신의 생각으로는 그 중에서 심한 자를 적발하여 죄를 다스리는 것이 어떠할까 합니다.”

역시 북변 전문가로서 그 실정에 밝은 금호다운 발언이다. ‘날마다 뇌물 실어 나르는 것을 일삼는’과 ‘뇌물은 알알이 다 백성에게서 취한 것’이라는 대목은 뇌물 주고받는 일은 그 피해가 결국 백성 몫으로 돌아간다는, 그의 위민·애민·보민 사상을 드러내는 통렬한 발언으로 당시 조정을 숙연케 했을 것이다.

이에 대하여 왕은 이 폐단이 적지 않으니 그러한 수령을 규찰하도록 하라고 일렀다.

‘바른 소리, 쓴소리’를 거침없이 토로하는 금호가 시종직에 오래 있으면서 경연이나 조정 의논에 참여하였다면 국론 재정(裁定)에 선 작용을 했을 것이다. 그러나 그에게는 그런 기회가 많이 주어지지 않았다. 벼슬살이 기간이 10년도 못 되었고, 그중에서 거의 반은 지방관으로 나가 있었다. 임금 측근에서 정론(政論)을 펼 수 있는 기간은 검토관으로 경연에 참여한 중종 34년 5·6월과 사헌부지평으로 조의(朝議)에 참여한 중종 37년 4·5월뿐이었다.

이 전후의 짧은 동안에도 그는 항상 백성의 입장에서 백성을 위한 발언을 곡진하고 호소력 있게 하여 왕에게 가납되었던 것은 앞에서 본 바와 같다. 만약 그가 시종직에 오래 머물러 있었다면, 그의 담대하고 호방한 성품으로 보아 당시(중종 32년 이후) 조정과 궁중을 요동치고 있었던 대윤·소윤의 싸움에 공론을 일으켰을 것이다.

제4장

피바람

을사사화

금호가 회령에서 내직으로 돌아와 지평(持平), 이조좌랑·정랑, 잠깐 종성부사, 다시 내직으로 예조정랑, 사간원사간, 홍문관 교리·응교·전한, 의정부검상 등을 역임하고, 인종 즉위 후 의정부사인이 되었다. 이상이 을사사화 전까지 그가 거친 직력이다.

그러나 『실록』에 기재되지 않은 것이 있기도 하고, 「묘갈명 서」와 『금호유고』—「부록」의 「행적기략(行蹟紀略)」이 일치하지 않아서 관력을 살피는 데 어려움이 많다.

중종 39년 11월 중종이 승하하였다. 신료들의 쿠데타로 19세에 왕위에 오른 중종은 재위 39년간 역모, 옥사(獄事), 사화, 왜변, 권신의 발호, 외척 간의 반목 등으로 하루도 편안한 날이 없었다. 마침내 말년(재위 32년 이후)에는 대윤·소윤의 싸움이 왕의 심화가 되어 수(壽)의 단축으로까지 이어졌다.

병약한 인종이 즉위하였다. 우선은 잠정적으로나마 대윤파가 기를 펼 수 있는 계제가 온 것이다. 그러나 인종의 건강이 좋지 않은 데다 후사마저 없으니 전세는 유동적이었다. 국상 중에도 양파 간에는 첨예한 갈등과 알력이 증폭하고 있었다. 인종은 몸을 돌보지 않고 애상(哀傷)에 빠지고, 대비(문정왕후)에 대한 효성이 지극하여 대비궁에서 기거하여 뜻 있는 신하들이 불안에 떨었다.

조정의 백관과 재야의 사림 및 만백성이 성군(聖君)으로 기대하고 바랐던 왕이다. 그러나 인종은 경륜을 펴보지도 못한 채, 겨우 재위 7개월 만인 인종 1년(1545) 6월에 병이 위독하여 경원대군에게 양위하고 7월 1일에 승하하였다. 국상의 중첩이다.

곧바로 12살 소년 경원대군이 7월 6일에 왕위에 오르고 모후 왕대비(문정왕후. 실은 대왕대비. 왕대비는 인종비)가 수렴청정을 하게 되었다. 문정왕후 남매와 소윤파는 '쾌재'를 부르짖었을 것이다. 얼마나 고대하고 갈망하던 세상이냐. 그들은 인종의 장례는 뒷전이고 정권 다지기에 다걸기하여 전광석화처럼 기민하게 움직였다.

우선 대윤을 치우는 일이었다. 정해진 법 절차를 밟지 않고 신속과감하게 초법적인 비상책을 강구하였다. 문정왕후가 윤원형에게 밀지(密旨)를 내렸다.

이 밀지를 받고 윤원형파인 이기(李芑. 1476~1552), 임백령(林百齡. ?~1546), 정순붕(鄭順朋. 1484~1548), 허자(許磁. 1496~1551) 등이 주동하여 영상 윤인경(尹仁鏡. 1476~1548) 등 중신(重臣)들을 닦달해서 윤임파를 내치는 참극을 빚어냈다. 이른바 을사사화다.

이 사화는 위 이기 등이 명종 즉위 한 달 뒤인 8월 22일에 윤임 등이 계림군 유(瑠. ?~1545. 윤임의 생질)를 추대하고 종사(宗社-나라)를 전복하려(역모) 했다는 고변으로부터 시작하여 10월 5일 계림군이 거열형(車裂刑)에 처해져 효수(梟首)됨으로써 일단락 지어졌다. 이 사화는 소윤파가 대윤파를 제거하기 위해 날조한 무옥(誣獄)이었다. 대윤파는 윤임의 옳고 그름을 떠나, 정통(正統)인 세자(후의 인종) 안보의 대의가 있기 때문에 양심적인 사류가 많았다. 윤원형이 대윤파에 죄를 씌우는 과정에서 그 방법이 매우 혹독하여 그 참상이 전에 있었던 3대사화보다 오히려 더 심했다.

형조판서 윤임, 이조판서 유인숙(柳仁淑. 1485~1545), 영의정 유관

(柳灌. 1484~1545), 계림군, 대사간 이림(李霖. ?~1546), 전 주서 이덕응 (李德應. ?~1545), 수찬 이휘(李煇. ?~1545), 부제학 나숙(羅淑. ?~1546), 참봉 나식(羅湜. 1498~1546), 장령 정희등(鄭希登. 1506~1545), 사간 박광우(朴光佑. 1495~1545), 사간 곽순(郭珣. 1502~1545), 정랑 이중열(李仲悅. 1518~1547), 전 좌랑 이문건(李文楗. 1494~1567) 등이 능지, 장사(杖死), 사사 등으로 죽임을 당하고, 거기에다 유배, 유배 중 사망, 파직 등 피화자가 많아 모두 합하면 실로 100여 명에 달한다.

또한 형벌이 본인에게 국한되지 않고 연좌까지 시켰는데, 그것을 보면 그 잔학 가혹한 정도를 알 수 있다.

그들의 아들로서 16세 이상은 모두 교형(絞刑. 교수형). 15세 이하와 어미, 딸, 아내, 첩, 할아비, 손자, 형, 아우, 누나, 누이 및 아들의 아내, 첩 등은 공신의 집에 주어 노비를 삼고 재산은 관에 몰입시켰다. 단, 남자로서 나이 80이거나 위중한 병이 있는 자, 부인으로서 나이 60세이거나 폐질이 있는 자는 모두 연좌 면제하고, 백·숙부와 형제의 아들은 호적의 이동(異同)에 관계없이 유(流. 유배형) 삼천리에 처했다.

그러나 이 참극은 여기에서 끝나지 않는다. 여진(餘震)이라 할 또 하나의 사화가 2년 안에 뒤따라온다. 이에 대하여는 뒤로 미루고, 우선 금호 임형수는 어찌되었는지 궁금증을 풀어야겠다.

제주목사

임형수는 물론 대윤에 속한다. 뿐만 아니라 윤임과 장의동(藏義洞) 한 마을에 살았고 그의 아버지가 윤임과 친교하였다. 그는 중종 34년 무렵 대윤·소윤의 싸움이 조정의 공공연한 비밀리에 격화되고 있을 때 교리 이황, 지평 정희등과 자리를 같이했다. 그들은 고금치란을 논한 끝에 시국담으로 대윤·소윤의 싸움이 화제에 올랐다. 임형수가 "한두 놈에게 형장 맛을 알리기만 하면 곧 그칠 것이다."라고 말했는데 '한두 놈'은 윤원로·원형 형제를 뜻한 것이다. 그는 또 그 아우에게도 '만약 한두 사람만 곤장 친다면 곧 진정시킬 수 있다.'고 말하곤 했다. 야사에는 이렇게 전하지만 참고는 못 견디는 그의 성품에 어찌 이 두 경우에 한했겠는가. 아마도 여기저기에서 이런 뜻의 말을 하였을 것이다. 이 말이 윤원형의 귀에도 들어갔다.

어쨌든 윤원형파에게 임형수는 경계 인물이었다. 그러나 어찌된 일인지 을사사화에는 엮이지 않고 면하였다. 그 대신 그는 중앙에서 쫓겨나 제주목사로 전출되었다. 명종 즉위년(1545. 을사) 9월 16일자였다. 그때까지의 격동기에 주목할 만한 경력이 몇 가지 있다.

첫째는 중종 승하 당시 금호는 의정부검상(檢詳. 정5품)에 있었는데, 탁월한 문장력으로 중종의 행장(行狀)을 찬술하는 데 참여한 일이다. 둘째로 몇 달 뒤(인종 1년 1월) 의정부사인(舍人. 정4품)이 되어 중종의 시책(諡冊)과 능지(陵誌)를 지어 올린 일이다. 위 두 가지 다 문신으로서 매우 영예로운 일이었다. 셋째는 명의 사신이 내조했을 때 그는 뛰어난 문장으로 영접도감의 낭관이 되어 영접사를 보필하고 명사(明使) 장승헌(張承憲)과 시로 응수하며 국위를 선양하였다.

여기까지는 좋았다. 인종이 승하하자 당장 의정부사인에서 군기시정(軍器寺正. 정3품, 당하관)으로 밀려났다. 품계상으로 한 단계 높지만 시종직 출신의 문신에게 어울리는 자리가 아니었다. 그것도 실지 근무는 인종의 산릉도감 낭관으로 산릉공사를 살피는 일이었다. 이것은 그가 평소에 신망이 있고 지론이 청준(淸峻)하기 때문에 소윤파(이젠 집권파)가 꺼리고 미워한 데 기인한 인사였다.

제주목사(정3품, 당상관)라, 엊그제까지 정4품의 의정부사인이었다 가 옮긴 군기시정 직에서 전출된 자리이니, 평상시 같으면 영전이라 할 수도 있었겠다. 그러나 일찍이 홍문관전한을 지낸 신분임을 생각 하면 응당 대간이나 홍문관의 요직을 맡겨야 정상 인사다. 이제 절도 안치(絶島安置), 섬으로의 유배나 진배없는 좌천이었다. 죽고 귀양 가 고 파직된 사람들을 생각하면 나중에 더 큰 불덩이가 떨어질망정, 우 선은 목숨이 붙어 관직에 있는 것만도 다행이랄까. 그러나 실은 생불 여사(生不如死)의 가련한 처지였다.

그런데도 또 문제가 생겼다. 사간원에서 임형수의 당상 가자가 과 하여 부당하니 개정하라고 연일 반복하여 왕에게 압력을 가하는 것 이었다. 정치판에서 한 번 세를 잃으면 끝까지 잔인하게 으깨고 짓밟 는 것이 예나 이제나 다름없는 생리가 아닌가. 임형수는 그들에게 맷 집 좋은 공격 대상이 된 것이다.

어떻든 그는 명종 즉위년(1545) 10월 13일에 제주목사를 배사하고 증오와 질시를 뒤로한 채 제주로의 부임길에 올랐다.

여기에서 일화 두 편.

공은 재주 많고 기개가 곧아서 거침없이 바른 데로만 나갔기 때문에 원형에게 잘못 보여 제주로 쫓겨났다. 원형이 술 차려놓 고 전송하는데, 본래 술을 좋아했으므로 원형이 많이 권함에 따 라서 많이 마셨다.

공은 거만스럽게 '공이 과연 나를 장차 죽이지 않는다면 내가 주량껏 마시겠노라.' 하니 원형이 변색하면서 그만두고 말았다.

마침내 사사되자 혹자는 '술잔 잡고 한 말 때문에 그리 된 것'이라고 했다.

(『연려실기술』에서)

배 떠나는 날 풍랑이 심했다. 뱃사람조차 벌벌 떨며 고개를 내놓지 못했다. 공은 뱃전 위로 나와서 여러 번 왔다갔다 했다. 사공이 급히 안으면서 '이 바깥이 바로 저승인데 어찌 그렇게 수월히 생각합니까.'라고 일렀다. 공이 웃으며 '에이, 내가 이까짓 데서 죽을 사람이냐'고 대꾸하였다.(『연려실기술』에서) 그의 호방하고 담대한 성품을 드러내는 이야기들이다.

금호는 마음에 없는 제주목사에 임명되어 왕명이라 거스를 수 없어 울며 겨자 먹기로 취임했다. 현지에 간 이상 그는 목민관으로서의 본분을 다하여 백성을 다독이며 어루만져 구휼하고 교화하였다. 1년도 못되어 백성이 크게 국은에 무젖었다. 천리 바다 밖 고도(孤島)의 풍상 속에서나마 그래도 주민 생활의 안정과 향상을 위안 삼아 지낼 수 있었다.

그러나 이것도 잠깐, 윤원형파는 그를 섬으로 추방하고도 마음에 걸렸는지, 또는 제거해도 시원찮은 자에게 목사 자리 하나 채워준 것이 아까웠는지 드디어 일격을 가하였다. 겨우 10개월 만인 명종 원년(1546) 8월 5일 대사헌 윤원형과 대사간 권응정(權應挺)이 제주목사 임형수의 관직 삭탈을 합계(合啓)하였다. 이유는 윤임과 한 마을 사람으로 오랫동안 언직에 있어 서로 밀어주고 의지하면서도, 겉으로 부화하지 않는 체하여 구차히 죄를 모면하고 관직에 있으므로 물의가 격렬하다는 것이었다. 짜여진 시나리오라 왕은 즉시 '삭탈하라'고 윤허하였다. 어쩌면 이번의 관직 삭탈은 이에서 그치지 않고 장차 더 큰 화로 이어질지도 모를 일이었다.

주민들은 돌아가는 금호를 마치 부모를 잃은 듯 슬퍼하며 눈물로 전송하였다.

정미사화(양재역 벽서옥)

피는 피를 부른다. 한 번 손에 피를 묻히면 그 손은 더욱 광포해져 더 많은 피를 찾는다. 명종 즉위와 거의 동시에 일어난 (을사)사화는 그것으로 끝나지 않고 본진(本震)에 여진이 따르듯 또 사화를 불러왔다. 2년 뒤인 정미년(명종 2. 1547)에 또 큰일이 벌어졌다. 삼척 동자도 비웃을 꼬투리로 일으킨 어처구니없는 일이었다. 양재역에 벽서 한 장이 나붙었다. 9월 18일이었다. 때마침 이날 부제학 정언각(鄭彦愨. 1498~1556)이 전라도로 시집가는 딸을 전송하러 선전관 이노(李櫓)와 함께 양재역까지 왔다. (양재역은 전라도 양재역이 아니라 과천 양재역. 조선 시대에도 지금의 양재역 근방에 같은 이름의 역이 있었다. 남쪽에서, 또는 남쪽으로 들고 나는 데 필수 코스다. 그런데 이것이 이홍직의 『국사대사전』과 한국학중 앙연구원의 『한국민족문화대백과사전』에 전라도 양재역으로 오기되어 있다. 아마도 '정언각이 전라도로 시집가는…'의 전라도를 잘못 보고 그리 쓴 것같다. 말이 난 김에 언급한다면 동 국사사전 '정미사화' 항에 정순붕鄭順朋을 鄭順明으로 오기하고 있다.)

정언각 등의 눈에 역관의 벽서(지금의 대자보)가 들어와 꽂혔다. 늘 핏발이 선 눈으로 사냥감을 찾고 있던 차다. 빨간 글씨의 익명 벽서 한 장. 그에겐 천금의 보물과 같은 소재다. 잘하면 대박을 터뜨릴 수도 있다.

　윤원형의 앞잡이 정언각은 신이 나서 즉각 그 벽서를 품고(모시고?) 조정으로 직행하여 왕에게 아뢰었다.

　신의 딸이 전라도로 시집가는데 부모 자식 간의 정리로 전송코자 양재역에 갔었습니다. 그런데 벽에 붉은 글씨가 있기에 보았더니 국가에 관계된 중대한 내용으로 지극히 놀라운 것이었습니다. 이에 신들이 가져와서 봉하여 아룁니다.

　이것은 익명서라 믿을 수는 없습니다. 그러나 나라에 관계된 중대한 내용이라 인심이 이와 같음을 알리고자 하여 아룁니다.

동행한 이노도 아뢰었다.

"정언각의 딸은 곧 신의 형의 며느리입니다. 함께 갔다가 보았는데 아주 참담한 내용이기에 함께 아룁니다."

벽서 내용은 이런 것이었다.

　여주(女主)가 위에서 정권을 잡고 간신 이기 등이 아래에서 권세를 농간하고 있으니, 나라가 장차 망할 것을 서서 기다릴 수 있게 되었다. 어찌 한심하지 않은가. 중추월 그믐날.(女主執政于上 奸臣李芑等 弄權於下 國之將亡 可立而待 豈不寒心哉 時維仲秋晦)

불과 28자의 벽서 한 장이 무서운 피바람을 또 한바탕 몰고 왔다.

　왕은 즉시 영부사, 삼공 등을 비롯한 중신들을 불러 모아 논의를 시작하였다.

왕과 중신들이 수천 언을 토하며 열연(熱演)한 논의의 요점은 이러하였다.

지난 을사년에 수괴들만 죄 주고 나머지는 관용을 베풀었다. 이것은 뿌리만 제거하면 나머지는 잘못을 뉘우치고 충성할 줄 알았다. 그런데 그들은 계속하여 을사년의 일을 무옥(誣獄)이라 하고 윤임 등은 억울하게 화를 입은 것이라는 사론(邪論)을 퍼뜨려 왔다. 그런 역심이 이번 벽서로 나타난 것이다. 그러니 이번 기회에 그들을 엄벌하여 나라의 안정을 도모해야 된다.

9월 18일 당일로 삼공이 처벌안을 올렸다. 속전속결이다.

완(玩. 봉성군-鳳城君)·송인수·이약빙(李若氷. ?~1547)은 사사, 이언적·정자는 극변안치(極邊安置), 노수신·정황·유희춘·김난상(金鸞祥. 1507~1570)은 절도안치, 권응정(權應挺. 1488~1564)·정유침(鄭惟忱)·임형수……는 원방부처, 권벌(權橃. 1478~1548)·송희규(宋希奎. 1494~1558)·백인걸(白仁傑. 1497~1579)은 부처(付處)하자는 것이었다.

본진인 을사사화보다 더 참혹한 벌이었다. 이들 대부분은 문정왕후·윤원형파에게 기피 인물로 찍혀 실은 을사년에 함께 일망타진할 생각이었을 것이나, 너무 규모가 크기 때문에 후일을 기다리고 보류했을 터이다. 그런데 을사년의 참변을 보고도 이들이 자기네들 품안에 들어오지 않으므로 결국 벽서 사건을 꾸며 이들을 제거하였다.

이들 중 또 한 명의 특이한 존재로 왕자 봉성군(鳳城君) 완(玩)이 있다. 그는 중종의 후궁 희빈(熙嬪) 홍씨 소생(홍경주의 외손자)이다. 을사년에 왕자로서 역신들의 추대를 받으려 했다는 이유로 사형에 처해질 뻔하다가 유배에 처해졌는데, 이번에 다시 사형안에 오른 것이다.

이 처벌안을 놓고 며칠 동안 논박을 거듭하다가 9월 21일 최종 판결이 났다. 그동안 주요 쟁점이 완의 사형 문제(왕이 불윤)와 임형수의 죄를 가중(사형)하자는 두 가지였다. 완을 반드시 사형에 처해야 한다는 신하들의 집요한 주장에 왕 또한 끈질기게 반대하였다. 임형수에 대해서는 정언각과 진복창(陳復昌. 사헌부지평)이 사형을 강력하게 파상적으로 주장하였다.

임형수를 사형으로 몰고 간 빌미가 이런 것이었다.

첫째로 그는 윤임과 이웃하여 언직에 있으면서 윤임을 두호하며 편들었다는 것이었다. 둘째로 그는 여러 자리에서 '윤원형'을 죽여야 한다고 공언했다는 것이었다. 셋째로 진복창과의 사감 문제였다. 임형수가 이조정랑이었을 때 구수담(具壽聃. 1500~1550)의 집에서 진복창과 우연히 만났다. 구수담이 임형수에게 "진복창은 대간이 될 수 없을까." 하자, 임형수가 눈을 부릅뜨고 똑바로 쳐다보다가 "이 녀석은 성균관의 사예는 될 수 있다." 하고는 나와 버렸다.(이 대목은 사신의 말이다) 이런 원한으로 진복창이 기를 쓰고 사형을 주장한 것이다. 여기에 또 사신(史臣)의 말 한 마디 덧붙인다. "또 사신은 논한다. '사림을 죄에 얽어 빠뜨린 것은 다 윤원형의 손에서 나왔다'."

9월 21일 마침내 왕의 판결이 떨어졌다.

"목사 임형수는 사사하라."

정미년의 참화로 송인수·임형수……등 10여 명이 죽임을 당하고, 이언적 등 30여 명이 귀양을 가고, 이들 중 왕자 완과 이언적 등 다수가 유배지에서 죽었다. 정미사화는 여기서 멈추지 않고 이후 2~3년간 이와 비슷한 대소 사건들을 일으켜 더 많은 인사들이 화를 입었다.

최후

명종 2년(1547) 9월 21일 사형(사사)이 선고된 금호의 극적인 최후를 따라가 본다.

금호가 사약을 받은 날짜를 정확히 알 수 없다. 기록이 없기 때문이다. 다만, 사약을 들고 운명한 전후의 정황은 비교적 소상하게 전해지는 것이 여러 가지 있다.

사사 결정이 9월 21일에 내려졌으니 아마 그 집행은 달을 넘기지 않았을 것이다. 9월 말에 가까운 어느 날로 추정된다. 늦가을의 찬바람이 으스스 마을 앞 고목 가지를 스쳐가고, 나주벌이 황금 물결로 눈부신데 금부도사가 사약을 들고 금호의 집에 나타났다. 그때 그는 제주목사에서 파직되어 나주 본가에 칩거 중이었다. 당시의 정황을 『실록』은 이렇게 전하고 있다.

임형수는 그때 파직되어 집에 있었는데, 죽을 적에 양친에게 배사하고, 그 아들을 돌아보며 말하기를 '내가 나쁜 짓을 한 일이 없는데 마침내 이 지경에 이르렀다. 너희들은 과거에 응시하지 말라.' 하고 다시 '무과일 경우 응시할 만하면 응시하고 문과는 응시하지 말라.'고 말하였다. 조금도 동요하는 표정이 없었다. 약을 들고 마시려다가 의금부 서리를 보고 웃으며 말하기를 '그대도 한 잔 마시겠는가.' 하였다. 어떤 이가 집 안에 들어가서 죽는 것이 좋겠다고 하자, 임형수는 '나는 마땅히 천지의 신기(神祇)가 둘러서서 환히 보는 데서 죽으리라. 어찌 음침한 곳에 가서 죽겠는가.' 하고, 드디어 약을 마시고 죽었는데 듣는 이들이 슬퍼하였다.

『연려실기술』에는 또 이렇게도 전한다.

　금부도사가 나주까지 달려왔다.

　전례에 따라 주(州)의 관리가 죽음에 입회해야 했다. 목사 판관은 모두 일이 있어서 교수 양희(梁喜)가 나갔다. 공이 나와 꿇어앉아 전지(傳旨)를 받았다. 들어가 부모에게 하직하고 나오겠다고 청하여 허락을 받았다. 공은 차마 들어가 작별하기 어려웠던지 안으로 들어가지 않고, 다만 마당 아래에서 두 번 절하고 나왔다.

　아들은 아직 열 살도 못 되었는데 불러 세우고 경계하기를 '글은 배우지 말라.'고 하였다. 돌아서 가는데 다시 불러 '만일 글을 배우지 않으면 무식한 사람이 될 터이니, 글은 배우되 과거는 보지 말라.'고 일렀다.(동각잡기)

　혹자는 말하기를 "도사가 문에 와서 재촉하자 조용히 '새벽종이 울고 시간 다 되었으니, 목숨이 경각에 있다는 말이 바로 이 순간의 광경이로구나.'라 말하고, 빙긋이 웃으면서 죽음을 받았다."고 하였다.(축수편)

　공은 주량이 한정 없었다. 사약 내렸을 때 독주를 열여섯 사발이나 마셔도 까딱 안 하자 다시 두 사발 더 마셨으나, 그래도 아무렇지 않아 마침내 목 졸라 죽였다.(유분록)

　독주를 받아들고 크게 웃으며 '이 술은 잔을 주고받는 법이 없다.'고 하였다. 종 하나가 울면서 안주를 가져오니, 공이 물리치면서 '향도(香徒-상여꾼)들이 벌쓸 때에도 안주는 안 쓰는 법인데 이게 어떤 술이라고……' 하고는 쭉 들어 마셔 버렸다.(패일록)

이상이 금호가 독배를 들고 절명하던 때의 정황에 대한 여러 설이다. 설이 구구하지만 공통된 핵심은 평소의 담대하고 호탕한 성품 그대로 흐트러짐없이 태연하게 죽음에 임했다는 것이다. 다만 이 중에서 독주 열여덟 사발을 마시고도 아무렇지 않아 목졸라 죽였다는 「유분록」 소전(所傳)은 너무 지나친 과장이 아닌가 한다. 금호가 본디 워낙 기가 센 데다 30대 장년이라는 점을 가지고 그렇게 이야기를 꾸몄을 것이나, 이는 그의 죽음을 욕되게 하는 것이다. 사약을 먹고 조용히 죽은 것과 목 졸라 죽인 타살은 천양지차다.

사약을 먹으면 죽게 되어 있는데 목졸라 죽였다느니, 『국사대사전』에 '약을 먹었으나 죽지 않으므로 목 찔러 자살하였다.'로 나오는 것은 호사가의 억설이 아닐까? 전자는 야담이니 그렇다 치거니와 사전에까지 야사의 소전을 그대로 올린 것은 후학을 오도할 수 있다. 여기에 직접 관련은 없지만, 동사전 '안당(安瑭. 1460~1521)' 항을 보면 중간에 '……1521년(중종 16) 그의 아들 처겸(處謙)은 남곤(南袞), 심정(沈貞) 등 간신들이 어진 사람들을 없애버리는 것을 보고, 그들을 숙청하려다가 도리어 화를 입어 동생 처함(處諴), 친족 송사련(宋祀連. 1496~1575)과 함께 처형되었다.'는 대문이 보인다. 송사련이 바로 안처겸의 역모를 무고(誣告)하여, 안당 집안을 쑥대밭으로 만든 장본인인데 함께 처형되었다고 했으니 너무 심한 오류다. 우리의 출판물에 이런 오류가 비일비재하기 때문에 후학이 퍽 곤혹스럽다.

이야기를 본류로 돌리자.

장차 나라를 받칠 큰 재목, 금호 임형수는 앞에서 말한 바와 같이 얽어놓은 함정과 덫에 걸리고 빠져 파란만장의 생을 마쳤다. 향년이 겨우 34세, 한창 일할 장년이었다.

이 비보를 전해들은, 이웃 고을 장성의 은사(隱士) 하서 김인후는 애끊는 심정으로 시조 한 수를 지어 애도하였다.

엊그제 버힌 솔이 낙락장송(落落長松) 아니런가
저근 덧 두었던들 동량재(棟樑材) 되리러니
어즈버 명당(明堂) 기울면 어느 남기 버티리

뒷날 퇴계는 늘 금호의 사람됨을 칭찬하여 '참으로 재주가 기이한 사람(奇才)인데 죄 없이 죽어 정말 원통한 일'이라며 애석하게 여겨 마지않았다.

임형수 신도비(전남 나주시 소재)

제5장

문원(文苑)

문장가

금호는 뛰어난 문장가였다. 문곡(文谷) 김수항은 '공의 문장은 공의 사람됨과 같이 준일(俊逸)하다.'라고 하였다. 상촌(象村) 신흠(申欽. 1566~1628)은 금호가 지은 「오산가(鰲山歌)」 독후감에서 '그 노래를 읽고 그 사람을 상상할 수 있으니, 빼어나고 시원스러운 풍채〔英風爽槪〕는 세상을 덮을 만하다.' 하였는데 이 말은 곧 그의 문장을 평한 말과 겹친다.

조선 시대의 조정은 항상 당대 일류의 학자와 문인들의 집합소였다. 금호가 재조(在朝)하던 당시에는 당대는 물론 후세에까지 명성을 떨친 학자와 문인들이 특히 많았다. 역대의 왕들 또한 대개 어려서부터 시강원에서 최고급 학자들로부터 교육을 받아 대체로 지적 수준이 높았다.

이런 왕과 문신들이기에 어떤 행사 끝에 분위기가 무르익으면 시회를 열곤 하였다. 작품은 등위를 매겨 왕이 상품을 하사하고 격려하였다. 모두가 문과 급제한 준재들로 문한직에 있거나 문한직을 거친 관료들이다. 그중에서 등위에 드는 것은 어렵기도 하려니와 그만큼 영예로운 일이었다.

금호는 이러한 시회에서 네 번 입격하여 문명을 높였다.

첫 번째. 중종 32년 9월 13일, 왕이 서교(西郊)에 나가 농사일을 시찰하고 망원정(望遠亭)에서 점심을 들고 쉬게 되었다. 이 자리에서 왕이 입시한 모든 문신들에게 '동정모춘(洞庭暮春)'이라는 제목으로 7언 율시를 지어 올리게 하였다. 1위는 대제학 소세양, 조정에 들어온 지

2년밖에 안 되는 승정원의 말석 주서(注書) 임형수가 2등이었다. 상으로 새끼말(兒馬) 한 필을 받았다.

두 번째. 중종 33년 4월 19일, 왕이 춘당대(春塘臺)에 나아가서 관사(觀射)하는데 세자가 입시하였다. 왕이 '부상척촉(扶桑躑躅)'이라는 제목으로 10운을 달아 7언율시를, 입시한 재상 및 제신은 모두 지어 올리라 이르고, 홍문관·예문관·독서당의 관원도 모두 불러와서 짓도록 하였다. 여기에서 시강원사서(司書) 임형수가 입격하여 반숙마 한 필을 상으로 받았다.

세 번째. 앞의 수상으로부터 불과 3일 뒤인 22일에 왕이 명정전에 나아가 문신 정2품 이하에게 정시(庭試)를 보였는데 '희우(喜雨)'를 제목으로 부(賦)를 짓게 하였다. 여기에서도 임형수가 입격하여 상으로 또 반숙마 한 필을 받았다.

네 번째. 같은 해 10월 8일, 독서당 제술(製述)에서 입격하여 오경(五經) 중 2경을 상으로 받았다.

원접사 종사관

조선 시대의 외교는 주로 중국·일본과의 사이에 이른바 사대 교린(事大交隣)의 관계 유지가 주지였다. 특히 중국과는 관계가 밀접하여 해가 바뀌거나 계절이 바뀔 때, 또는 양국에 국가적인 경조사가 있거나 큰 행사가 있을 때 사절이 서로 빈번하게 오갔다.

중국의 사신은 천자국의 사신이라 천사(天使) 또는 칙사(勅使)라 불러, 의주에 발을 들여놓을 때부터 압록강을 건너 돌아갈 때까지 시종 국력을 기울이다시피 접대를 융숭히 하였다. 중국 사신의 영송(迎

送)과 체류 중의 접대를 전담하는 부서를 임시로 두어 만전을 기했다. 그 대표를 원접사(遠接使)라 하고 그 보좌관을 종사관(從事官)이라 하였다. 중국 사신이 대개 고명한 문인 학자이기 때문에 우리 쪽도 그들과 만나 당당하고 대등하게 학문이면 학문, 문장이면 문장으로 응대할 수 있는 인사를 선발해야 했다. 따라서 원접사나 종사관에 선발되는 것을 영광으로 여겼다.

금호는 6~7년의 짧은 내직 재임 중에 종사관을 두 번 맡았다. 그의 뛰어난 문장(풍채도 좋았지만)에 힘입은 바가 컸다.

처음은 중종 34년에 명나라 사신 설정총과 화찰이 내조했을 때 예조좌랑(『행적기략』에는 병조좌랑으로 나오나 중국 사신이 그에게 시를 보내면서 예조좌랑이라 했으니, 예조좌랑이 맞을 듯)으로 원접사 소세양의 종사관이 되어 그들을 접대하는 직임을 맡았다. 이때 의주를 왕복하면서 소세양과 수창한 시가 많았고, 명나라 사신과 주고받은 시 여러 수가 문집에 전한다.

인종 1년 명나라 사신 장승헌(張承憲)이 내조했을 때 영접도감(都監) 낭청(郎廳)이 되어 그와 응수(應酬)한 시가 역시 문집에 전한다.

원접사 수행 때 읊은 시 몇 수 소개한다.

「동로하(同盧河)」

들냇물 여울 만나 물살 급하고　野水逢灘急
높은 다리 비에 젖어 기우네　　危橋帶雨傾
물결 소리 정말 뜻이 있는 듯　波聲眞有意
사람 향해 목메어 슬피 우네　嗚咽向人嗚

「과고진강(過古津江)」

비 멎자 강언덕 풀빛 더욱 푸르고　　　　　雨歇江郊草色新

흰 모래 푸르른 물 티 없이 깨끗　　　　　沙明水碧淨無塵

동풍 일지 않아 들안개도 끊어지고　　　　東風不起野烟斷

날 저무는 네가래 물가에서 나그네 시름겨워　日暮蘋洲愁殺人

「주면(晝眠)」

변방에 나온 사람 어느덧 머리가 희끗희끗　塞上遊人欲白頭

발 올리고 하루내 강루에서 서성이네　　　掩簾終日倚江樓

낮잠이라 꿈속 일 어렴풋이 오락가락　　　依依午夢眞難記

어둑어둑 흐린 봄 날씨 마음에 안 드네　　漠漠春陰不肯收

불그스레 작은 복숭아 비 맞아 터뜨리고　　紅入小桃迎雨綻

초록 수양버들 바람에 흔들리네　　　　　綠歸垂柳帶風柔

아득하고 먼 세상길에 떠돌이 신세　　　　悠悠世路身無定

앉아서 보노라 올빼미 잠겼다 다시 뜨는 걸　坐看輕鴎沒更浮

　　호쾌 장대한 금호의 기상은 다 어디 가고 이들 시편에 나타난 정서
는 왜 이리 섬세하고 정적(靜的)이고 감상적(感傷的)인가. 사행 길이라
삼가고 조심하는 심리적 작용의 영향일까? 아니면 세 편 모두 원접사
의 시에 차운(次韻)한 시로서의 한계 때문일 수 있을 것이다. 어떻든
지금까지 여러 문헌이 기록으로 전하는 금호상과 다른 일면을 이들
시에서 볼 수 있다.

「오산가(鰲山歌)」

시종신 홍문관수찬 임형수가 외직의 회령판관으로 나갔다. 부정부패가 만연한 변방의 관기(官紀)를 숙정(肅正)하고 시달리는 백성을 위무하며 황량한 삭북(朔北)에 왕화(王化)와 문풍(文風)을 불어넣을 사명을 띠고. 문관이지만 호지(胡地)와 다름없는 최전방이라 화려한 조복(朝服)이 아닌 융복(戎服-군복) 차림으로 2년여를 지냈다. 부임으로부터 임기 마치고 돌아올 때까지의 정신적 역정(歷程), 심경, 감회 등을 읊은 작품이 바로 이 「오산가」다.

「오산가」는 장편이다. 7언고시 형식을 취하여 1구 7언, 총 200구 1,400자로 이루어져 있고, 맨 끝에 '귀배(歸拜)' 운운의 9자 1구를 덧붙여 놓았다.

'글은 곧 그 사람이다'라는 말이 있거니와 이 글이야말로 영기(英氣) 발랄하고 호쾌한 금호의 진면목을 선명하게 드러낸 작품이다. 우선 양에 있어서 7언 200구는, 중국 백낙천(白樂天)의 「장한가(長恨歌)」가 7언 120구임을 생각하면 보기 드문 장편이다. 구마다 각운(脚韻)을 써서 200운을 맞추어 나간 그 끈기와 저력이 비범함을 알 수 있다.

퍽 난해한 시다. 백 번 천 번 불에 달구어 정련(精鍊)한 쇠와 같이 세련된 시어를 가리어 구사한, 치밀한 조사(措辭)가 섣부른 접근을 허락하지 않는다. 인내력을 가지고 생각을 가다듬어 한 자 한 구 숙독 완미해야 대의가 잡힌다.

임금의 뜻과 나라의 정책이 어떻든, 명분을 떠나 금호의 회령판관 재임은 그에게 불우한 시절이었음에 틀림없다. 그럼에도 그는 복잡미묘한 감정의 굴곡을 고도의 시심(詩心)으로 승화시켜 애민·연군(戀

君)·우국의 절절한 충정(衷情)을 노래한 것이다.

이 작품은 스케일이 크고 시상이 웅혼하다. 상상력이 분방하고 풍부하며 표현이 장중하고 강건하다.

'오산은 저 하늘 한쪽 가에 있다(鰲之山兮天一方)'라는 구로 시작하여 서울로부터 아득히 격리된 공간감을 나타냈다. '천일방'은 소동파(蘇東坡)의 「적벽부(赤壁賦)」에서 빌려왔다. 이어 제3~4구에서 '여러 해 싸운 전쟁터라, 지금은 백골이 쌓여 언덕을 이루었다(干戈幾年征戰場 至今白骨堆陵崗)'라고 호인(胡人)과의 싸움이 잦은 국경 지대의 처참한 광경을 묘사했다.

그는 6진을 개척하고 확보하는 데 진력한 선임자들의 공훈을 높이 찬양하였다(제5~8구). '영웅들의 사업이 참 널리 펴져, 이제 가시밭이 번화가 됨을 보네. 오랑캐 땅 거두어 나라 땅 되니, 작년 봄 세운 큰 공이 하늘에 사무치네(英雄事業信恢張 坐見荊棘爲康莊 版籍今收戎虜鄕 先春大烈凌穹蒼)'. 그리고 변방에 끼친 왕덕의 칭송을 잊지 않았다. '우리 임금 성덕이 중국 땅에 넘어들고, 어진 힘 멀리 미쳐 오랑캐를 싸안네(吾王盛德遭虞唐 仁威遠曁包戎羌)'-(제13~14구). 이렇게 북변이 평정되어, '병사들은 무기 놓고 돌아가 농사짓네(戰士放戈歸耕桑)'라고 평화를 구가하며 첫 단락을 마친다.

이렇게 평화가 찾아왔건만 불행히도 흉년이 들어 노약자들이 길 가다 쓰러지며 백성들은 고아·홀아비·과부가 되니, 대궐 안에 근심이 쌓이고 임금님은 상심하는 상황이 된 실정을 읊어 나간다. 결국 자신이 백성의 아픔을 고치는(醫民瘼) 임무를 맡고 나아가게 되는 것이다.(제19~22구)

임형수는 드디어 '머리 조아려 재배하고 대궐을 물러나며, 왕은에 감격하여 눈물을 줄줄 흘리고' 임지를 향해 떠나간다.(제24구)

말을 타고 동북로를 따라 가면서 그는 마치 천군만마를 거느리고 북정(北征) 길에라도 오른 듯한 호기(豪氣)와 앙분(昻奮)을 억누르지 못한다. '동쪽 성 밖을 가는 말은 빨리 뛰어 내닫고, 허리에 찬 긴 칼은 날카롭기 서릿발이네(東郊征馬忽騰驤 腰間尺劍搖寒鋩)'-(제25~26구). 금호의 진면목을 여실히 드러내는 대목이다.

험하고 더딘 북행 길이다. 한걸음 한걸음 멀어지면서 뒤돌아보아 서울이, 고향이 그립다. 그래서 '고향 부모 그리워 눈물 흘리는(陟屺有淚)' 감상에 젖기도 하였다. 어느덧 회양(淮陽) 지나 함경도로 넘어가는 철령에 당도하였다. '높고 험한 철령 높기가 태행산이라, 고갯길 구불구불 수레가 부러질라(峨峨鐵關高太行 嶺路百折車摧軏)'-(제39~40구).

구름도 쉬어 넘는다는 철령이다. 여기에서 설상가상으로 눈보라까지 만난다. '깊은 산속에 눈은 펑펑 내리고, 대낮에 천지는 어두워 갈팡질팡 근심겨워라(窮山雪雨忽雰雰 乾坤晝晦愁倀倀)'-(제41~42구). 천신만고다. 그러나 이런 와중에도 금호의 시인다운 감성은 야광주처럼 빛을 발한다.

'너른 들 어둑한 저녁 진눈깨비 내리고, 학루에 가을달빛이 어른거리네(富野微茫暮雲霙 鶴樓秋月搖光芒)'-(제43~44구). '쌍성 동쪽 바다 깊고 넓은데, 고루에서 서울 바라보는 아리따운 여인(雙城東畔海決決 高樓望京羅紅粧)'-(제49~50구).

북도 길은 갈수록 높고 험하다. 눈에 비치는 북도의 풍광, 용감한 민정·풍속, 선임들의 평정과 평화 초래 등을 읊고 임지에 도착한다. 우선 국경 경비의 튼튼함에 마음 놓고, 그러나 혼탁한 관기를 한탄한다. '산 너머 오랑캐와 경계 접하고, 힘 잡은 여러 진들이 국경 엄히 지키네(山後山戎接界疆 占勢列鎭嚴關防)'-(제71~72구). 그러나 부패한 탐관오리가 문제다. '예부터 큰 고을 백성은 부강하나, 가렴주구로 관리는 뇌물 많네(雄城自古民豪强 爾來掊克官多贓)'-(제73~74구). 그래서 '백이 숙제(伯夷叔齊) 같은 청백리가 아직 파견되지 않았음(貪泉未遣夷齊嘗)'-(제75구)을 아쉬워했다.

관내 순시다. 국경을 돌아보며 전에 적에게 할양한 땅을 애석해 하기도 한다. 부로들의 환영을 받는가 하면 '장군들의 삼엄한 출영(將軍出迎羅刀槍)'-(제94구)을 받기도 한다. 그 행차 양상이 과장은 있으나 인상적이다. '활집과 화살통을 메고 일만기가 성대하게 달리니, 홍기가 앞길 인도하며 바람 따라 나부끼네(橐鞬萬騎馳彭彭 紅旗前途隨風颺)'-(제91~92구).

북변에 평화가 깃들고 잘 다스려져서 우순 풍조에 풍년 들어 생활이 넉넉해져서 문풍이 일어나고 민속이 순화됨을 구가한다. 이 시편에서 가장 문채(文采) 나는 대목이다(제99~118구).

큰 왕은이 멀리 퍼져 우로 내리고	洪恩遠覃雨露滾
굶주림 변하여 배불리고 재앙 변하여 상서롭네	飢變爲飽災爲祥
비 바라면 비 오고 볕 바라면 볕나고	日雨而雨暘而暘
밭두둑 가득히 잘 여물어 가을 넉넉하네	滿疇華實秋穰穰
태평이라 백년 곡식	昇平百年之稻粱
징소리 놀라지 않고 백성은 상처 없네	刀斗不驚民無創
두만강 물은 질펀히 흘러가고	江流豆滿去湯湯

산은 백두를 달려서 날아 돌아오네	山馳白頭來回翔
큰 줄기 강물은 상 땅을 씻을 만하고	幹木之河可濯湘
구름은 옛 성가퀴에서 산을 두르네	雲頭古堞圍山旁
큰 변방 고을 예로부터 잘 지키고	雄藩從古壯保障
오랑캐 마음대로 부려 소와 양 같네	駕馭胡羯如牛羊
수많은 곳간에 썩은 곡식 만 상자요	紅腐千倉更萬箱
칼과 창은 해를 쓸어 서리 엉기네	劍戟彗日凝淸霜
문묘(향교) 엄연하여 교육 일으키고	有儼之廟翼序庠
재배 알현하니 패옥 소리 낭랑	再拜展謁鳴佩璜
우리도 어찌 잠깐인들 황폐한 적 있었으나	吾道何曾間退荒
끼친 가르침 두루 미쳐 강상 부지했네	遺敎遍及扶彛綱
막다른 변경에 싸움 날로 급한데도	窮邊戎馬日劻勷
더욱 기쁘게 글 읽는 소리 낭랑하네	更喜誦讀聲琅琅

여기서 잠시 금호는 과거 회상에 잠긴다. 불우했던 재야 시절을 되새기고, 등용되어 왕은 입음을 망극하게 여기며, 재주와 능력이 없어 국고 도둑이라는 회한에 잠긴다. 임금의 치적에 참여하는 영광을 입었으니 송죽의 절을 지킬 것이며, '나에게 부친 관심과 왕은이 비상했으니, 이 몸 죽기 전엔 어찌 감히 잊을쏜가(寄我耳目恩非常 此身未死何敢忘)'-(제157~158구) 하며 '성군의 큰 은혜 한 번 갚아야지(聖主洪恩期一償)'-(제164구)라고 왕은 보답을 맹세한다.

보민·안민책을 써서 백성이 농잠에 힘쓰도록 권면하며, 세금을 고르게 매겨 요족한 생활을 보장하고, 부모 봉양에 부족함이 없도록 할 것임을 다짐한다. 그리하여 '모든 백성과 군대에 양식이 있으며, 무기는 백년토록 흐트러짐 없이(齊民有食軍有糧 兵革百年無攘攓)'-(제175~176구) 하고 마침내 '모든 진영의 모든 장수들이 연대하고, 군문(軍門)은 나날이 서로 즐겁고 편안(列鎭諸將佩纕 轅門日日相娛康)'-(제177~178구)한 경지를 구현한다는 것이다.

잠깐 틈타 사냥하고 연석을 열어 여흥을 즐기기도 한다.

다시 본연의 자세로 돌아가 '활을 울리고 칼을 치며 강개히 노래하노니, 다행히도 내 머리카락 아직은 검구나(鳴弓彈劍歌慨慷 幸我鬢髮未滄浪)'-(제195~196구) 하고 마음 다잡으며, '앞으로 말 기르고 군량미 쌓아, 선우(單于)의 등 쓰다듬으며 그 목을 눌러야지(期將養馬而峙粮 撫背單于扼其吭)'-(제197~198구)라고 결의를 다진다.

마지막으로 평화에 대한 기대와 희망으로 끝을 맺는다. '중국 조정에는 궁녀 보낼 일이 없으니 길이 은하 기울여 병기를 씻자꾸나(漢庭無路送王嬙 永洗甲兵傾天漢)'-(제199~200구).

중종 시책(諡冊)·묘지(墓誌) 지어 올림

금호는 당대 굴지의 문장가였다. 그러므로 문신으로서 매우 영예로운 일에 참여할 수 있었다. 중종이 승하하자 그는 의정부사인(舍人)으로서 중종의 시책(제왕이나 후비의 시호를 청할 때 생전의 덕행을 칭송하여 지은 글)과 묘지—정릉지(靖陵誌)를 지어 올렸다. 이에 앞서 중종 39년 11월 의정부검상으로 중종의 행장 짓는 일에도 참여하였다. 그리고 중종·인종의 만장(輓章)도 지었다(문집에 전함).

개성을 드러내는 문학적인 문장은 앞의 「오산가」에서 보았거니와 이젠 공식적인 의전문을 통해서 그의, 전자와 다른 성격의 문장에 접해 보고자 한다. 이런 문장이 많이 있지만 그중에서 그가 가장 필력과 정성과 열의를 다해 지었으리라 생각되는 「중종대왕 시책」(인종 1년 24일 지어 올림)을 들어보겠다.

천년 동안 임금이 되어 커다란 국운을 크게 천명하셨는데, 한 업적만을 매듭지어 시호로 삼는 것은 구법을 따름입니다. 이 글을 빌려 높은 공덕을 드러내고 애모하는 정을 펴냅니다.

생각하옵건대, 대행(大行. 왕이 죽은 뒤 시호를 올리기 전의 칭호) 대왕께서는 본래 하늘이 내린 성인으로 덕이 날로 새로워졌으며, 왕위에 오르신 뒤로는 백일(白日)을 황도(黃道)에 올려놓으시고 (백일-태양, 곧 왕의 비유, 황도-태양이 천구를 도는 궤도, 곧 왕이 행하는 큰 도리. 왕의 치도가 궤도에 올라 천하가 태평함), 도탄에서 백성을 구제하고 학정에 시달림을 위안하셨습니다. 정치는 효제를 우선하고 학문은 성경(誠敬)을 근본으로 삼으며 백성을 삼가고 하늘을 섬겼습니다. 교화를 두터이 하고 이웃과 화목케 하셨습니다. 요 임금처럼 삼가 인시(人時. 백성의 생업에 필요한 시기, 곧 봄에 갈고 여름에 메고 가을에 거두는 데 적당한 시기)를 알려 주시니 만민의 곡식이 넉넉하고, 순임금처럼 천명을 삼가 받드니 모든 일이 편안하였습니다. 문교가 펴져 성하게 일어나고, 무위(武威)가 떨쳐 멀리까지 미쳤습니다. 모든 백성을 안정시켜 태평하게 하고, 한 나라를 지극한 인(仁)으로 감싸게 하셨습니다.

만세토록 형통한 경사를 길이 누리시리라 여겼사온데, 어찌

40년 만에 갑자기 어렵고 큰 사업을 남기시고 가십니까. 추모를 다하지 못함을 마음 아파하고 장례에 기한 있음을 괴로워하며, 명호 올리는 의례를 거행하여 덕을 찬양하는 정성을 펴려 합니다. 삼가 시호를 「공희휘문소무흠인성효대왕(恭僖徽文昭武欽仁誠孝大王)」이라 올리고, 묘호(廟號)를 「중종(中宗)」이라 올리오니, 우러러 바라옵건대, 어린 사왕(嗣王)을 생각하시고 작은 정성을 굽어 살피시며, 일월과 같이 조림(照臨)하시어 영원히 아름다움을 전하고 국가 대업이 천지와 같이 오래고 오래도록 끝이 없게 하소서.(원문『금호유고집』에서)

『금호유고』

앞에서 살펴본 바와 같이 금호는 당대의 뛰어난 문장가였다. 그러나 불과 34세 장년에 생을 마쳤기 때문에 저술이 많지 않았다. 거기다가 「묘갈명 서」에 의하면 외아들 현감 구(拘)에게 뒤를 이을 아들이 없었다. 후손이 튼튼하지 못하고 정치적으로 핍박받는 처지라, 금호 생전의 저작이 제대로 수집되지 않았을 것이고 더욱이 유고 발간은 어려운 일이었을 것이다.

「묘갈명 서」에 '외손은 매우 번성하여 다 기록할 수 없다(外裔甚蕃不盡記)'고 하였으니, 과연 유고 발간은 외손들의 몫이 되었다. 외손자 유평(柳玶)이 수집 편찬한 고본(稿本)을 외현손 유응수(柳應壽. 玶의 종손자)가 김수항의 교정을 거쳐 숙종 3년(1677)에 광주목사 이민서(李敏叙)의 협조로 광주에서 목판으로『금호유고(錦湖遺稿)』를 간행하였다. 현존하는『금호유고』는 1678년에 판각된, 금호의 조카 회(檜)의『관해유고(觀海遺稿)』를 부집으로 수록한 것이다.

『금호유고』는 본디 유고·부록·부집을 통틀어 1책 113판으로 이루어져 있는데, 문집총간(文集叢刊) 영인본에서 『관해유고』를 제외한 87판만 영인하여 전해지고 있다.

『금호유고』의 내용을 일별하고자 한다.

첫머리에 전기 이민서의 서문이 있고 시, 가, 책문, 지, 잡저, 부록, 발(跋) 등으로 구성되어 있다.

시는 총 106제 138수, 가 1편이다. 나누어 보면 5언절구 2제 2수, 7언절구 21제 33수, 5언율시 15제 19수, 7언율시 59제 75수, 6언 1제 1수, 5언배율 1제 1수, 7언배율 1제 1수, 5언고시 4제 4수, 7언고시 2제 2수, 가 1제 1편이다. 책문은 중종대왕 시책 1편, 지는 중종의 정릉지 1편이다. 잡저는 「서관산별곡후(書關山別曲後)」·「유칠보산기(遊七寶山記)」 2편이다. 부록은 제가잡기·제가수창·호당수계록·행적기략 4편이다. 발문은 송시열과 김수항이 지은 2편이다.

우암이 발문에서 '시문이 쓸쓸하다(其寂寥詩文)'고 언급한 것처럼 양적으로는 비록 적다 하겠으나, 수준에서는 매우 특이하고 뛰어난 작품들이라는 중평(衆評)이다. 이민서는 서문에서 "글이 박식하고 기이하고 뛰어나다. 시는 재기(才氣)가 크게 성하여 조탁(彫琢)을 일삼지 않았어도 율격이 혼연히 이루어지고 사정(辭情)이 빠르게 발하여 그 힘을 막을 수 없으며 그 빛을 가릴 수 없다."고 하였다. 김수항은 "문장이 준일(俊逸)하다."고 하였다.

금호 임형수가 대윤파로 몰려 비명(非命)에 원사(寃死)했지만, 일신의 영달이나 명리를 위해 대윤에 줄을 선 것은 결코 아니었다. 왕위의 정통 계승권자인 세자(인종)가 소윤에 의해 늘 위협받고 있으므로 그

안보에 진심(盡心)하다 보니 대윤파로 지목받았을 뿐이다.

　그는 한 점 사심 없이 오로지 나라와 왕을 위해 성심을 다했다. 어지러운 조정을 떠나 옥과현감이 되어 나아가는 친우 하서에게 지어 준 이별의 시 서(序)에서, '…임금을 잊지 말 것이며 직책을 욕되게 하지 말게…(君不忘不忝職…)'라고 당부한 글에서, 그가 평소에 지녔던 국가관·공직관을 엿볼 수 있다.

　그는 또 지절(志節)이 높았다. 그의 지절을 드러낸 시 한 수.

　영천의 붓으로 그린 푸른 대나무　　　　靈川筆下碧琅玕
　상강 어귀의 높은 지조 눈과 달빛 속에 차구나　湘口高標雪月寒
　시인 중 골라보면 누가 이와 비슷할꼬　揀箇詩人誰得似
　맑고 수척한 모습 퇴계와 같이 보자꾸나　清癯宜幷退溪看
　　　　　　　　　　　　　　－ 신잠(申潛)이 그린 대나무에 쓴 시

　그는 왕도 지치의 이상과 안민·보민·위민의 신념을 굳게 지니고 바른 길을 지향했다. 그래서 세자를 지키는 편에 서고 조정 안팎에서 바른말 쓴소리를 일삼아 결국 중도에 꺾이고 말았다. 애석한 일이었다.

　선조 즉위년(1567)에 그는 신원(伸寃)되어 관작이 모두 복귀되었다. 정조 20년(1796)에 이조판서, 고종 5년(1868)에 이조판서·양관대제학(兩館大提學) 등의 증직을 받았다.

　나주 출신으로 옳고 바른 길을 걷다가 역시 소인들에게 몰려 순국한 고려 말의 박상충(朴尙衷. 1332~1375), 성종·연산조의 최부(崔溥. 1454~1504)에 이은 순국이었다. 역사는 그와 더불어 길이 광명을 발할 것이다.

우) 나세찬 출생지(전남 나주시 문평면 남산촌)

나 세 찬

羅世纘

1498(연산군 4)~1551(명종 6)

제1장

필화(筆禍)

팍팍한 벼슬길

나주의 시골 선비 나세찬(羅世纘)이 종종 20년(1525) 사마시(생원)에 합격하고, 3년 후인 1528년 가을 문과별시(병과)에 급제하였다. 그의 나이 31세 때였다.

송재 나세찬. 그는 연산군 4년(1498) 나주 거평면(居平面. 현 문평면) 남산촌(南山村)에서 태어났다. 본관은 금성(錦城), 아버지는 성균생원 빈(彬), 어머니는 담양 전씨(田氏). 그의 자(字)는 비승(丕承), 호는 송재(松齋)다.

그는 타고난 자질이 뛰어나 정신은 맑고 기가 빼어났으며 영민하였다. 8세가 되자『소학』을 공부하였다. 그러나 이미 언행이 장중하여 장자의 기상이 있어 예절에 맞게 거동하며, 청소하고 응대하는 범절을 익혀『소학』의 덕목을 체득하고 있었다. 뿐만 아니라 벌써 시를 읊고 문장을 이루는 경지에 이르러 있었다. 참 숙성한 인재였다.

8세 겨울에 어머니가 버선 하나를 지어 주자 바로 시 한 수를 지어 어머니의 은혜를 칭송하였다.

새해를 맞아 새 버선을 신으니　　新歲着新襪
추운 겨울에 추운 줄 모르겠네　　歲寒不知寒
묻노니 이게 바로 누구의 은헨가　　借問是誰恩
어머니의 높은 은혜 태산 같아라　　母恩若泰山

장차 문장으로 세상을 울릴 싹이 발랄한 생기를 내뿜고 있지 않은
가. 그는 총명하고 근면하며 향학열이 치성하였다. 그러나 시골 한미
한 선비의 아들이라 마음 놓고 공부할 학자(學資)가 없었다. 등불 밝힐
기름도 모자라 관솔불로 밤새워 책을 읽었다.

하지만 공부에 전념할 수 없었다. 가난한지라 부모 위해 낮이면 스
스로 나서서 고기 잡고 사냥하여 조석으로 봉양하였다.

효성 지극하고 자자영영(孜孜營營)하는 이 소년 아들(형제)에게 아버
지는 「훈시(訓詩)」를 지어 주며 훈계하고 격려하였다.

늙어감에 무엇을 더 생각하랴	垂老情何有
그저 늘 두 아들 걱정이로다	常懷二子憂
말은 천리 밖에서 반응하는 것이고	言思千里應
행실은 수신에 있음을 생각하여라	行願一身修
효도는 다만 몸만 기름이 아니야	孝乃非徒養
우애는 미루거나 헤아리지 말라	友于無或猶
벗을 사귐에 오래도록 공경하며	待朋宜久敬
일가를 챙겨서 화목을 다하라	敍族盡和柔
가문이 쇠운을 당하였으니	門祚當衰薄
공명의 뜻 일찍 접을지니라	功名可早收
겸손하고 낮추면 늘 보탬을 받고	謙卑恒受益
교만하고 억세면 반드시 허물을 부른다	驕亢必招尤
너희에게 평생의 경계를 부치노니	寄汝平生戒
모름지기 이 속에서 구할지어다	須從這裏求

아버지는 사마시에 합격한 성균생원으로 출사(出仕)하지는 않고 초야에서 몸을 닦으며 학문하는 개결(介潔)한 선비였다. 조광조(趙光祖, 1482~1519)의 능주 유형에 항의하는 상소를 올린 일도 있다. 뒤에 아들 세찬의 영달로 참관에 추증되었다. 그는 평생 수신하고 학문하는 과정에서 터득한 인생철학과 처세관을 담아 10대의 두 아들을 훈계한 것이다.

송재는 이러한 아버지의 정훈(庭訓)을 받아 빈궁을 아랑곳하지 않고, 오로지 부모를 봉양하는 틈틈이 학문에 정진하였다. 일정한 스승 없이 혼자서 날마다 『중용』, 『대학』, 『시경』, 『서경』 등 유학의 경전을 깊이 탐구하고 나아가 성리학에 침잠하였다.

이상이 그의 10대 시절의 생활 모습이다.

20대에 이르러 송재는 학문이 정밀 심오하고 문장이 뛰어나 점차 세상에 이름이 알려지게 되었다. 그가 22세 때 기묘사화가 일어났다. 뜻 있는 선비들이 화를 입고 불의가 세상을 뒤덮어, 정의가 사라지고 사기(士氣)가 가라앉았다. 이러한 암울한 세태에 그는 비록 한낱 야인이지만 세상을 개탄하는 심정을 억누를 수 없었다. 그러나 복중의 몸이라 그대로 있을 수밖에.

그는 25세(중종 17년) 봄에 상복을 벗자마자 드디어 붓을 세워 그릇된 세상을 개탄하고, 어지러운 시사(時事)를 한탄하는 뜻을 붙여 「병백부(病栢賦)」를 지었다(여기에 그의 지사적인 면모가 여실히 드러나 있다. 이 부에 대하여는 후술하겠다).

27세 때 그는 칠정사(七精寺)에 들어가 공부하고 이듬해 종종 20년 생원시에 합격, 익년에 성균관에 들어갔다. 당시 성균관 유생들은 기묘사화의 여파로 학업에 힘쓰지 않고 들떠 경박한 분위기였다. 그는 여기에 휩쓸리지 않고 더욱 마음을 가다듬어 학업에 전념하였다.

중종 23년(1528), 송재는 드디어 문과에 급제하였다. 얼마나 벼르고 대망하던 구름 위의 계단인가. 특기할 것은 그는 이번 과거의 예조 복시(覆試)에서 「예제책(禮制策)」으로 장원한 사실이다.

삼십 평생의 힘을 다하여 뜻을 이룬 문과 급제임에도 그의 첫 보직은 기껏 나주 훈도(訓導)라는, 초라하기 짝이 없는 자리였다. 문과 급제자는 대개 홍문관(弘文館), 예문관(藝文館), 춘추관(春秋館), 승문원(承文院) 등 문한(文翰) 관서의 정9품직 정자(正字)나 검열(檢閱), 적어도 성균관학유(學諭)에 임명되는 것이 상례였다.

그럼에도 왜 나세찬에게는 통상 음직(蔭職)인 시골 향교의 훈도 자리가 주어졌을까? 알 수 없는 일이나 문벌이 낮은 탓으로 보인다. 예나 이제나 힘센 가문과 부조(父祖)의 지위가 어떤 자리 획득에 결정적으로 작용하는 것은 부인할 수 없는 실정이다.

기댈 언덕이 없는 나세찬은 잠깐이 아니라 장장 5년간이나 먼 황주까지 거치면서 교수도 아닌 훈도에 재직하였다.

이처럼 나세찬의 벼슬길은 참으로 더디고 더디어 팍팍하기 이를 데 없었다. 하지만 5년간에 걸친 유배와 다름없는 그의 시골 훈도 생활은 실은 그의 일생에서 가장 값진, 운명의 선물이었다. 이 기간에 그는 한적한 자리에서 고을의 교육과 교화에 힘쓰면서 본격적으로 학문에 빠져들 수 있었다. 과거를 위한 공부가 아닌 진짜 학문을 위한 학문에 매진하였다.

뜻 있는 사람에게는 5년이 길지 않다. 오히려 짧다. 그러나 그 노력의 결과는 10년, 20년, 아니 50년의 긴 세월의 그것에 뒤떨어지지 않는다. 그는 이 5년간에 갈고닦은 문장과 학문을 바탕으로 뒷날 조정을 주름잡았던 것이다.

훈도 5년은 실로 한 용의 잠복기였다.

진출

나세찬은 5년의 인고 끝에 귀양과 다름없는 시골 생활이 풀려, 중종 29년(1534)에 마침내 성균관의 권지학유(權知學諭)가 되어 중앙 무대에 처음으로 올라갔다. 그러나 웬일인가! 학유면 학유지 어찌 그 앞에 권지가 붙었는가 말이다. '권지'는 임시직, 요새로 말하면 시보(試補)다. 해도 너무했지. 문과 급제하고 종9품 훈도를 5년이나 한 사람에게 같은 종9품 권지학유라니. 원래 이 자리는 문과 급제한 새내기 관리의 초임 몫이다. 그런데 5년 고참에게 권지학유라니, 요로들은 어찌 이리도 나세찬에게 인색하게 굴었는가!

그래도 그는 바라던 중앙 진출이라, 청운을 안고 희망에 부풀어 도성에 들어왔으리라. 한 치 앞도 알 수 없는 것이 사람의 일이라, 입경한 지 불과 2년 만에 그에게 몰아닥칠 모진 풍설(風雪)을 전혀 예감할 수 없었을 것이다. 이런 게 사람의 일이다.

송재는 권지성균관학유가 된 지 넉 달 후에 성균관학유로 승진하고 바로 예문관검열(藝文館檢閱)이 되었다. 이 자리는 비록 정9품의 하위직이지만 한림(翰林)이라는 별칭으로 통하는, 초년 문신으로는 매우 영예롭게 여기는 관직이다. 여기에 춘추관기사관(記事官)이라는 사관직도 겸하였다. 때는 중종 29년(1534) 8월, 그의 나이 이미 37세였다.

5년간의 간난신고(艱難辛苦) 끝에 벼슬다운 벼슬, 한림이 된 그는 한

숨 돌리며 이듬해 봄에 휴직하고, 오랜만에 귀향하여 객고를 풀었다. 이때 향리의 경승지를 찾아다니며 「팔경시(八景詩)」를 읊었다. 1년간 쉬고 중종 31년(1536) 봄에 예문관검열직에 복귀하였다.

뒤늦게 조정에 발을 들여놓은 나세찬의 앞길은 과연 탄탄하게 열릴는지, 지금까지 맺혀 있던 관운이 잘 풀릴는지 점치기 어려운 일이었다. 여기에서 잠깐 당시 조정 안팎의 정정(政情)을 살펴볼 필요가 있겠다.

중종은 반정(反正)으로 왕위에 올랐다. 폭군으로 치부된 연산군을 내쫓았지만 정치는 '반정'이 아니었다. 중종 재위 기간 내내 정치는 어지럽고 조정은 조용한 날이 없었다. '반정'의 목적과는 달리 태평성대는 결코 오지 않았다. 세상은 공신들과 권신들이 번갈아들면서 국정을 농단하고 백성은 도탄에 빠졌다.

중종이 왕위에 오르자마자, 공신들의 핍박으로 이제 막 왕비가 된 조강지처(신씨-愼氏. 뒤에 단경왕후-端敬王后로 추존)를 사가로 돌려보내야 했다. 중종은 이후 줄곧 공신들의 압제에 시달리다가, 나중에는 새로 진출한 사류(士類)의 이상정치 지향에 심신이 고달팠다.

중종 14년(1519. 기묘)에 기묘사화로 조광조 등 혁신파 사류가 실세하고 남곤(南袞. 1471~1527), 심정(沈貞. 1471~1531) 등 권신들이 발호하여 10여 년간 국정을 전횡하였다. 이들을 몰아내고 새로운 권신 김안로 (金安老. 1481~1537)가 무서운 기세로 등장하여 전자들보다 더 지독한 권력을 휘둘렀다. 그는 중종의 사돈(아들이 중종의 부마)이라는 위세로 허항(許沆. ?~1537), 채무택(蔡無擇. ?~1537)을 거느리고 중종 30년을 전후하여 우의정·좌의정·영의정을 두루 거치면서 국정을 어지럽혔다.

기묘사화 후 10여 년이 지나 겨우 숨을 돌리기 시작한 신진 사류가 적으나마 조정에 진출하였으나 김안로에게 많이 배척을 당하였다. 정광필(鄭光弼. 1462~1538), 이언적(李彦迪. 1491~1553) 등이 바로 이때 화를 입었다. 역사상 악명 높은 김·허·채 이들 세 사람을 소위 '정유삼흉(丁酉三凶)'이라 한다(중종 32년 정유년에 사사되어 '정유'를 붙임).

송재가 1년간 귀향 휴식을 마치고 조정에 돌아와 복직한 중종 31년은 바로 김안로의 권력이 절정에 이르러 있을 때였다. 난정(亂政)이 극에 달하여 부정부패의 검은 구름이 조정을 뒤덮고 있었다. 이러한 때에 그는 조정에 돌아온 것이다.

검열에 복직하자마자 조정 문신들에게 보이는 중시(重試)가 있었다. 물론 그는 이 중시에 응시하여 「예양책(禮讓策)」을 지어 장원하였다. 대체 중시가 어떤 시험인가. 이미 문과에 급제하여 관직에 있는 기고 나는 문신들이 보는 시험이다. 이 중시에서 장원을 한 것이다. '낭중지추(囊中之錐)'라, 그의 숨은 재능과 실력이 드디어 드러날 때가 온 것이었다. 이 중시 결과로 그는 곧 바로 검열에서 봉교(奉敎. 정7품)로 훌쩍 뛰어올랐다.

그러나 어찌 뜻하였으랴! 바로 그 장원작인 「예양책문」에서 권신 김안로의 전횡과 비리를 통박한 내용이 문제가 되어 안로파의 탄핵을 받게 되었다. 일희일비(一喜一悲)라더니, 그의 앞에 일조의 광명이 비추는가 했더니 별안간 이 무슨 날벼락이란 말인가.

상대가 김안로니 절체절명이다. 천상천하 어디에도 '솟아날 구멍'이 없는 것이었다. 그는 곧 금부 옥에 갇혀 모질고 모진 고문을 받게 되었다.

뼈가 부스러져

김안로가 국권을 틀어쥐고 충량한 현사(賢士)들을 죽이거나 귀양 보내고 탐학(貪虐)을 일삼는데도 누구 하나 바로잡으려 하지 않았다. 아니, 못했다. 온 조정이 그에게 굴종할 뿐이었다. 그의 마음속에는 이미 군주가 존재하지 않았다. 이에 의기의 남아 나세찬이 작심하고 칼을 뽑은 것이다.

'잘못되면 죽음에 이를 수도 있다. 그러나 이 난신을 그대로 두면 나라가 위태롭다. 미관말직인 나라도 나서야 한다.'

맹자는 일찍이 이렇게 말한 적이 있다.

"생(生)도 원하는 바이고 의(義)도 원하는 바이지만, 이 두 가지를 다 얻을 수 없다면 나는 생을 버리고 의를 취한다. 생도 원하는 바이지만, 생 이상으로 원하는 바(곧 의)가 있으므로 그것을 버리면서까지 생을 얻으려고 하지는 않는다. 죽음 또한 싫어하는 바이지만, 그 죽음보다 더 심하게 싫어하는 바(곧 불의)가 있으므로 죽음이라는 환난도 피하려 하지 않는다(生亦我所欲也 義亦我所欲也 二者不可得兼 舍生而取義者也 生亦我所欲 所欲有甚於生者 故不爲苟得也 死亦我所惡 所惡有甚於死者 故患有所不辟也『孟子』告子章句上)."

그는 유학의 경전을 섭렵하고 성리학을 익힌 유신이다. '사생취의(舍生取義)'할 각오로 조정에 임하고 있었다. 마침 중시라는 좋은 기회가 주어진 것이다. 그는 충군 우국의 단성(丹誠)으로 한 자 한 구 책문을 지었다. 그리하여 장원한 것이었다. 「예양책」은 나세찬이 영혼을 새겨 넣은 대논문이었다.

책문을 훑어본 김안로는 화가 머리끝까지 치밀었다.

'이놈, 일개 검열 주제에 이 천하의 김안로를 붓끝으로 감히 들었다 놓았다 제멋대로 찢고 까불어! 이놈 견뎌보라.'

그는 이 책문에 대하여 '입론(立論)이 바르지 못하고 잘 짓지 못했다.' 하며 문제를 제기하였다(중종 29년 10월 28일). 그러자 그의 주구(走狗)들로 채워진 삼사(三司)에서 일제히 들고 일어나 나세찬을 규탄하였다.

사헌부의 계―"사특한 말을 하여 상하를 공동(恐動)케 하며, 시비를 현란(眩亂)케 할 목적으로 작성한 것."

사간원과 홍문관의 계―"사특한 배후의 조종을 받아 이루어진 것이라 의심한다. 예문관에 나세찬을 천거한 자까지 죄를 물어야 한다."

이래서 나세찬에 대하여 장사(杖死)도 불사한다는 기세로 연일 혹독한 고문이 가해졌다. 여기에서 잠깐 문제가 된 「예양책」의 몇 대목을 들여다볼까 한다.

왕이 내린 책문(策問)의 요지는 이렇다.

"정치의 도는 예양을 숭상하고 미풍을 전하는 것이다. 상세(上世)에는 잘 지켜졌으나 후세로 내려오면서 점차 퇴폐해졌다. 과인이 왕통을 이은 지 29년이 되었다. 지금 사학(士學)은 밝지 않고 인심이 어지럽고 조정에는 공양(恭讓)이 없고, 시비의 갈등이 있으며 공(公)보다 사(私)를 취하는가 하면, 의협을 좋아하고 붕당(朋黨)을 귀히 여기며 하극상의 풍습이 있다.

민간에서는 잔인한 자식, 주인을 죽이는 종, 관장을 도모하는 이서(吏胥), 지아비를 도모하는 처첩 등이 나와 교화와 풍속을 파괴한다. 어떻게 하면 무너진 예양의 풍속을 돌이킬 수 있겠는가? 숨김없이 답하라.”

이에 답한 나세찬의 대책문 중에서 몇 대문을 뽑아 적는다.

　　“(전략)신이 듣자오니 예양은 정치하는 대무(大務)이며, 풍속은 나라의 원기라 하였습니다. 천하의 인심이 풍속에 관계되고 천하의 풍속이 예양에서 이루어집니다. 이러므로 그 풍속을 선하게 하고자 하는 자는 반드시 예양을 숭상하고, 예양을 숭상하고자 하는 자는 반드시 인심을 화하게 합니다. 인심이 불화하면 예양이 이미 그 숭상의 근본을 잃는 것이니, 예양이 어떻게 스스로 높이겠습니까. 예양을 숭상하지 않으면 풍속이 이미 그 선의 바탕을 잃게 되는데 풍속이 어떻게 선해지겠습니까. 대저 민생은 본래 후한 것이며 민심은 본래 화한 것인데, 예양이 행해지지 않고 풍속이 선하지 못하게 되는 것이 이 어찌 풍속의 죄이겠습니까.”

　　그는 이렇게 먼저 예양·풍속·민생·인심의 상관 관계를 설명하고, 중국의 요·순 시대 이래 삼대와 한·당(漢唐)에 이르기까지 예양·풍속의 소장(消長)을 논하였다. 그 성공의 열쇠는 화(和)와 덕(德)과 관인(寬仁. 너그럽고 어진 마음)임을 밝혔다.
　　이어서 조정에서 예양이 사라지고 민속이 퇴폐하여 윤리 도덕이 무너진 눈앞의 현실을 개탄하며 부르짖었다.

"(중략)아아, 이와 같은 조정으로써 예양을 이루고자 한다면 더욱 어렵지 않겠습니까. 이러한 민심으로 풍속을 선하게 하고 자 한다면 또한 어렵지 않겠습니까. 서로 예양하는 아름다움이 어찌 다만 상고(上古)의 조정에서만 이루어지고, 유독 전하의 조 정에서만 볼 수 없는 것입니까. 북돋울 만한 민심이 어찌 다만 상고의 민심에만 행해지고 유독 전하의 민심에는 보이지 않는 것입니까. 이 어찌 인심의 화(和)가 다만 상고에만 넉넉하고 유독 지금 세상에만 인색하단 말입니까.

조정은 사류의 근본인데, 조정이 이렇다면 이는 사학이 밝지 못함을 이상하게 여길 것이 없습니다. 사류란 만민의 희망인데 사 류가 이렇다면 만민의 불화를 이상하게 여길 것이 없습니다. 신이 일찍이 백관(百官)의 뒷자리에 있어 말하고 싶은 지 오래입니다. 이제 전하의 말씀이 내리니 이는 천지 신인(神人)의 복입니다.

신이 『서경』을 살펴보니 이르기를 수(受. 은왕-殷王 주-紂의 아 들)는 신하가 억만이나 억만의 마음이요, 주(周)나라는 신하가 삼 천이나 한 마음이라 하였습니다. 이로써 논지하면 천하의 인심 은 진실로 꼭 합일되어야 하고, 더욱이 조정의 인심은 꼭 통일되 어야 합니다. 하나가 되는 길은 화합에 있지 않겠습니까. 조정이 화합을 잃은 근본을 신은 감히 모르오나 유래하는 까닭이 있을 것입니다.

연산조(燕山朝)에 전국의 인심이 모두 난정(亂政)을 싫어하였는 데, 전하께서 물불 속에서 구제하신 뒤로 전국의 인심이 모두 잘 다스려짐을 좋아하고, 화합을 잃은 단서가 무엇에서 일어나고 어디에서 이루어지는지 알지 못했습니다."

이제 나세찬은 반정 후 잠시 화(和)를 찾은 조정이 어느덧 불화가 조성된 것을 지적하고, 붓끝을 세워 예리하게 본질적인 문제에 치고 들어간다. 앞에서도 왕과 집권자들에게 쓴소리를 계속했으나 이 대목에서는 극론을 벌여 필치가 통렬하다.

"(중략)아아, 지금의 조정의 인심은 그 기미가 억만인지 알 수 없습니다. 차마 말할 수 없습니다.

가만히 지금 조정에 선 사람들을 보건대, 스스로 말하기를 도가 같으므로 벗을 삼았다 하나, 각자 편당하는 견해를 품어 사정(邪正)의 소장으로서 국가 치란의 큰 생각을 삼지 않고, 얻고 잃음을 걱정하는 생각을 항상 마음속에 지니고 있습니다. 그러므로 서로 배척하는 데 겨를이 없고 한직(閑職)에서 원한을 품은 자들이 다른 날에 난을 일으키는 기틀이 됨을 알지 못하니, 이것이 유식자에게 한심스러운 바입니다.

전하께서 만약 이때에 조금이라도 불공(不公) 부정의 손아귀에 떨어지신다면, 전하의 조정은 불화에서 그치지 않게 될까 두렵습니다. 어찌 다만 지록(指鹿)의 간사한 자가 유독 진(秦)나라 2세의 조정에서만 나오겠습니까.(후략)"

바로 이 대목이다. 장장 2,050어 자에 이르는 대책문에서 43어인 이 대목(앞 인용문의 끝 단락 '전하께서~나오겠습니까(殿下若於此時 墜於不公不正之手 則殿下之朝廷 恐不止於不和也 豈特指鹿之奸 獨出於二世之朝廷乎)'에서 딱 걸린 것이다. 이 중에서도 '豈特指鹿之奸 獨出於二世之朝廷乎'의 15어가 나세찬의 심장에 비수로 돌아와 꽂힌 것이다.

하지만 생각해 보자. 이 글 어디를 보아도 김안로는 물론이요, 그 졸개들의 이름 한 획도 드러나 있지 않다. 그럼에도 '도둑이 제 발 저린다'고 '指鹿之奸'이 바로 김안로를 지칭한 것으로 그 패거리들이 자처하고 나온 것이다. 대책문 전체의 맥락은 고금 각 시대의 예양과 풍속의 소장과 그 원인을 논구(論究)하고 결국 '중화(中和)'에 귀일시켰다. 중화를 기하면 예양과 풍속이 바로 서는 것이요, 중화를 잃으면 예양과 풍속이 무너져 나라 유지가 어렵다. 그러니 중화를 회복해야 하며, 그러기 위해서 한(漢)나라 동중서(董仲舒)의 '임금이 마음을 바르게 하여 조정을 바르게 하고, 조정을 바르게 하여 백관을 바르게 하고, 백관을 바르게 함으로써 만민을 바르게 한다'는 말을 인용하여 끝맺었다.

이렇게 구구절절 간절하고 옳아 군신의 폐부를 울리고도 남는 정론을 들으려 하지 않고, 오로지 '사슴을 가리켜 말이라 한, 간사한 사람(指鹿之奸)'이란 한 마디 말만을 들어내 대역 죄인처럼 몰아붙였다. 왕의 역린(逆鱗)보다 권신 김안로의 '마음의 털' 하나 건드린 것이 더 무서운 대죄로 몰린 것이다.

모질고 모진 혹독한 고문이 10월 28일부터 12월 7일까지 여섯 차례나 계속되었다. 이 책문은 나세찬 스스로의 말이 아니라 반드시 나세찬을 교사(敎唆)한 배후가 있을 것이니 그 배후를 대라는 고문이었다. 이 일을 계기로 평소에 김안로를 반대하는 사람들을 때려잡겠다는 심산이었던 모양이다. 그들이 암암리에 지목한 대상은 송순(宋純. 1493~1583)이었다.

나세찬의 순수한 애군우국의 충정을 표출한 글이라 배후가 있을리 없고, 설혹 배후가 있다 한들 자백할 나세찬이 아니었다. 기대하는 자백이 안 나오니 고문이 모질 수밖에. 살점이 떨어져 나가고 다리가 깨지고 뼈가 부서졌다. 실로 처절 참절한 고문이었다. 그는 시종 무실의 주장을 일관했고 용케도 목숨을 부지하였다. 그리고 믿기 어려울 만큼 처연하고 놀라운 형장의 이야기가 마치 전설처럼 전해 온다.

고문 도중 뼈가 부서지니 그는 이 뼛조각을 부모님의 유체(遺體)라 버릴 수 없다며 주워서 차고 다니던 주머니에 담았다고 한다. 고문의 참상이 이러했다.

옥중혈소(獄中血疏)

문과에 급제하고도 5년이 지나 겨우 성균관 말직을 얻고, 그로부터 2년 뒤 조정의 문턱을 넘자마자 덮쳐온 필화! 독한 형장(刑杖) 아래 목숨이 경각에 달린 나세찬, 어찌할거나. 하늘이 무너졌는데도 솟아날 구멍이 없으니 어찌할꼬!

나세찬은 억울하고 분했다. 정말로 억울했다. 애군 우국의 충정을 신명(身命)을 다해 진솔 곡진하게 지어 올렸건만 포상은커녕 죽음으로 내몰다니, 그는 생각할수록 억울했다. 그보다도 충량한 신하를 몰라보는 조정이라면 장차 왕은 어찌될 것이며 나라의 앞길은 어찌될 것인가, 그는 생각할수록 슬펐다.

'이대로 말 수는 없다. 이대로 죽을 수는 없다.'

그는 마침내 가냘프게 붙어 있는 여명(餘命)이나마 사력을 다해 옷을 찢어 거기에 피로 글을 써서 상소하였다. 이름하여 '옥중혈소(獄中血疏)'다. 그의 혈흔(血痕)이 흥건히 스민 듯한 상소문은 대략 아래와 같다.

"참으로 황송하옵고 진실로 송구스럽습니다. 삼가 주상 전하께 말씀 올리옵니다.

엎드려 생각하옵건대 인정은 하늘을 두려워하며 아비를 존엄하게 여기지 않음이 없습니다. 그러나 우환과 지극한 아픔을 당하면 하늘을 부르며 아비를 부르지 않을 수 없으니, 어찌 이것을 가지고 하늘을 더럽히고 아비를 업신여겼다 하오리까. 이는 인간의 지극한 정이옵니다. 지금 신이 옥중에서 죽게 되어 남은 목숨이 절박하온즉, 군부(君父)의 앞에서 묵묵히 죽음을 기다리고 있을 수 없습니다."

이렇듯 먼저 죽음이 임박한 절체절명의 고비에서 자신을 변호하지 않을 수 없는 심정을 토로하였다. 이어서 자신은 먼 시골의 한낱 천한 선비로서 벼슬에 오른 지 겨우 두 해라, 조정의 시사(時事)에 문견이 없으면서 중시에 참여하여, '시국의 폐단'을 물으므로 성의를 다해 답했다 하였다. 그런 다음 쟁점에 대하여 조목조목 변론하였다.

"신의 이른바 '동도(同道)로 벗을 삼는다'는 말은 성책(聖策)에서 이르신 '호협(豪俠)을 좋아하고 당을 귀하게 여긴다(好俠貴黨)'는 물음에 답한 것입니다. 성교(聖教)는 그것을 가지고 '조정의 붕당하는 사람'을 가리킨 것이라 하오니, 어찌 소신의 마음을 알았다 하겠습니까.

신의 이른바 '각각 편당의 의견을 품었다'는 말은 성책에 이르신 '인심이 두 마음을 가졌다'는 물음에 답한 것입니다. 성교는 그것을 가지고 '공론에 비기어 편당한 것(擬公論爲偏黨)'이라 하오니 어찌 소신의 마음을 알았다 하겠습니까.

신이 또한 '한적한 곳[散地. 권세가 없는 한산한 지위, 또는 한직(閑職)]에서 원망을 머금었다'고 말한 것은, 대저 소인의 마음은 논박을 입어 뜻을 잃으면, 도리어 악을 징계하려는 생각은 없이 혐의하고 원망하는 마음을 깊이 품는다는 것입니다.

만일 조금이라도 공정하지 않은 수단에 떨어져서 점점 소인의 길을 열어준다면, 사정(邪正)과 소장(消長)의 걱정이 참으로 두려울 것입니다.

그러므로 신은 전하께서 혹 조금이라도 간사함을 막는 도리를 게을리하실까 걱정되어 이 말을 한 것입니다.

신의 뜻은 다만 미소한 것을 막고 먼 것을 염려하는 계책(防微慮遠之計)에 있었는데 성람(聖覽)에 통달되지 못하여, 몰래 한직에 있는 사람을 덮어 주고 보호해 준다고 이르시니 신의 안타까움이 매우 심합니다.

저 한직에 있는 자들은 모두가 몰래 보호해 주는 마음에서 죄를 얻었겠습니까. 무릇 소인이 불선(不善)을 하는 것은 반드시 분한 생각을 지니기 때문이니, 혹 부형이 실직하거나 혹 자신이 논박을 당해서입니다.

신의 부형은 모두 서생으로서 일찍 죽었고, 신은 성균관학유로 천거되어 사관이 되었은즉, 제 영화가 비할 데 없어 성은이 망극합니다.

신이 불초하오나 일찍이 마음속에 감동하여 조금이나마 보은하기에도 겨를이 없거늘 조정을 모함하다니요, 이 무슨 말입니까.(후략)"

먼저 세 조목을 들어 변명하고 다음으로 산지에 있는 자들을 두호(斗護)했다는 부분에 대하여 자신의 뜻과 다르게 받아들여졌음을 절절하게 호소하였다. 그런 다음, 왕이 폐단으로써 물었기에 그 또한 폐단을 따라 대답했을 뿐임을 밝히고 나서 강한 어조로 왕에게 따지고 들었다. 경각에 달린 여명임에도 그 의기가 높고 굳세었다.

"(중략)폐단을 따라 대답함으로써 이와 같은 참혹하고 가엾은 형벌을 입사와 마침내 형장 아래에서 사실을 드러내지 못한다면, 위로 요순 같은 임금이 계시나 아래로 직설(稷契) 같은 신하가 없습니다. 그러므로 나라를 위한 충성은 저 백일(白日)이 비추어 주는데도 이제 성명(聖明)의 아래에서 죽음을 당한다면, 한 지아비가 그 진정을 얻지 못하게 될까 두렵습니다.

대저 살고자 하는 것은 인심의 지극한 정이요, 살리기를 좋아하는 것은 성인의 대덕입니다. 그러므로 『서경』에 이르기를 '과실을 용서함보다 더 큼이 없고, 죄가 의심나면 가볍게 한다.'고 하였습니다. 엎드려 원하옵건대 전하께서는 잠심(潛心)하여 보시옵소서."

눈물겨운 호소다. 사리에 입각한 당당한 논리 전개요, 결코 목숨을 애걸한 건 아니다. 자신은 부모를 일찍 잃어 효도도 못하고 오직 글만 읽어 임금께 충성을 기약하였으나, 초야에서는 군신의 대의만 알았다고 하였다. 그러다가 벼슬하여 두어 달이 되자 군신 사이가 부모의 정뿐만이 아니고 그 이상임을 알게 되었으므로 더욱 감격스럽게 생각했다고 하였다. 그리고 비장하게 부르짖듯 말을 이어나간다.

"(중략)살아서는 마땅히 목숨을 버리고 죽어서는 마땅히 결초(結草)의 보은을 마음속으로 계획하였사옵니다. 이제 뜻밖의 화를 만나 다시는 천일(天日)의 빛을 보지 못하고 이 뜻을 땅 아래 어두운 곳에 묻어버리게 될까 저어합니다.

신이 본래 질병이 많아 풍한(風寒)이 몸에 가득하여 털끝 같은 잔명(殘命)이 언제 없어질지 모릅니다. 새도 장차 죽음에 그 울음이 슬프다 하였습니다. 엎드려 바라옵건대 전하께서 조금만 불쌍히 여기시어 살펴주소서."

그의 필치는 분명 사람에게 감동을 주기에 넉넉하였다. 이 「옥중혈소」를 받아본 왕이 그의 성심을 알아보고, 재신(宰臣)과 삼사의 중벌론을 물리치고 그를 죽음에서 건져내어 고성(固城) 유배 결정을 내렸다. 예문관봉교 재직 시에 일어난 일이었다.

충신(忠信)

나세찬의 귀양살이는 참 고달팠다. 본디 가난한 시골 선비라 귀양살이 또한 빈궁했다. 귀양살이도 평상시 생활의 연장이다. 부자 같으면 본가에서 넉넉하게 각종 생활 용품을 보급해 줄 수 있으므로 견딜 만했다고 할 수 있다.

집이 가난하면 귀양살이도 가난할 수밖에 없었다. 시골 훈도 생활 5년 끝에 서울로 올라와서 휴직 기간 빼고 겨우 1년 검열직에 있었으니 그 동안 호구(糊口)에 급급했을 것이다. 집에 귀양살이 뒷바라지할 여력이 있었을 리 없다.

그는 참 서럽고 참담하게 하루하루 목숨을 이어나갔다. 먹을 것이 없어서 굶기를 자주 하였다. 그러나 그는 이런 궁핍을 그다지 마음 쓰지 않고 태연히 견디면서 오직 학문에 잠심하였다. 마치 학문 탐구의 열화로 빈궁과 온갖 고통을 녹여내려는 듯이.

또 그는 '충신(忠信)' 두 글자를 크게 써서 자리 모퉁이에 붙여 놓고, 마음에 새겨 추구하며 다짐했다. '忠信'을 주자는 『논어』주에서 이렇게 풀이했다. '盡己之謂忠(진기지위충. 자기 마음을 다하는 것을 忠이라 한다)'이요, '以實之謂信(이실지위신. 성실히 하는 것을 信이라 한다)'이라 하였다. 유학에서 추구하는 중요한 가치다.

중종은 나세찬이 사관으로 시종(侍從)한 기간이 전후 합하여 1년도 채 되지 못하기 때문에, 그 사람됨과 능력을 깊이 인지하지는 못하고 있었을 것이다. 그런 터에 중시에 장원하자 크게 주목하게 되고 더욱이 「예양책」의 내용에 마음이 움직였을 것이다. 그 글에 드러난 성심과 지기(志氣), 고금을 관통한 식견, 도도한 문장 등을 고려하여 그를 매우 애석하게 여겼던 모양이다.

부득이 귀양을 보냈으나 왕은 그의 신상이 염려되었던지 몰래 사람을 보내 적소(謫所)에서 어떻게 생활하고 있는지 은밀히 살피게 하였다. 그 사람이 적소에서 본 대로 왕에게 고하였다.

"끼니를 잇지 못하는 곤궁한 생활에도 손에서 『근사록(近思錄)』을 비롯하여 성현의 책을 놓지 않고 학문에 몰두하고 있습니다. 그리고 자리 모퉁이에 '충신(忠信)' 두 글자를 크게 써 붙여놓고 있습니다. 또 가사를 지어 대궐을 바라보고 읊으며 눈물을 흘리곤 합니다."

이 보고에 왕은 크게 감동하였다.

각박하고 고된 귀양살이에도 나세찬은 한 점 흐트러짐 없이 고고한 선비로서의 기상을 잃지 않고, 수신과 학문에 정진하는 가운데 무상한 세월은 1년여를 흐르고 있었다.

제2장

격랑(激浪)

귀양이 풀리다

사람이 극성을 떨면 끝장이 난다. 왕을 능가하는 권력을 쥐고 나라를 흔들던 김안로, 그가 나세찬이 유배된 1년 반 후 마침내 사사(賜死)되었다. 중종 32년(1537) 10월의 일이었다.

어느 권력이나 말기에 이르면 권력 유지를 위해 온갖 무리수를 두며 강성으로 치닫는다. 김안로도 권력의 절정기에 도달하자 정광필, 이언적 등 선류(善類)를 귀양 보내는가 하면, 경빈 박씨의 소생 왕자 복성군(福成君)을 사사케 하고, 윤원로·윤원형 형제를 유배시키는 등 공포정치를 감행하였다. 심지어 중종비 문정왕후(文定王后)의 폐위를 획책하다가 사사되어 끝장이 났다. 나세찬 또한 김안로 권력의 말기 현상에 딱 걸린 희생양이었다.

김안로의 사사로 유배에서 풀려나 귀경한 나세찬은 곧바로 12월 21일 왕의 부름을 받아, 원직인 예문관봉교 겸춘추관기사관으로 복직되었다. 왕은 특별히 그를 편전으로 불러 술자리를 베풀고 그동안의 노고를 위로해 주었다. 아아, 마침내 창천에 태양이 빛나는 날이 온 것이다. 그는 왕은에 감격하고 왕을 보필하여 국정에 몸 바칠 결의와 각오를 새로이 다졌다.

순풍

나세찬이 돌아온 조정은 권신 김안로의 퇴장 이후 소강상태를 이루고 있었다. 유배되었던 선류들이 복귀하고 이황(李滉. 1501~1570),

김인후(金麟厚. 1510~1560), 임형수(林亨秀. 1514~1547), 유희춘(柳希春. 1513~1577) 등 신진 사류가 들어와 일각에서 신선한 사기를 발산하고 있었다.

나세찬의 벼슬길도 비로소 탄탄하고 순조로웠다. 여기에 또 하나의 일대 경사가 더해졌다. 탁영시(擢英試)에 장원한 것이다. 복직한 지 불과 반 년여, 중종 33년 41세 가을이었다. 이미 문과를 통과한, 내로라하는 현직 관료들을 대상으로 실시하는 시험에서 장원했으니 그 얼마나 장한 일인가.

탁영시 장원 후 바로 9월 24일에 예조좌랑, 5일 후 29일에 홍문관 부수찬·지제교(知製敎) 겸경연검토관 춘추관기사관으로 승진하였다. 이렇듯 그는 마침내 문신이면 모두 동경해 마지않는 홍문관에 입성하고 지제교에다 검토관으로 경연에 시강(侍講)하게 되었다. 이로부터 통정대부(通政大夫) 이하의 내직에 이르기까지 어떤 관직에서나 꼭 지제교를 겸하였다. 지제교는 왕의 교서(敎書) 등 왕명으로 나가는 글을 짓는 관직이니 이제 그의 문장력이 조정의 공인을 받은 셈이었다.

지난날 고성에서의 유배 생활을 생각하면 불과 2년 사이에 신상 변화가 지옥과 천당 차이만큼이나 완전히 딴 세상 사람으로 환생(還生)한 것이었다.

그의 벼슬길은 탄탄대로, 순풍에 돛 단 배 격이었다. 지난날의 고난은 오늘의 영광을 위한 필수 과정이었던가.

중종 34년(1539) 42세 때 2월부터 10월까지 홍문관수찬, 병조좌랑, 사헌부지평, 예조정랑, 병조정랑 겸춘추관기사관 등 다채로운 관력을 두루 거쳤다. 특히 이 해에 조산대부(朝散大夫) 품계에 올라 대부 반열에 들어섰다. 물론 어느 직에서나 지제교는 겸하였다.

이듬해 2월에 병조정랑을 시작으로 사간원헌납, 홍문관교리 겸경
연시독관·춘추관기사관, 홍문관부응교 겸경연시독관·춘추관편수
관·세자시강원필선(弼善), 선공감첨정(繕工監僉正), 의정부검상(檢詳),
의정부사인(舍人) 등을 역임하였다. 품계는 봉렬대부(奉列大夫)였다.

중종 36년(1541)에 홍문관교리로서 호당(湖堂)에 들어가 사가독서
(賜暇讀書)의 은전을 입었다. 이때의 호당 동기 중에 퇴계 이황과 하서
김인후가 있었다. 이 해 11월에는 시강원보덕(侍講院輔德)이 되었다.

이후 중종 39년(1544) 8월까지 2년 반 동안 그는 승승장구하여 숱
한 관직을 두루 거쳤다. 사옹원정(司饔院正), 사복시정(司僕寺正), 홍문
관전한(典翰), 예문관응교, 사헌부집의(執義), 종부시정(宗簿寺正), 성균
관사예(司藝), 상의원정(尚衣院正), 이조참의, 승정원동부승지 겸경연참
찬관·춘추관수찬관, 좌부승지, 성균관대사성(大司成) 등이다. 품계는
정3품 통정대부에 올랐다.

이렇듯 그동안 나세찬은 중앙 관서에서만, 그것도 주로 삼사(三司)
나 예문관 등 문한(文翰)의 청요직을 두루 거쳤다. 영광에 찬 벼슬길이
었다.

대란(大亂)

대사간

지금까지 이야기한 바와 같이 귀양에서 돌아온 후 10년간은 송재
득의의 세월이었다. 물론 조정은 바람 잘 날 없이 시끄럽고 어지러웠
다. 김안로 사사 후의 여진이 가라앉을 새도 없이 대윤·소윤의 암투
로 조정에는 위기감이 고조되고 있었다. 불안이 이어지는 정국에서

중종의 남다른 지우(知遇)를 받은 송재는 성균관대사성에 있으면서 중종 39년 11월 왕의 승하를 맞았다.

인종 즉위 후 호분위대호군(虎賁衛大護軍)이 되었는데, 즉위한 지 8개월밖에 안 된 인종이 승하하는 돌발 사태를 당하였다. 명종이 즉위한 직후인 을사년 8월에 나세찬은 장례원판결사(掌隷院判決事. 16일)를 거쳐 가선대부(嘉善大夫) 사간원대사간(司諫院大司諫. 24일)에 올랐다.

15년 전 문과에 급제하여 5년간 시골 훈도로 돌아다니던 시절을 생각하면 정3품 당상관이요, 간쟁 기관의 장관인 사간원대사간은 하늘의 별과도 같은 빛나는 자리였다.

그런데도 그는 기뻐할 수 없었다. 오히려 그는 천 길 낭떠러지 위로 내몰린 것 같은 위기감에 휩싸였다. 밤잠을 이루지 못하고 고뇌하다가 임명된 이튿날 25일에 체직(遞職) 상소를 올렸다. 인사치레 사양이 아니라 진정이었을 것이다.

어찌 하필 이때 대사간이란 말인가. 때가 나빴다. 중종 승하 이후 전개된 정치 상황에서 최악의 시기였다. 예로부터 선비는 '다스려지면 벼슬하고 어지러우면 물러난다' 하였다. 실은 바로 이때야말로 뜻 있는 선비라면 사퇴하고 종적을 감춰야 할 때였다. 그러나 이미 물러나려야 물러날 수 없는 긴박한 때라, 만일 사직소를 낸다면 중벌이 가해질 것이다. 그래서 직을 바꿔 달라는 체직소를 낸 것이다. 물론 불윤(不允)이었다.

인종은 병석에서 죽음을 예감하고 그의 원년(1545) 6월에 미리 동생인 경원대군(慶原大君)에게 선위하고 7월에 승하하였다. 뒤를 이어 대군이 왕위에 오르니 곧 명종이다. 명종 즉위에 천하에서 가장 좋아할 사람이 중종비 문정왕후(文定王后)였다. 왕후는 대군을 낳은 순간부터 아들이 없는 세자(뒤의 인종)의 뒤를 잇게 하려고 (혹은 세자 위해까지도 획책) 온갖 지략을 다해 전심 전력을 쏟았다.

이 과정에서 적대 세력과 '먹고 먹히는' 암투를 계속하면서 증오·원한·적개심이 쌓였을 것이며 복수심 또한 이글거렸다.

그렇게 오매불망(寤寐不忘)한 대로 아들이 왕위에 올랐으면 됐지, 왜 피바람을 일으켰을까!

'일부함원(一婦含怨)이면 오월비상(五月飛霜)'이라더니, 문정왕후가 기어이 일을 내고야 말았다.

왕위에 오른 명종은 겨우 12세의 어린이라 섭정이 필요했다. 누가 섭정할 것인가 하는 문제로 조정에서 논란이 일었다. 법통상 가까운 왕대비(인종비)가 되어야 마땅하나, 왕의 생모이자 궁중의 최고 어른인 대왕대비(중종비 문정왕후)가 있으니 논의가 복잡해진 것이다.

조정의 중론은 대왕대비 섭정으로 기울었다. 좌찬성 이언적도 대왕대비의 섭정이 마땅하다고 주장하였으니 말이다. 이것이 대왕대비의 뜻이기도 하였다. 어떻게 아들을 왕위에 올렸는데! 왕대비의 섭정을 용인할 대왕대비가 아니었다. 결국 중종비는 섭정이 되어 수렴청정(垂簾聽政)을 하게 되었다.

이제 천하는 12세의 소년 왕을 안은 문정왕후 손아귀에 들어갔다. 남명(南冥) 조식(曹植. 1501~1572)의 말을 빌리면 '한 고아와 한 과부'의 천하가 된 것이다. 생각건대 소년 왕이면 어떻고 과부 섭정이면 어떤가. 조정 신료 중 충량한 선류의 보필을 받아 나라와 백성 본위의 선정을 펴면 되는 것이다.

밀지

사체(事體)가 이러한데도 섭정 대비가 집권하자마자 착수한 일이 복수였다. 대상은 인종의 외숙인 윤임(소위 대윤)과 그의 일파였다.

대비는 윤임 일파를 단죄하라는 밀지(密旨)를 윤원형(尹元衡. ?~1565)에게 내렸다. 형벌은 사정 기관에서 적법 절차를 밟아야 하는 것인데, 그걸 무시하고 일종의 초법적인 비상 수단을 쓴 것이었다. 당시 나라는 국상 중이었다. 인종의 장례를 치르기 전이라 아직 그 시신이 빈소에 안치되어 있었다.

나세찬이 대사간에 임명되기 3일 전인 8월 21일 양사(兩司. 사헌부와 사간원) 합동 회의가 열려 밀지에 따라 논의하였으나 대사헌과 대사간 외에는 모두 죄 주는 것을 반대하였다.

그러자 중신들이 나서서 여러 날 논죄하였으나 온건론이 우세하여 형조판서 윤임은 해남 안치, 좌의정 유관은 서천 부처, 이조판서 유인숙은 무장 부처 등으로 비교적 가볍게 결말이 났다. 그리고 대비의 뜻을 제대로 따르지 않았다 하여 양사의 관원을 모두 체직시켰다. 이것은 을사사화라는 대참극의 서막이었다.

윤임 등에 대한 유배 결정이 난 사흘 뒤 나세찬은 대사간이 되었다. 여기쯤에서 대비가 원한과 분기를 삭이고 멈추었으면 좋았으련만, 유배 결정이 난 순간 대비는 더 큰 칼을 갈고 있었다. 미구에 벌어질 죽고 죽이는 혈전장의 한복판에 서게 된 나세찬의 앞길은 과연 어떻게 전개될까? 나세찬은 즉시 체직소를 올렸으나 받아들여지지 않았다.

대사간 나세찬이 취임한 이튿날 발한 제1성이 바로 백인걸(白仁傑. 1497~1579)의 석방 건의였다. 역시 그다운 처사였다. 백인걸은 사간원

헌납(獻納)으로, 21일의 양사 합동 회의에서 윤임 등의 처벌을 강력히 반대했을 뿐만 아니라, 밀지의 부당성을 들어 논박하였다. 그는 즉시 파직 하옥되어 문초를 받고 있는 중이었다.

대비는 의외로 나세찬의 석방을 청하는 계를 받아들여 그날 바로 백인걸을 석방하였다. 나세찬은 이어서 이튿날 26일에는 유관 · 유인숙에 대한 유배 결정의 과중함과, 윤임 등의 처벌을 반대한 이유로 체직시킨 양사의 송희규(宋希奎) 등 아홉 관원에 대한 처사(파직)가 부당함을 들어 원상 회복을 청하였다. 나세찬은 당시 살얼음판 같은 긴박한 상황, 더욱이 지위의 고하를 막론하고 목숨이 보장되지 않는 공포 분위기에서 서슴지 않고 간쟁의 본분을 다하려 노력하였다.

정순붕의 상소

윤임 등에 대한 유배 결정이 난 지 이틀 지난 8월 27일, 윤원형의 심복인 지중추부사(知中樞府事) 정순붕(鄭順朋)이 상소하였다. 전일의 논죄 모임에 병으로 불참했던 그는 윤임 등에 대한 가벼운 벌에 불만을 품고, 윤임 등을 역모로 몰아붙인 매우 격렬한 상소였다.

대비는 28일 영중추부사 홍언필(洪彦弼. 1476~1549), 영의정 윤인경(尹仁鏡. 1476~1548) 등을 비롯한 대신들과 양사 장관, 승지, 사관을 소집한 후 충순당(忠順堂)에서 발을 내리고 좌정하여 일갈하였다.

"종사(宗社)에 크게 해 되는 사람을 어찌하여 조정에서 지나치게 구원하는가. 경들은 이 소를 한번 보라."

정순붕의 이 상소가 바로 을사사화의 유혈 참극을 불러온 도화선(導火線)이었다. 윤임, 유관, 유인숙 등을 대역 죄인으로 규정하고, 권벌(權橃. 1478~1548)은 유악(帷幄)의 중신임에도 그들을 구원하고, 백인걸은 밀지의 부당성을 주장했으니 이들을 중벌하라는 내용이었다.

왕과 대비 앞에서의 어전회의(御前會議)는 갑론을박으로 끝이 없었다. 대신들은 새 왕의 덕과 인심 안정을 위해 관대한 처사를 원하였고, 대비는 강경하게 중벌을 주문하였다. 대비의 많은 발언 중 몇 대목.

"상벌은 분명하게 하지 않으면 안 된다. 이제 이들 세 사람에게 국법을 분명히 보여주어 종사의 큰 적을 제거하고……."

"대신의 본의를 알 수가 없다. 이것은 매우 중대한 일인데 도리어 (전일에 내린) 벌이 과중하다고 하니 실로 이해할 수 없는 바이다……."

"관과 인숙의 죄상은 말할 수 없이 큰데 조정에서는 어찌하여 모른다고 하는가."

영의정 윤인경 발언의 한 대목.

"다만 대간은 저들을 구원하려는 것이 아니고 새로 정사를 하는 데 참작하시어 관대하게 처리하시도록 하고자 할 뿐이었습니다."

영중추부사 홍언필 발언의 한 대목.

"다만 호생(好生)의 덕을 베푸시어 참작해서 조처하신다면 일도 마땅하게 되고 뒷날 후회도 없을 것입니다."

나세찬이 오랜 침묵 끝에 백인걸의 석방을 칭송하고 나서, 세 사람에 대한, 관대한 법 적용을 아뢰었다.

"관대한 법을 적용하시어 왕께서 참작하여 조처하심이 합당할 듯합니다. 주상께서는 상중이시고 재궁(梓宮)이 대궐 내에 계시니 살리기 좋아하는 덕으로 다시 유념하소서."

온종일 중신들은 이기(李芑. 1476~1552) 등 몇 사람 외에는 거의가, 대신을 함부로 벌하면 안 된다고 관대한 처분을 주장하는 반면, 대비는 시종 종사의 안전을 위해 중벌해야 된다고 맞섰다. 해가 지자 중신들은 일단 물러나 경회문 안에 모여앉아 명을 기다렸다.

이윽고 전교가 내렸다.

"윤임·유관·유인숙은 사사하고, 이임(李霖. 대비 섭정 반대)은 먼 변방에 안치하고 권벌(윤임 등 적극 구원)은 체직시키라."

이 전교가 내리자 이언적, 정옥형(丁玉亨. 1486~1549), 민제인(閔齊仁. 1493~1549), 나세찬 등 5~6인은 안색이 슬픈 빛이었다.

윤임 등에 대한 사사 전교가 내린 직후, 이어서 대사헌 허자(許磁. 1496~1551), 대사간 나세찬을 비롯하여 양사 관원들의 녹공(錄功)을 명하였다. 이튿날 나세찬은 허자와 함께 거듭거듭 녹공을 완강하게 사양하였다. 사신은 이에 대하여 진정성이 없다고 평하였으나, 다른 관원은 몰라도 나세찬은 이것만은 진정으로 기피했을 것이다.

김명윤의 고변

윤임 등을 사사하고 논공행상까지 끝났으니 사태가 종결된 듯하였는데 그게 아니었다. 더 무서운 후속 조치가 전개되었다.

한 번 피를 손에 묻힌 문정왕후의 복수심은 더욱 광적으로 불타올랐다. 윤임 등의 사사만으로는 성이 차지 않았다. 더 큰 제물(祭物)을 갈구하였다. 윤임 등을 사사한 지 겨우 며칠 지난 9월 1일 경기 관찰사 김명윤(金明胤)이 종실(宗室) 계림군 유(桂林君 瑠)와 봉성군 완(鳳城君 玩. ?~1547)의 역모를 고변하였다. 물론 무고였으리라. 공교롭게도 계림군은 성종의 손자로 장경왕후(인종의 모후)의 아버지 윤여필(尹汝弼)의 외손이었다.

이런 혈연 관계를 찍어내어 이미 죽은 윤임과 엮어서 계림군을 왕위에 올리기로 했다 하고, 여기에 봉성군까지 얹어놓았던 것이다. 윤임 등 세 사람 외에 때가 오면 기필 손보기로 마음속에 치부해 두고 기회를 노리던 문정왕후가 아닌가. 김명윤의 고변을 계기로 반대파를 모두 엮어서 대옥사를 불러왔다. 앞선 윤임 등에 대한 처단은 전주곡에 불과했다. 김명윤의 고변으로, 문정왕후와 윤원형의 눈 밖에 난 사류 100여 명에게 화를 입힌, 역사상 악명 높은 을사사화의 본막이 오른 것이다.

사건의 개요는 이렇다.

역모에는 반드시 왕으로 추대할 종실의 인물이 있어야 한다. 윤임의 역모에 가담한 것으로 조작할 왕 후보가 아직 걸려들지 않았다. 이래서는 윤임을 역모로 죽였으나 반쪽 역모밖에 안 되니 명분이 약하여 꺼림칙한 일이었다. 윤임의 역모죄를 완성시키는 데 종실의 인물이 하나 필요했다.

윤임의 사위에 전 주서(注書) 이덕응(李德應)이 있었다. 그는 심약한 사람이었다. 그를 잡아다 겁박하여 윤임이 계림군을 왕위에 올리기로 공모하였다는 초사(招辭)를 고문으로 받아냈다. 이에 피신해 있던 계림군을 잡아다가 국문하고 억지로 죄를 뒤집어씌워 10월 5일 밤 능지처참하였다. 이 옥사에 연루시켜 부제학 나숙(羅淑), 수찬 이휘(李輝), 정랑 이중열(李仲悅) 등을 비롯하여 100여 명을 죽이거나 귀양 보냈다. 왕의 친동생인 봉성군은 왕의 반대에도 불구하고 군신(群臣)들이 끈질기게 주장하여 2년 후 정미사화 때 끝내 사사되고 말았다.

이 대옥사의 진행 중 대사간 나세찬이 참 난처한 입장에 놓였다. 어떻게 하든 이 자리는 면해야지, 하던 차에 마침 외방에서 잡아온 사람들에 대한 추국을 지연시킨 일이 벌어졌다. 그래서 그가 추관의 체직을 청하면서 자신에게도 책임이 있다 하여 함께 체직해 줄 것을 청하였으나 허사였다. 어쩌다가 이 난국에 하필이면, 난국일수록 중심에 서지 않을 수 없는 직책인 대사간이란 말인가. 하지만 이제는 만사휴의(萬事休矣)! 사퇴하려야 사퇴할 수 없는 벼랑 끝, 어찌하면 좋은가.

『실록』 초록(抄錄)

9월 6일 6번째 기사.

대사헌 허자, 대사간 나세찬 등이 아뢰기를, "주서 안함(安馠)은 윤임과 혼인한 집안입니다. 요사이 기록할 일이 많은데 이 사람에 사필을 잡게 할 수 없으니 체직하소서." 하니 아뢴 대로 하라고 답하였다.

9월 8일 3번째 기사.

대사간 나세찬이 정원에 나와 아뢰기를, "어제 추관들이 외방에서 체포해 오는 사람들이 오기를 기다려 동시에 증빙, 추구하기로 하고 오늘 모이지 않아 대옥이 지체되게 하였으니 온당치 못합니다. 신의 잘못도 크니 체직하소서."(기회이다 싶어 체직을 청한 것이다 — 필자) 답하기를, "미처 오지 않는 자들이 있기 때문에 이처럼 계획한 것인데, 어찌 사직할 것까지 있는가. 사직하지 말고 속히 추국하라." 하였다.

9월 11일 5번째 기사.

홍언필 · 윤인경 · 이기 · 이언적 · 신광한이 아뢰기를, "신들이 당초에는 이들의 죄악이 이 지경에 이른 줄을 몰랐고, 그들이 붕당을 지은 것으로만 알았을 뿐입니다. 그래서 면대하던 날 말이 타당성을 잃어 그들을 영구(營救)하는 것 같은 점이 많았습니다. 지금 흉모가 이 지경에 이른 것을 보니 놀랍고 황공스러움을 이기지 못하여 감히 이렇게 대죄합니다." 하였다. 허자·나세찬은 이르기를, "당초에 이들이 죄가 있는 줄은 알았지만 그 흉모가 이 지경에 이른 것은 미처 몰랐습니다. 따라서 동료들과 의논하여 아뢸 적에 과오가 많이 있었습니다. 이제 죄악이 이 지경에 이르렀으니 매우 황공스러워 대죄합니다."(이하 생략)

9월 11일 6번째 기사.

홍언필·윤인경·이기가 아뢰기를, "(전략)봉성군 이완(李玩)도 역적의 흉모에 나온 것이 한두 번이 아니었는데, 전일 상의 분부에 '그가 알고 있는 것이 아니니 보전해 주고 싶다 하셨으니 상의 뜻이 지극합니다. 그러나 종묘사직을 위하여 헤아려본다면 그를 여기에 둘 수 없으니 귀양 보내소서." 하였다.(중략)

허자와 나세찬 등이 아뢰기를, "(전략)봉성군의 일에 대해서 대신들은 이처럼 짐작하여 아뢰었지만, 대간의 뜻은 이 정도에만 그치지 않고 대죄로 다스리려 하였으나 아직 계하지 못하였습니다. 역적의 무리에 관계된 것이 이와 같은데 신하로서 어찌 감히 그대로 버려두고 다스리지 않을 수 있겠습니까." 하였다.(하략)

9월 11일 10번째 기사.

허자와 나세찬이 아뢰기를, "윤여필은 현재 나이 80으로 연좌죄를 모면한 것만도 다행스러운 일입니다. 적신의 아비로서 관직을 종전대로 받고 있을 수 없으니, 모두 추탈하소서." 하였다. 답하기를 "윤여필의 죄상은 아뢴 바와 같다. 그러나 나의 생각에는 윤여필은 장경왕후의 아버지이고 인종의 외할아버지이다. 더구나 지금 나이가 이미 80이니 그가 세상에 살 날이 얼마나 되겠는가. 파직은 시키되 공신의 녹은 잃지 말게 하라."

9월 15일 5번째 기사.

(전략)추관인 홍언필·이언적·신광한에게 각각 가옥 1좌, 숙마 1필씩을 하사하고, 심연원·신거관에게 각각 1자급(資給)씩 가자해 주고 가옥 1좌씩을 하사하라. 이기·허자에게는 숙마 1필씩을 하사하고, 나세찬·송세형에게 각각 1자급씩 가자(加資)해 주고 아마(兒馬) 1필씩을 하사하라." (하략)

9월 16일 1번째 기사.

대사간 나세찬이 아뢰기를, "소신이 비록 추국에 참여는 하였지만 터럭만 한 공로도 없는데 외람되이 은명을 입어 중한 가자를 제수하심에 이르렀습니다. 신의 이름을 기록하지 말도록 명하소서." 하였다. 답하기를, "10여 일 동안 밤낮없이 수고하였는데 어찌 공로가 없다고 하는가. 사양하지 말라." 하였다.

10월 5일 1번째 기사.

영중추부사 홍언필, 영의정 윤인경, 우의정 이기, 좌찬성 이언적, 호조판서 심연원, 이조참판 신거관, 대사헌 최보한, 대사간 나세찬, 좌승지 송세형…… 등이 경회루 남문 밖에 모여 아뢰기를, "죄인 이유(계림군)를 잡아왔습니다." 하니 추국하라고 답하였다. 즉시 이유를 궐정으로 잡아들여 묻기를(중략. 국문 계속) "정유침은 추문하고 그 나머지 사람들은 놓아 보내라. 봉성군은 흉도의 입에 여러 번 나오기는 하였지만 나이 어린 사람이 그 일을 알지 못하였고, 또 이제 이와 같이 논계하였으니 반드시 스스로 출입하지 않을 것이다. 전날 대간이 논집(論執)한 것도 역시 이런 뜻으로 윤허하지 않았다. 다시 아뢸 것이 없다." 하였다. 이날 밤에 이유를 군기시(軍器寺) 앞에서 능지하여 3일 동안 효수하고 이어서 손발을 사방에 전하여 구경시켰다.

10월 6일 3번째 기사.

대사헌 최보한, 대사간 나세찬, 사간 정응두, 집의 경혼…… 등이 합계하기를, "봉성군 이완이 이미 역적의 입에 오른 것만도 일이 관계된 바가 매우 중한데, 이제 또 역적 이유의 초사에서 나왔으니, 대의에 있어 참으로 용서할 수 없습니다. 빨리 먼 곳으로 귀양 보내어 사람들의 의심을 끊으소서." 하였다. 답하기를 "……윤허하지 않는다." 하였다.(세 번 아뢰었으나 윤허하지 않았다.)

12월 11일 1번째 기사.

상이 주강에 나아갔다. 대왕대비가 수렴하고 방안에 좌정했으며, 상은 발 밖의 약간 동쪽에서 남면하고 앉았다. 대사헌 김광준이 아뢰기를, (중략)전교하기를 "윤임이 흉악한 마음이 있었고 매우 음험하기 때문에 조정이 모두 그 술책에 빠진 것이니, 누군들 그의 은밀한 마음을 알았겠는가. 한 사람의 지사라도 있었다면 어찌 그의 꾀를 따랐겠는가. 위에서 세자를 바꿀 기미가 있었다면 조정이 말을 했어야 했다. 상께서는 털끝만큼도 다른 마음이 없었는데 고수(瞽瞍)가 순(舜)을 대하듯 한다고 하니 사람들 모두가 거기에 혹하여 따라 같이 주장하고, 마침내는 종사(宗社)를 거의 위망에 이르게 하였다. 이제부터 조정은 사특한 말에 혹하는 바가 없어야 하며, 마음을 다해 나라를 위해야 한다." 하였다.

대사간 나세찬이 아뢰기를, "근래에 탐욕의 풍습이 유행되니 만일 고치지 않는다면 태평의 다스림을 보지 못할까 염려됩니다. 위에서 참으로 염치를 숭상하고, 탁(濁)을 제거하여 청(淸)을 앙양시킨다면 아래에서 어찌 봉행하는 사람이 없겠습니까. 사기가 과연 아름답지 못합니다. 지난번 죄를 입은 자들은 모두 역적에게 당부(黨附)하여 죄를 받은 것인데도 모르는 사람들은 사림(士林)이 화를 입었다고 여기니, 이 역시 부당합니다. 위에서 절의를 숭상하면 이런 폐단도 자연히 바로잡힐 것입니다." 하니, 자전이 답하기를, "이른바 사림이란 절의를 숭상해야 한다. 어찌 종사를 위태롭게 하고서 사림일 수 있겠는가." 하였다. 나세찬이 아뢰기를, "망령된 잡인들이 그처럼 의심하고 있습니다." 하였다.

계림군 등에 대한 죄벌이 마무리되자 논공행상이 행해졌다. 나세찬은 자신의 공신 녹훈을 극력 사양하고 받지 않았다. 그러자 1자급 가자와 아마 1필 하사 결정이 내렸다. 이것마저 극력 사양하였으나 부득이 받지 않을 수 없었다.

그는 명종 원년 11월에 대사헌(종2품)으로 승진하였다.

비주류의 쓸쓸함

대사헌이 된 그는, 일진광풍이 휩쓸고 간 황량한 조정에서 본래의 기개와 정신을 발양하여 열렬한 간쟁을 펴 나갔다.

대사헌에 취임하자마자 11월 22일과 12월 22일, 두 차례에 걸쳐 차자(箚子. 격식을 갖추지 않고 사실만을 간략히 올린 상소문)를 올렸다. 그는 이제야말로 중종반정 이후 사림이 추구해 오다가 번번이 실패한 왕도 지치의 실현을 위해 전력해야 된다고 생각했다. 그를 위한 최대 급무는 왕의 정치에 임하는 마음과 자세를 바로잡는 데 있다고 절감했을 것이다. 그래서 이 두 번의 차자를 통해, 왕이 언로를 열어 간관들의 진언을 기꺼이 겸허하게 경청하고 받아들여 선정을 베풀기를 재삼재사 강조하고 호소하였다. 왕에 대한 감언이나 칭송의 말은 한 마디도 없고 격렬한 어조로 오로지 왕을 일깨우고 편달하고 격려하는 쓰디쓴 충언이자 정론이었다.(이 부분은 제3장에서 상술)

위국 충정을 토로한 내용이지만 집권 당로자들에겐 이를 받아들일 도량이 없었다. 한때 자신들의 필요에 따라 대사간 직책으로 끌어들여 같이 일했으나, 늘 의심하고 감시하며 쳐낼 기회를 노리던 윤원형파가 이 차자에 분노했을 것이다.

차자를 올린 지 불과 8일 만인 12월 30일 마침내 그를 한성부우윤의 직함을 주어 중앙에서 지방관으로 밀어냈다. 그리고 명종 2년 봄에 한성부좌윤으로 임명되었다. 이후 영영 조정으로는 복귀하지 못했다.

한성부좌윤 재임 중에 나세찬은 역시 그다운 옳고 바른 일을 한 가지 성취하였다. 그것은 인종의 신위를 문소전(文昭殿)에 모셔 들이는 일이었다. 원래 문소전은 태조(불천위)를 중심으로 왼편에 두 소(二昭: 두 짝수 대 곧 2, 4대)와 오른편에 두 목(二穆: 두 홀수 대 곧 3, 5대)을 합하여 5위를 모시는 신전(神殿)이다. (그러므로 5위를 넘을 수 없다) 태조 외의 4위는 당시 임금의 4대조(고조) 이하라야 한다.

인종의 신위를 문소전에 들여야 마땅한데 왕은 인종의 신위를 연은전(延恩殿)으로 들이라고 명하였다. 이에 영부사·영의정을 비롯한 조정 중신들이(한성부좌윤 나세찬도 적극 참여) 세조의 신주를 옮기고 인종을 모셔야 한다고 주장하여 왕이 마침내 받아들였다. 명종 2년 5월 15일의 일이다(『실록』의 기록임. 「연보」에는 명종 3년 10월 14일 한성부우윤 재임 중 일로 기술).

이후로 그는 다시는 조정에 복귀될 수 없었다. 그는 대사간 직책상 어쩔 수 없이 윤원형파에 동조하였으나 주류가 될 수는 없었다. 물 위의 기름같이 서먹서먹하고 거북한 존재로 있으면서 그들의 감시와 경계를 받는 처지였다. 윤임·계림군의 옥사가 마무리되자 그들은 그를 경원하더니 명종 2년 윤 9월에 충청도 관찰사 겸병마수군절도사를 삼아 지방으로 내려 보냈다. 이 무렵 양재역 벽서사건이 터져 을사사화에 이어 또 하나의 유혈극이 벌어졌다. 소위 정미사화다. 이 사화도 을사사화 못지않게 참혹하였다. 나세찬이 중앙관서 요직에 있었다면 또 어쩔 수 없이 윤원형 일파로부터 자유로울 수 없었을 것이다. 이 액운을 피하기라도 하듯 지방관으로 나간 것은 절묘한 타이밍이요, 일대 행운이었다.

귀향

정미사화를 무사히 보낸 나세찬은 명종 3년에 잠시 한성부우윤이 되었다가 명종 4년에 전주부윤으로 방출되었다. 부윤은 종2품으로 관찰사와 동급이지만 관찰사의 지휘를 받는다. 전주가 아무리 조선 왕실의 선향이며 땅이 넓고 사람과 물산이 많다고는 해도 부윤은 부윤이다. 옛날 중국 사대부들은 지방관 전출을 귀양살이에 비유했다 지만, 나세찬에게 당시 전주부윤 제수는 그래도 견딜 만한 일이었다. 나세찬을 전주부윤으로 보내면서 왕은 특별히 이조(吏曹)에 아름다운 말로 전교하였다.

"근래 수령들이 민생을 구휼하지 않아 민생의 곤궁이 지금보다 심한 적이 없다. 전주는 큰 고을이다. 반드시 명망 있는 자를 임명하여 보내야만 정상으로 회복시킬 수 있을 뿐 아니라 이웃 고을의 수령들도 조심하고 두려워할 것이다. 특별히 나세찬을 부윤으로 삼으라."

정미사화 후의 나세찬의 주위를 둘러보면 참으로 기가 막히는 상황이었다. 의기 상통하던 사림파의 회재 이언적은 강계로 귀양 가고 (뒤에 유배지에서 생을 마침), 퇴계 이황은 조정을 떠나 귀향하고, 하서 김인후는 을사에 일찍 사퇴 귀향하였고, 금호 임형수는 사사되고, 미암 유희춘은 종성으로 귀양 가고 사방팔방 다 둘러보아도 적막강산, 터놓고 대화할 사람 하나 없는 외톨이였다.

생각하기에 따라서는 당시의 정치 상황에 비추어 나세찬에게 오히려 조정보다 전주부윤이 복된 자리일 수도 있었다. 전주는 전라도 수부(首府)라 다스리기 쉬운 곳은 아니었다. 그는 조정에서 청현직(淸顯職)을 지낸 카리스마에다 정사에서 관화(寬和)를 숭상하고, 해박한 학문을 바탕으로 문교 진흥에 힘썼다. 정무를 보는 틈틈이 유생들을 모아 친히 경전을 강독하였다. 따라서 부내(府內)가 잘 다스려졌다.

전주부윤 재직 2년 , 명종 6년 54세의 봄 사사로 차마 못 당할 일을 당했다. 그것은 막내아들 열(悅)의 죽음이었다. 이 참척(慘慽)의 상심에, 날로 글러지는 국사에 대한 근심이 겹쳐 병이 되어 관아에서 6월 14일 숨을 거두었다.

이에 전주 온 고을의 사민(士民)이 지친을 잃은 듯 슬퍼하고 조정에서는 예조정랑 양응태(梁應台)를 보내어 조문하였다.

하서 김인후와 미암 유희춘과 석천(石川) 임억령(林億齡)은 각각 다음과 같은 만사(輓詞)를 지어 송재를 조상하였다.

내 나부자를 몹시 사모한다오	我慕羅夫子
덕과 행실 아름다운 사람이라	休休德行人
금성에선 말기로도 추앙받았고	錦城推末技
호당에선 청류와 어울렸다오	湖閣厠淸塵
공훈 논한 자리에서 의 드러나고	義著論勳處
마음은 헌책 속에 다 들었다오	心存獻策晨
평생 저버림 많아 부끄러운데	平生多愧負
이 부음에 더욱더 수건 적시오	此訃益沾巾　(金麟厚)

마음 도량은 천 칸의 큰 집이요	宇量千間廈
재주 지모는 만 섬 실은 배였소	才猷萬斛舟
위험 만나면 돌처럼 단단하였고	臨危堅似石
충고 따르기 유수처럼 빨랐소	從諫速如流
나라의 동량감이라 일렀는데	謂作明堂棟
문득 묵은 풀 언덕이 되었구려	翻成宿草丘

평생의 군자다운 원대한 뜻　　　　　生平松遠志
이제는 북망산 언덕에서 통곡하오　今慟北邙阪　(柳希春)

어진 이는 반드시 장수한다는데　　仁者必爲壽
어찌하여 이 지경이 되었는고　　　如何而至斯
선인도 이제 이렇게 되었으니　　　善人今若此
천도 또한 헤아리기 어렵구려　　　天道亦難知
초목은 추풍 지난 뒤와 같고　　　草木秋風後
산천은 해지는 때가 되었구려　　　山川落照時
속절없이 강호에 객만 남겨두니　　空餘湖海客
이후로 시를 의논할 수 없구려　　無後細論詩　(林億齡)

숙종 28년(1702)에 사림이 나주 송림산 서쪽에 사우(사당)를 세웠고, 철종 14년(1863)에 희민(僖敏)이라는 시호를 내렸다. 僖는 마음이 조심스럽고 공경하며 삼간다〔小心恭愼曰僖〕는 뜻이고 敏은 일을 처리하여 공이 있다〔應事有功曰敏〕는 뜻이라 한다.

제3장

정치사상과 문학

임금 마음의 잘못을 바로잡아야

송재는 물론 공맹(孔孟)을 존숭하는 정통 유학자요, 주자(朱子)를 신봉하는 성리학자였다. 유학의 경전을 비롯하여 자·사·집(子史集)에 통효(通曉)했을 터이나 학문적 논저는 드물다. 하지만 그는 심오 박통(博通)한 학문을 바탕으로 당대 정상급의 문장가였다. 비록 전문적인 학문상 저술은 남기지 않았지만 그의 장기인 책문·소(疏)·부(賦)나 조정에서의 정론(政論) 등에서 학문의 일단을 엿보기에 충분하다.

여기에서 한 가지 꼭 짚어 말할 것이 있다. 현존하는 위 문록(文錄) 등에서는 순수한 학문의 영역보다는 거기에서 연역(演繹)한 정치 사상을 접할 수 있다는 것이다. 이러한 접근이 오히려 후세에 지절(志節) 있는 선비로 칭송되는 송재를 이해하는 지름길이 아닐까?

임금 섬김에 있어서는, "임금 마음의 그릇됨을 바로잡아야 하니, 한 번 임금의 마음을 바로잡으면 나라가 안정된다(論事君 則曰 格君心之非 一正君而國定)."(『孟子』「서설: 梁氏曰」 중 1절)

"오직 대인이라야 군주의 나쁜 마음을 바로잡을 수 있으니, 군주가 인(仁)해지면 모두가 인하지 않음이 없고, 군주가 의로워지면 모두가 의롭지 않음이 없고, 군주가 바르게 되면 모두가 바르지 않음이 없으니, 한번 군주의 마음을 바로잡으면 나라가 안정된다(惟大人 爲能格君心之非 君仁莫不仁 君義莫不義 君正莫不正 一正君而國定矣)."(『孟子』「離婁章句上」 20장)

그렇다. 왕조 시대에 나라가 잘 다스려지고 못 다스려지고는 전적으로 왕에게 달려 있었다. 왕의 마음이 바르면 마음이 바른 신하가 모일 것이요, 왕의 마음이 바르지 못하면 마음이 불량한 신하가 모일 것이다. 바른 마음이란 무엇인가? 인의 마음이다. 바른 마음을 가진 왕과 바른 마음을 가진 신하가 마음을 합해 다스리면 요순의 치세가 실현되리라. 이 정치의 요체(要諦)를 맹자는 위와 같이 극히 간명 적확하게 갈파한 것이다.

조선 시대에 들어와 특히 성리학 정착기인 중기에, 사류 관료는 요순의 치세와 삼대의 지치(至治)를 실현하기 위해 '격군심지비(格君心之非)'를 마음속에 두고 살았다. 세자시강원과 경연에서의 주안점이 곧 임금의 바른 마음을 기르는 데 있었다. 이러한 군주 교육의 정점에서 좌절한 이가 바로 조광조였다.

조광조의 좌절에도 불구하고, 그 혈흔이 가시기도 전에 사림파 관료는 다시 여기저기서 되살아나, 그 뜻을 이어 왕에게 매달렸다.

고성 유배에서 풀려나 예문관봉교로 조정에 돌아온 나세찬은 좌절된 조광조의 꿈을 실현하려는 의욕이 강하였다. 마침 오랫동안 국정을 농단하던 김안로가 사사되었으나 아직은 조정이 어수선하였다. 그동안 사화에 이어 공신과 권신들의 도량으로 사기는 저하되어 있었고 군심(君心)은 안정되지 못한 형편이었다.

그는 출사(出仕) 전 과장(科場)에서의 대책문이나 출사 후 중시나 탁영시에서의 대책문에서, 또는 경연에서 진강(進講)과 소속 기관에서의 상차(上箚)·소(疏)·계(啓)를 통해서 한결같이 격군심(格君心)과 군자의 도〔君子之道〕를 역설하였다.

그는 중종 33년(무술년) 9월에 장원한 탁영시의 책문 「위무공억계론(衛武公抑戒論)」에서 이렇게 말한 대문이 있다.

"(전략)성인을 가히 배울 수 있고 현인을 가히 배울 수 있다면 어떤 도로써 하는 것이 필요할 것입니까? 그것은 이 마음을 보존함이 필요한 것이요, 이 마음을 보존함에 도가 있으니 경계할 따름이요, 조심할 따름입니다.

대개 마음을 보존하지 않으면 경계하고 조심하는 보람을 세울 수 없으니, 경계하고 조심하는 것은 이 마음의 근본을 갖는 것입니다. 그렇다면 안에 보존한 것은 그 밖을 억제하는 것이고, 그 밖을 억제하는 것은 안에 보존된 것입니다."

맹자는 평생 인의예지(仁義禮智)와 존심양성(存心養性)을 입에 달고 살았다. '存心'의 '心은 무엇인가? 인의예지의 사단(四端)의 마음이다. 존심이란 이 마음을 잡아(操) 버리지 않는다는 뜻인데, 이 존심을 미루어 나아가 지극하게 하면 진심(盡心)이 된다. 이 진심의 경지에 이르면 성(性)이 사단을 갖춘 선(善)한 것임을 알게 된다. 이 성은 곧 마음에 갖추어 있는 이(理)다. 理의 근원은 하늘이다. 따라서 사람의 마음은 하늘과 통하고 있는 것이다. 천리(天理)를 지니고 있는 마음을 보존하는 것이 군주에게 얼마나 중요한 일인가.

하지만 마음 보존이 어디 쉬운 일인가. 성선(性善)의 본연(本然)한 마음을 보존하기 위해서는 항상 삼가고 경계하고 다잡아야 한다. 왜냐하면 바깥 사물과 만나면 갖은 욕망이 사방팔방에서 집중적으로 본연의 성을 공격하기 때문이다. 필부필부(匹夫匹婦)도 그러한데 만민의 위에 있는 왕의 마음이야 오죽하겠는가.

그러므로 나세찬은 책문 첫머리에서 위와 같이 마음을 보존하기 위해 경계하고 조심할 뿐이요, 외물의 꾐(또는 인욕지사—人慾之私)을 억제해야 됨을 강조한 것이다. 군심은 언제나 인의예지 사단의 마음에 머물러 있어야 한다는 말이다.

중종 38년 5월 3일 조강(朝講)에서 나세찬은 군자(여기서는 군주를 뜻함)는 마음에 덕을 쌓아야 하는데, 자기 마음을 다하는 충(忠)과 진실하게 하는 신(信)이 덕을 쌓는 방법이며, 이 충과 신은 정성을 위주로 한다고 아뢰었다. 충과 신은 결국 정성으로 귀일되는데, 학문과 치도에 정성을 지속적으로 다 쏟을 것을 왕에게 직소하였다. 그 절절한 내용은 오늘날의 우리에게도 감동을 준다.

"군자는 덕을 쌓고 업을 닦아야 하는데 그 방법은 마땅히 충과 신으로써 근본을 삼아야 합니다. 충과 신이란 본디 거짓됨이 없는 것입니다. 자기 마음을 다하는 것을 충이라 하고 진실하게 하는 것을 신이라 합니다. 충과 신은 정성을 위주로 하니 정성이 없으면 만물도 없는 것입니다. 임금이 훌륭한 사대부(士大夫)를 접견할 때는 비록 정성으로 하더라도 깊은 궁중에서 한가로이 지낼 때 만일 성실하게 하지 않는다면 이는 정성이라 할 수 없습니다. 정성은 간단이 없음을 귀히 여깁니다. 요 임금의 조심함, 순 임금의 부지런함, 탕 임금의 두려워함, 문왕의 그침 없음이 모두 '조금도 쉬지 않고 부지런히 힘씀(건건-乾乾)'의 뜻입니다.
이제 상(上)께서 즉위하신 지 거의 40년이라 덕과 도가 이루어지고 세워짐이 지극하다고 할 만합니다. 다만 태평의 세대가 이미 오래되어 뜻과 기운도 쇠잔하니, 이러한 시기를 당하여 종일토록 건건히 하여 조금도 간단이 없이 한문과 치도(治道)에 더욱더 유념하소서."

그는 또 얼마 지나지 않아 5월 11일 석강(夕講)에서 왕에게 학문에 힘쓸 것과 공평한 마음을 갖도록 유념할 것을 아뢰었다.

"진식(陳寔. 중국 후한 때 사람으로 공평을 신조로 삼음)은 공평한 마음으로 일을 처리하였으며 감복한 자가 많았습니다. 마음의 본체는 거울처럼 비어 있고 저울처럼 공평하므로, 마음을 공평하게 한다면 사물 접하는 일이 모두 올바르게 될 것입니다. 그런데 사람이 마음을 공평하게 지니지 못하기 때문에 반듯하고 바르게 되지 못하여 희로애오욕까지도 알맞음을 얻지 못하는 것입니다.
　하찮은 필부도 서로 마음을 공평하게 하여 일을 이끌면 그 효험이 감동적인 것입니다. 더구나 제왕은 이룰 수 있는 위치에 있고, 이룰 수 있는 형세를 가지고 있으니, 제대로 마음을 공평하게 한다면 천하에 공평하게 되지 않는 것이 없을 것입니다.『서경』에, 편벽됨도 없고 편당됨도 없다면 제왕의 도리가 탕탕(蕩蕩)하리라고 하였으니, 조금이라도 치우침이 있다면 어찌 제대로 제왕의 도리가 탕탕하게 될 수 있겠습니까. 제왕은 요컨대 마음을 공평하게 하는 공부에 깊이 힘을 써야 할 것입니다."

생각하면 기묘·신사사화나 김안로의 국정 농단도 왕의 공평하지 못한 마음과 편당에 기인한 것이었다. 그러나 이것은 기왕지사라 치

자. 그러면 지금(중종 38년 당시)의 조정 사정은 어떠한가? 대윤·소윤의 첨예한 대립 갈등으로 장차 변란의 조짐이 감지되고 있는 상황이다. 이제야말로 왕이 정신을 바짝 차려야 할 때다. 거울처럼 평명하게 마음을 비우고 저울처럼 공평하게 정사를 이끌어야 한다. 그래서 나세찬이 작심하고 에둘러 경계한 것이다.

또한 그는 책문에서 마음을 바르게 하는 방법을 구체적으로 제시하였다.

"맹자가 이르기를 '사람들이 항언(恒言)하기를 천하 국가라 하나니 천하의 근본은 나라에 있고 나라의 근본은 집〔家〕에 있고 집의 근본은 몸에 있다.' 하셨으니, 그렇다면 천하 국가를 바르게 함은 임금의 한 마음에 있지 않겠습니까. 그 마음을 바르게 하고자 하면 학문보다 먼저 할 것은 없으며 학문은 춘추보다 먼저 할 것은 없습니다.(중략)

임금이 되어 춘추의 의리를 알지 못하면 폐단을 없애려 해도 도리어 폐단이 나오며, 재앙을 제거해도 재앙이 다시 일어납니다. 그러니 춘추의 의리를 알아 정의롭게 살고 정도를 체받아 천왕(天王)과 재상이 한마음이 되고 궁중과 부중(府中)이 한 몸이 되어야 하는 것입니다."

그는 무자년 별시(別試) 전시(殿試)에서, 선왕의 마음을 지키며 본받을 것을 호소하였다.

"선왕의 법을 지키기는 쉽고 선왕의 마음을 지키기는 어려우니, 어찌할 것인가 하면, 선왕의 법은 마음에 근본하였고 선왕의 마음은 도에 근본하였습니다. 그러므로 능히 선왕의 도를 다하면 능히 선왕의 마음을 지킬 것이요, 능히 선왕의 마음을 지키면 능히 선왕의 도를 지킬 것이오니, 이는 만세에 폐단이 없는 도입니다. 엎드려 원하옵건대 전하께서는 마음을 잠기시옵소서⋯⋯."

어렵고 어렵구나. 임금 교육!

그가 기회 있을 때마다 왕의 마음을 바르게 하고자 백 마디 천 마디 말을 아뢰었는데, 다잡아서 일괄하면 한(漢)나라 동중서의 말로 요약된다.

"임금이 마음을 바르게 하여 조정을 바로잡고, 조정을 바르게 하여 백관을 바로잡고, 백관을 바르게 하여 만민을 바로잡는다."

(「예양책」의 결론)

사기(士氣)·절의(節義)·언로(言路)

나세찬이 조정에 진출한 때는 기묘사화를 겪은 지 겨우 10년밖에 안 된 시기였다. 죽음과 파직과 유배 등 혹독한 탄압을 당한 사류 외에 요행히 살아남은 이들은 아직도 그 공포의 악몽에 시달리고 있었다. 거기에다 또 김안로 등 권신의 횡포까지 더하였다. 그러니 조정은 뜻 있는 사류 관료도 소리조차 제대로 낼 수 없는 답답하고 짓눌린 분위기였다. 신료(臣僚)의 사기(士氣)가 심히 저상(沮喪)되어 있었다.

사기란 무엇인가? 정의로운 선비의 기개(氣槪)다. 사기는 곧 국가의 원기(元氣)라 사기가 왕성하면 임금이 바른 마음을 갖게 되고 정치가 바로 서고 국운이 융성한다. 사기가 저상되면 정사가 어지러워지며 국운이 쇠퇴한다.

불행하게도 나세찬이 벼슬한 중종 20~30년대는 기묘사화와 잇단 권신들의 발호로 사기가 떨어지고 사습(士習)이 타락하였다. 그러니 언로는 막히고 대간(臺諫)이 제 구실을 못하고 있었다. 이런 상황에서는 폐정을 바로잡을 길이 없는 것이며, 따라서 국운의 융성을 기할 수도 없다. 사리가 이러하므로 나세찬은 재관 시절 내내 사기 진작을 위해 기회 있을 때마다 상소하고 조정 회의에서 계(啓)하고 경연 진강에서 논하고 책문에서 제안하였다. 사헌부집의 때 동료들과 함께 올린 소위 7조소에도 '사기를 기름'이라는 조항을 넣은 것이다.

그는 일찍이 사기의 근본은 절의에 있다고 보아, 사기를 기르자면 먼저 절의를 숭상해야 된다고 주장하는 「숭절의론」을, 재야 때 지었었다. 이 논에서 절의의 필요성을 주장한 한두 가지 대문을 보자.

"⋯⋯임금님이 반드시 먼저, 한 시대가 당연히 숭상할 바를 밝혀 한 몸으로써 백성의 떳떳한 법칙의 목표가 되어 그 지극한 경지를 세워야 합니다. 그러면 모두가 선한 천성을 가지고 흥기하는 사람이 될 것이니 그 누구인들 자신을 새롭게 하는 방법에 포용되지 않겠습니까.

⋯⋯절의란 인륜을 부호(扶護)하고 인기(人紀)를 세워, 천하로 하여금 항상 위태하고 어지러운 지경에 이르지 않게 하는 것입니다. 그런데 그 절의란 천하가 혹 위태하고 어지럽게 된 후에야 그 이름이 비로소 천하에 나타나는 것입니다.

천하의 하고자 하는 바는 사는 것보다 더 큰 것이 없지만 절의가 있는 사람은 반드시 삶을 버리는 것이고, 천하의 싫어하는 바는 죽음보다 더 심함이 없지만 절의가 있는 사람은 반드시 죽음에 나아가나니, 이는 진실로 그의 천성 가운데 자연히 그만두지 못하는 바탕이 있기 때문이라 하겠습니다."

죽음도 마다하지 않는 절의가 있어야 의를 위해 목숨을 거는 높은 사기가 길러진다는 말이다. 사육신의 사기를 좋은 예로 들 수 있다.

그는 「병백부(病栢賦)」에서, 말라 시든 잣나무를 보고 절의를 잃고 사기가 떨어진 당시 사대부의 모습을 연상하여 통탄해 마지않았다.

사기를 높이는 데는 절의 숭상 다음으로, 언로 창달이 중요함을 그는 누누이 주장하였다. 그는 삼사의 요직을 역임한 데다 늘 경연직을 겸하여 왕을 시종하였기 때문에 마냥 왕에게 언로의 중요성을 각인시키기에 힘썼다.

나세찬이 언로 창달을 위해 왕에게 쓴소리를 서슴지 않은 두어 장면을 들어보겠다.

중종 38년 2월 25일 석강에서 시강관(侍講官) 나세찬이 아뢴 말. 그때는 이른바 대윤·소윤의 싸움이 심화되고 외척들이 궁중을 무시로 드나들 때였다.

"어제 경연에서 상의 분부에, 사간원이 전에 올린 차자(상소문) 가운데 의심난 말을 하문하여 알게 됨으로써, 따를 만한 것은 따르고 고쳐야 할 만한 것은 고치고자 한다고 하셨습니다. 이는 요점이 되는 것을 알고자 하시는 것으로 당연한 일입니다. 아랫사람이 자세히 안다면 또한 모두 자세히 아뢰어야 합니다. 그러나 문자상(文字上)으로 나타난 일에 대해 지금 그 사람에게 하문하신다면, 상의 뜻을 모르는 사람은 상께서 남의 말 듣기를 좋아하지 않기 때문에 이러하신다고 할 것이니, 그렇게 되면 언로가 이로 인해 막힐까 두렵습니다. 도로 중지하고 하문하지 않는 것이 지당하겠습니다."

왕이 이에 대하여 변명을 늘어놓자 나세찬이 다시 아뢰었다.

"지금 사론(邪論)이 있으니 그 출처를 알아보시려고 하문하신다면, 그것은 지당하십니다. 그러나 지금 하문하신다면 인심이 각자 의심하여 진정되지 못할 것입니다. 신이 고사(古史)를 상고해 보니 간사한 무리가 자기의 사심을 이루려면 인척이나 외척에 붙어서 성사시켰습니다. 비록 선사(善士)라는 말을 듣는 사람이라도 몸의 안전을 도모하기 위해 역시 이와 같이 하고 있습니다. 전번 자기의 사심(私心)을 성취하고자 하던 자들이 사설(邪說)을 떠들어대자 상께서도 의혹된 바가 많았었습니다. 그러므로 간사한 사람이 사이를 타고 틈을 엿보아 그 술책을 부리고자 하는 것입니다. 상이 물론(物論)을 자세히 아셔서 진정시킨다면 저절로 이와 같은 환란은 없을 것입니다."

명종 1년 11월 22일 대사헌 나세찬이 필두가 되어 간관(諫官)의 바른말을 받아들일 것을 아뢰는 차자를 올렸다.

"삼가 보건대 요사이 간관의 진언이 너그러이 받아들여지지 않을 뿐만 아니라 도리어 엄한 말로 거절하고 이어 체직시키시니, 신들은 무엇을 잘못한 명목으로 이처럼 하는지 모르겠습니다. 간관이라 이름한 것은 그 책임이 다만 시비와 가부를 논쟁하여 임금의 잘못을 바로잡으려 하는 데 있을 뿐입니다.

임금은 지극히 높은 자리에 계시므로 아랫사람을 대할 때 안색을 너그럽게 하고 있어도, 참으로 천성이 충성스러운 자가 아니면 먼저 스스로 저상되지 않는 자가 없습니다. 더구나 임금의 자만하는 기색이 천하의 좋은 사람을 오지 못하게 하는 경우이겠습니까. 언로가 어찌 막히지 않겠으며 사기가 어찌 위축되지 않겠습니까.

옛적 이윤(伊尹)이 태갑(太甲)에게 진언한 말에 '일의 끝을 신중히 하려면 시초부터 삼가야 한다.' 하였으니, 참으로 시초를 삼가지 않고 능히 끝을 마무리 짓는 자는 드뭅니다. 이를 신들이 두텁게 여기는 바이니, 전하께서는 간신(諫臣)들을 중히 여기시어 바른말을 하도록 하시면 이보다 다행함이 없겠습니다."

명종 1년 12월 22일 나세찬이 대사헌으로서 대간이 아뢴 바를 받아들일 것을 청하는 차자를 올려 언로를 넓혀야 함을 강조하였다.

"조정이 화목한 뒤에야 인심이 안정되고 언로가 넓혀진 뒤에야 사기가 신장됩니다. 한 번 의심하고 막히게 되면 관망하여 움츠리고 물러서게 되어 후일의 폐단을 장차 구제할 수 없을 것입니다. 지난날 경연관이 시사를 논하다가 우연히 대신을 지적하였습니다. 말은 비록 과격하였으나 그 직책이 시종(侍從)의 반열에 있기에 품은 생각이 있으면 반드시 진달하는 것이 그의 책무인데, 대신들이 혐의를 들어 사피(辭避)하기를 5~6차례에 이르도록 그치지 않았으니, 사체(事體)를 헤아려 보건대 아마도 합당치 않은 듯합니다.

나에게 이런 잘못이 있어서 남들이 이런 비난을 한다면 나는 나의 잘못을 고칠 수 있고, 남들이 이런 비난을 하더라도 나에게 이런 잘못이 없다면 나 또한 나의 마음을 일깨우게 됩니다. 의논하는 자의 시비는 같지 않더라도 내가 스스로 반성하게 되는 것은 마찬가지입니다. 자신의 잘못을 듣기 좋아하는 정성을 가지면 남들은 즐겨 충고하는 마음을 가질 것입니다. 한 사람의 비난으로 인해 스스로 흔들리지 않으며, 한 가지 일의 잘못으로 인해 스스로 저상되지 않아서 내게서 나온 모든 정치로 하여금 털끝만한 하자도 없게 한 뒤에 위로는 임금의 마음을 바로잡고 아래로는 백성을 바르게 하여 목적한 바를 다 이룰 것입니다.(중략)

만일 시사를 논하려는 자로 하여금 모두 실언한다 경계하고 존귀한 사람에게 관계된다 하여 감히 바로 지척(指斥)하지 못하게 한다면 아마도 조정은 화기를 잃고 언로는 넓어지지 못하여 국가의 흥폐가 여기에서 판가름이 날 것입니다.

조정의 상하가 마땅히 각기 힘써야 하겠지만 그 근본은 다만 전하의 한 몸에 달려 있습니다. 전하께서 간하는 말을 따르고 어기지 않으시는 마음만 가지시면 백관이 서로 주의하며 그 누가 선도로써 즐겨 고치지 않겠습니까. 근래에는 대간이 비록 아뢴 바가 있어도 들으시는 실례를 볼 수 없기에 신들은 실망을 금할 수 없습니다. 전하께서는 허심탄회하게 받아들이시고 그 말이 비록 귀에 거슬리더라도 반드시 도에 맞는가 생각해 보시어 인심을 면려시키고 사기를 진작시키신다면 국가가 매우 복될 것입니다.”

이때 왕은 13세의 어린 소년이었다. 조정에서 언로를 넓히고 창달하며 언관이나 시종신(侍從臣)들로 하여금 거리낌없이 말하게 하고 그 말을 관대하게 받아들여야 정사가 바르게 된다는 점을, 타이르듯 간곡하게 호소하였다. 그러나 소년 왕이 말뜻이나 제대로 알았을까, 혹 졸지나 않았을까. 물론 발 안에는 ‘섭정’대비가 귀를 곧추세우고 듣고 있었겠지만, 다소 한심한 국정 모습이 아닐 수 없었다.

나세찬의 정치사상을 요약하여 말한다면, 기묘사화로 좌절된 조광조의 ‘도학정치 내지는 삼대 지치’의 구현이라 할 수 있다. 이 이상을 성취하기 위해서 우선 군주의 마음을 바로잡아야 하고, 군주의 마음을 바로잡으려면 언로가 열려야 하며, 지절 있는 신료가 있어야 한다. 그러므로 사기 진작에 힘써야 한다.

이러한 정치관을 가진 그는 재조(在朝) 기간 내내 언로 창달, 사기 진작, 절의 숭상을 위해 줄기차게 논하고 계(啓)하고 강(講)하고 상차(上箚)하였다.

문학

송재는 문장에 능하였다. 영의정 윤은보(尹殷輔)는 그를 선위사(宣慰使)로 천거하면서 ‘나세찬은 글을 잘하고……’라 했고, 그가 사예(司藝)로 있을 때 세 정승의 계언 중에 ‘사예 나세찬은……문학이 더욱 훌륭합니다.'라 했다. 물론 여기서의 글, '문학'은 지금의 '문학' 개념이 아니라 광의(廣義)의 문장 일반을 말한다. 나세찬은 당시뿐만이 아니라 후세까지도 탁월한 문장가로 일컬어진다. 그는 특히 논(論)·책(策)·소(疏) 문에 탁월하였다.

그의 문학 작품은 적은 편이다. 『송재유고』에 수록된 작품은 한시 23수, 부(賦) 25편, 사(辭) 1편이다. 그는 감성보다는 이성이 강하였고 시적 상상보다 논리적 사고를 앞세웠던 것 같다. 시는 과작(寡作)인 반면 부는 다작이다. 그는 부를 즐겨 짓고 그의 학문·수양·도덕·정치·시사(時事)·사상을 담아내는 그릇을 삼았다.

부

「임우사현좌부(霖雨思賢佐賦)」의 몇 구절만 보아도 부를 짓는 그의 의도를 뚜렷하게 짐작할 수 있다.

(전략)
"천하가 광대하니
한 사람의 군주로서
진실로 보필하는 사람이 없으면
백성이 혜택을 받지 못하리라
(중략)
만물의 본성을 이루게 하는 것은
신하의 의요
하늘의 은택을 베푸는 것은
임금의 도리라

임금이 되면

이 뜻을 채택할 것이요

신하가 되면

이 뜻을 실천할……"

밝은 임금과 어진 신하가 마음과 힘을 합하여 백성을 위하는 정치를 펴야 한다는 군신론(君臣論)을 '부'의 장르를 빌려 편 것이다.

(전략)

뜻을 못 펼수록 정기(正氣)는 더욱 굳세어지고

괴로울수록 대의(大義)는 더욱 새롭다.

어떤 일을 당하면 그 가운데 도가 있고

사물을 만나면 그 가운데 의가 있다.

의 아니면 천하인들 돌아볼 것 없고

도가 아니면 지푸라기인들 어찌 취하랴

주림과 추위가 나를 핍박해도

또한 내 마음 속 하늘을 돌이키니

빈천 따위가 어찌 나를 괴롭힐 수 있으랴

또한 내 본성 속 하늘에게 묻노니

내 하늘을 굳게 지킨다면

어디 간들 가하지 않음이 있으랴

「궁불실의부(窮不失義賦)」의 한 대문이다. 아무리 곤경에 처해도 의를 잃지 않겠다는 결연한 의지를 보인 작품이다.

그의 25편에 이르는 부가 대부분 위와 같이 유교적인 가치관에 뿌리를 둔 이른바 '재도문학'의 범주에 드는 작품들이다.

25편의 부 중에서 가장 빼어나고 문학성이 높은, 대표작이라 할 「애병백부(哀病栢賦)」를 살펴보고자 한다.

'병든 잣나무를 슬퍼하노라.'
이 부는 기묘사화 이후 저상되고 퇴락한 사기에 대한 아픔과 안타까움을, 신진 사류가 겪는 고난의 처지를 병든 잣나무에 비유하여 읊은 수작이다. 예로부터 잣나무는 소나무와 더불어 절조(節操)를 상징하는 나무로 문학에서 귀한 소재가 되어 왔다.

『논어』에도 "날씨가 추워진 뒤라야 비로소 송백이 아직 시들지 않음을 알 수 있다(歲寒然後知松栢之後凋也)."라고 나온다.

「애병백부」는 총 76구에 이르는 장편이다. 고도의 은유법과 현란한 수사법을 구사하여 왕양(汪洋)한 강물처럼 도도하게 막힘없이 시상(詩想)이 펼쳐진다.

내 그윽이 온갖 꽃의 시듦을 슬퍼하며	余竊悲衆芳之消歇
조화의 무상함에 시름겨워 하노라	開元和之無常
저 잡동사니 상수리나무는 오래도 살고	般紛紛其櫟壽
산도나무는 송죽보다 무성하구나	樗又欲蕪乎松篁
송죽은 늦게 시든다는 옛말 들었기에	聞後凋於古訓
군자의 아름다운 절개 의지하려네	願依君子之婍節
잣나무 찾아 산모퉁이로 가보았더니	于以求兮山之曲

놀라워라 마른 채 외로이 서 있구나	驚枯槁而獨立
아아 만물 중에 가장 빼어났거늘	夫何物中之鍾英
뭇나무 틈서리에서 어찌 그리도 파리한가	空憔悴於衆木
아이 시켜 개미집 무너뜨리고	吾令童子而潰蟻
용틀임 가지 쓰다듬으며 깊이 탄식한다	撫蛟枝而太息

천지 자연의 조화는 무상하여 꽃은 쉬이 지고 잡목은 송죽보다 무성하니 마음이 아프단다. 그래서 잣나무는 늦게까지 눈 서리에도 시들지 않는다는 옛말을 들었기에, 찾아 나섰다가 산모퉁이에서 시들고 말라 외로이 서 있는 잣나무의 모습을 보았다.

많은 나무들 속에서 시달려 마른 잣나무를 보고, 소인배 간신배 속에서 물리고 차이고 짓밟히며 고통 받는 선류를 생각한 것이다.

너 이미 안에 아름다운 덕을 지니고	紛汝旣有此內美
거기에 더하여 굳센 지조까지 가졌지	又重之以勁直
원기를 굽은 줄기에 모으고	會元眞於屈幹
온갖 조화를 여러 가지에 피워내누나	散萬化於回枝
벌써 추운 겨울에도 꺾이지 않았거늘	旣云不挫於歲寒
뉘라서 높은 자태를 병들게 했나	孰能病夫高姿

원래 유덕하고 강직한 지조를 지닌 자신과 사류가 가혹한 탄압으로 사기가 저상되었다. 이를 한겨울의 추위에도 시들지 않는 잣나무가 병들어 마른 모습에 감정이입하여 절규한 것이다. 저 청청했던 잣나무를 병들게 한 자 누구인가!

맙소사 가지와 잎이 누르러 떨어졌으나　已矣枝葉之殞黃
오직 본바탕만은 이지러지지 않았어　　惟昭質其未虧

가지와 잎은 말라 떨어졌지만 그 나무의 본질이야 손상되었겠느냐. 우리 사류가 잠시 예기가 꺾였지만 선비의 기개와 절의는 살아 있다는 것이다.

천지가 묵묵히 돌아가는 이치 생각해 보니　觀乾坤之默運
만물은 비록 쇠잔하더라도 꼭 회복하더라　物雖剝而必復
병이 밑뿌리까지 이르지 않았으니　　　　　病苟不至於根本
어찌 원기의 한 맥이나마 없을쏘냐　　　　豈無元氣之一脈
이것이 음양이 차고 비는 큰 기틀이니　　是陰陽盈虛之大機
장차 끊어진 데서 살아날 뜻을 되찾으리　可回生意於將絶
내 너를 옛 흙으로 북돋우어　　　　　　　吾欲封汝以舊懷
이슬비의 기름을 기다리겠노라　　　　　待雨露之化育
지금은 연약하나 점점 자라나서　　　　　庶幾自微而寖長
장차 길이 뽑히지 않기를 바란다　　　　將永逮於不拔
산에 가득 찬 청홍의 꽃들을 둘러보면　回視萬山之靑紅
어찌 옛날의 부끄러움 알지 못하랴　　　寧無知愧於昔日
해가 문득 저물어가니　　　　　　　　　白日忽其遲暮
외로운 뿌리 끊어질까 두렵구나　　　　恐孤根之委絶
조화의 큰 손이 없음을 한탄하며　　　　恨旣無造化之大乎
산중에 서서 눈물을 흘리누나　　　　　立山中而掩泣
아아 천지간에 제 분수 지킴이 제일　嗚呼天地中間自守最貴

한때 영화와 한때 쇠함은 생각 밖의 일	一榮一憔都是外事
궁한들 뭐가 슬프며 달한들 뭐가 기쁘랴만	窮兮何傷達兮何喜
잣나무 스스로 아파하지 않으니 난 슬프구나	栢不自病吾獨汝悲
잣나무여 잣나무여	栢乎栢乎
만물 중에 어쩌 너만이 이와 같은가	物豈獨而如此
생사가 비록 자신에게 달려 있다 하나	生死雖曰在己
내 누구를 믿으리 아아 천지여	吾誰恃乎嗚呼天地

잣나무는 가지와 잎이 시들어 말랐지만 밑뿌리는 살아 있다. 천지 만물에는 다 흥망성쇠가 번갈아 드는 이치가 있다. 저 잣나무가 지금 은 쇠약해졌지만 앞으로 반드시 되살아날 것이다. 슬픔과 한탄을 거 두고 소생을 기원하며 그 잣나무에 맞는 흙으로 뿌리를 북돋아준다. 장차 새싹이 나고 자라서 거목이 되리라. 그러나 걱정이다. 혹시 비 이슬 등의 조화가 고르지 못하면 제대로 자라지 못할 것이니 어찌하 나. 그래서 '하늘이여, 땅이여, 굽어 살피소서'라고 외치며 끝맺었다.

출사 전의 재야 시절 25세 때의 작품이라 정치·관리 때가 묻지 않 은 순진무구한 참선비의 진면목을 볼 수 있다.

나세찬이 의를 숭상하고 그 의를 지키려는 불요불굴의 강직한 의 지를 드러내는 '부'가 또 있다. 앞의 「애병백부」와 같은 이념 계열에 속하는 「궁불실의부(窮不失義賦)」라는 작품이다. 아무리 궁해도 의를 잃지 않는단다. 한 대문을 뽑아 그의 선비 기개를 엿보고자 한다.

뜻이 움츠리면 정기는 더욱 굳세어지고	愈屈而正氣愈壯
괴로울수록 대의는 더욱 새로워진다	愈苦而大義愈新

일을 당하면 그 가운데 도가 있고	遇事而事中有道
사물을 만나면 그 가운데 의가 있다	遇物而物中有義
의 아니면 천하인들 어찌 돌아보며	非其義天下何顧
도 아니면 지푸라기인들 어찌 취하랴	非其道一芥何取
굶주림 추위가 나를 핍박하니	飢寒之我迫兮
어찌 마음속 하늘을 돌이키지 않으랴	盍亦反諸吾心中之天
빈천이 나를 어렵게 괴롭히니	貧賤之困我兮
어찌 본성 속 하늘을 바루지 않으랴	盍亦質諸吾性中之天
믿는 바가 내 하늘이라면	所恃者吾天
어디 간들 옳지 않으랴	何往而不可

조선 중기의 명절과 의리를 중시하는 정통 사림파의 정신이 잘 드러나 있다.

시

지금까지 송재의 근엄하고 강직하고 융통성 없는 원리주의에 투철한 면모를 '부'에서 보아왔다. 다소 숨 막히는 듯한 느낌이다.

이제 책장을 넘겨 비록 적지만 그의 시편들을 보면, 그가 펼쳐놓은 부드럽고 섬세한 서정의 경지에, 홀연 읽는 이의 머리와 가슴을 가볍고 시원하게 해준다. 조정에서 때로는 말과 글로 폭풍을 일으켜 역린을 건드리기도 하고, 때로는 요동치는 민심을 잠재우기도 하는 막강한 힘을 지닌 송재가 아닌가. 그런 그도 일단 관복을 벗고 포의(布衣)를 걸치고 자연 산수간에 우유하는 묵객이 되기도 한다. 그 모습이 너무도 자연스럽게 어울린다. 그리고 자연에 이끌려 청아(淸雅)한 감흥

이 솟아 입에서 저절로 시가 튀어나올 수밖에 없었을 터.

5언절구(五言絶句)「沙地賞蓮 —모래톱에서 연꽃을 완상(玩賞)함」이란 시를 음미해 보자.

크나큰 꽃을 누가 옮겨 심었는지 　大華誰移種
물속에서 천연스레 곱게도 피었네 　天然出水中
바람 없어도 향기 절로 멀리 퍼져 　無風香自遠
갖고 싶은 마음 어찌 그리 간절한지 　欲採思何窮

연꽃처럼 청정하고 담아(淡雅)한 시다. 연꽃을 좋아하나 몰입하지 않고 담담하게 관조하는 자세다. 출사 전 재야 시절의 송재의 인품이 묻어나는 작품이다.

이 시와는 취향이나 시적 분위기가 전혀 다른, 선이 굵고 호방한 시가 하나 있다. 터무니없는 웅대한 꿈을 꾸며 구름 같은 상상력을 피우는 아홉 살 소년 송재의 기품이 진솔하게 드러난 작품이다. 과녁을 겨누고 활 쏘는 광경을 읊은 5언절구「영사후(詠射帿)」다.

장사가 가을달 아래 활을 당기니 　壯士彎秋月
웅장한 바람이 소매 속에서 일어나네 　雄風袖裏生
우레소리 산 아래서 진동하고 　雷聲山下動
별이 떨어지자 흰 구름은 비끼네 　星落白雲傾

현재까지 전해지고 있는 송재의 시·부·사 총 49편에 이르는 문학 작품 중에서 압권이라 할, 7언배율(七言排律)「목적도(牧篴圖)」를 들여

다보자.

십리 강호에 가랑비 지나가니　　　　　十里江湖細雨過
두어 이랑 목장에 풀안개 깔리네　　　　數畝牧田草煙鋪
소 끌고 몰고 가는 이 누구인가　　　　載牽載驅者何子
도롱이 입고 홀로 바람에 갈대밭 가네　長蓑獨向風中蘆
옳으니 그르니 모두 다 잊어버리니　　是是非非都兩忘
난 소를 잊고 소도 날 잊었을 걸　　　吾忘爾牛牛忘吾
가끔씩 맨손으로 짧은 피리 불면　　　時時赤手短篴吹
한 곡조 두어 곡조 하늘길에 퍼지네　一聲數聲橫天衢
여음은 길어 거의 평호의 달에 닿고　餘音幾應平湖月
높은 운치 도리어 속세악을 깨우네　高韻却醒人間竽
뉘 알랴 이 짧은 피리가 옛 음악 지녀　誰知寸管持古音
푸른 구름 산모퉁이에 걸린 풍경 보임을　行者碧雲留山嵋
피리 스스로 무심하고 소 절로 살찌니　篴自無心牛自肥
초야의 기상이 어찌 이리도 맑으냐　草野氣象何淸癯
붓끝의 헤아림은 신묘함을 다했으니　毫端意度盡神妙
흰 비단 위 서린 기상이 더욱 뛰어나다　霜紈氣宇猶槐梧
묻노니 화공이여 아는가 모르는가　爲言畵工知得否
피리는 마음에 있지 그림에 있지 않음을　篴寓於心不在圖

놀랍다. 신천지다. 눈앞에 전개되는 전원에서 피리 부는 목동의 그림 한 폭. 아하, 송재에게도 이런 정신세계의 일면이 있었구나. 자연을 관조하며 즐기는 평정심의 발로다. 홍진 세상의 부귀와 공명을 버리고, 더욱이 아귀다툼의 조정을 떠나 이 자연 산수 속에서 유유자적하는, 고일한 선비를 동경한 듯하다.

송재의 섬세한 서정과 수묵화 같은 서경이 어우러진 필치가 화공의 붓끝보다 더 신묘하다 하겠다.

'화공이여, 피리는 마음에 있지 그림에 있지 않음을 아느냐 모르냐' 하는 결구가 긴 여운으로 독자의 마음에 메아리치리라. 절창이다.

왕도(王都)에서 천리나 먼 시골〔遐鄕—하향〕 나주평야의 한쪽 가 거평면(현 문평면) 남산촌에서 태어나 대사헌에까지 오른 송재 나세찬의 생애를 개관하였다.

그는 한미한 시골 선비의 아들이었지만 총명하고 영민하며 뜻이 크고 높았다. 어려서부터 부모를 봉양하며 빈궁 속에서 거의 독력으로 학문에 정진하여 문과에 급제하고 대사헌에까지 올랐다.

송재는 문장에 특히 뛰어나고 강직한 성격에 지절과 기개가 출중하였다. 조정에 진출하자마자 「예양책」에서 권신 김안로를 규탄하여 모진 고문 끝에 고성으로 유배되었다. 김안로가 사사된 후 조정에 돌아와 청요직을 두루 거치고 대사간·대사헌·충청관찰사, 한성부 좌·우윤, 전주부윤을 역임하였다.

조정에서는 언제나 종묘사직과 백성을 위한 바른 정치 실현과 사기 진작 및 언로 창달에 진력하였다. 그리고 왕에 대한 충간을 서슴지 않았다. 을사사화 때 대사간이 되어 백인걸을 비롯한 양사의 관원을 구출하는 데 고군분투하였다. 이로 인하여 송재는 당대는 물론이려니와 지금에 이르기까지 '절의의 사류'로 일컬어지고 있다.

송재사 : 나세찬의 사당(전남 나주시 문평면 서원마을 소재)

우) 연계정(漣溪亭) : 유희춘이 은거했던 정자(전남 담양군 대덕면 장산리 소재)

유 희 춘

柳希春

1513(중종 8)~1577(선조 10)

제1장

귀양길

밀지(密旨)

중종 38년(1543)에 홍문관수찬 유희춘이 어머니 봉양을 위해 걸군 (乞郡)하여 무장현감으로 나갔다가, 이듬해 중종이 승하하고 즉위한 인종 원년(1545) 5월에 홍문관수찬으로 복귀하였다. 홍문관으로 불러 들이는 인사안을 결정할 때의 경위를 『실록』은 이렇게 전하고 있다.

이중열(李中悅. 1518~1547. 이조정랑) ─ "무장현감 유희춘도 훌륭한 선 비이니 주의(注擬. 관원을 임명할 때 이조나 병조에서 후보자 세 사람을 정하여 임금에게 올리는 일)함이 어떻습니까."

신광한(申光漢. 1484~1555. 이조판서) ─ "유희춘은 어버이 봉양 때문 에 현감을 요구하여 가 있지 않은가."

이중열 ─ "그렇더라도 꽤 오래되었고 나라에서 사람 쓰는데 어찌 그런 걸 따질 수야 있겠습니까."

신광한 ─ "그래, 과연 훌륭한 선비지. 전에 서연(書筵)에서 그의 인 품을 보았어. 영민하고 해박하기 짝이 없었지."

이중열 ─ "이 사람 참으로 옥당에 맞아요. 외방에 둘 수 없지요."

이런 대화 끝에 결국 이조에서 유희춘을 주의하였던 것이다. 인종 원년 윤 1월 15일에 있었던 일이다.

이렇게 이조에서 유희춘을 홍문관수찬으로 주의한 것이 윤 1월이 었으나 실제 임명은 자꾸 미루어지다 5월에 가서야 실현되었다. 변 방에서 중앙의 정치 무대로 돌아왔으나 시국은 유희춘에게 불리하게 돌아갔다. 왕위에 오른 인종이 재위 8개월 만에 승하하고 아우 경원대군이 뒤를 이어 즉위하였다. 명종이다. 천하가 뒤집어진 것이다.

인종이 세자로 있을 때부터 중종의 계비이며 경원대군의 생모인 문정왕후가 자기 소생을 장차 왕위에 올리고자, 친정 오라비 윤원로(尹元老. ?~1547), 윤원형(尹元衡. ?~1565)과 제휴하여 갖은 획책을 다하였었다. 세자가 왕위에 오른 뒤에도 그들의 간계는 계속되었는데, 결국 인종이 단명으로 마치게 되자 독살설까지 조야에 파다했던 것이다.

대망했던 날을 맞이한 문정왕후는 자신이 배를 앓아서 낳은 열두 살짜리 아들 경원대군을 왕위에 올리고 수렴청정을 하게 되었다. 이제 천하는 문정왕후의 손아귀에 들어간 것이다. 남명(南冥) 조식(曺植. 1501~1572)은 이 상황을 '자전(慈殿. 문정왕후)은 궁중의 한 과부요, 전하는 선왕의 한 아들(고아)일 뿐'이라고 신랄하게 지적한 적이 있다.

아들을 왕위에 올릴 뜻을 이룬 문정왕후와 윤원형 일파는 이제 피의 보복에 나섰다. 인종의 외숙인 윤임(尹任. 1487~1545)의 대윤파를 역적으로 몰아 제거하기 위해 문정왕후가 윤원형에게 밀지를 내렸다. 명종 즉위년(1545) 8월 21일에 있었던 일이다. 그 밀지는 형조판서 윤임, 좌의정 유관(柳灌. 1485~1545) 등이 계림군 유(瑠. ?~1545)를 추대하고자 역모하였으니 대역죄로 다스리라는 내용이었다.

밀지를 받은 예조참의 윤원형이 즉시 심복 이기(李芑. 1476~1552)·임백령(林百齡. ?~1546)·정순붕(鄭順朋. 1484~1548)·허자(許磁. 1496~1551) 등에게 밀지를 보이고 고변(告變)케 하여 대옥사를 일으키게 된다. 을사사화의 막이 오른 것이다. 을사사화에 대해서는 「임형수 편」에 상술하였으므로 생략하고, 다만 유희춘에 관련된 부분만 대강 살펴보겠다.

덫

유희춘은 사림파로 인종의 세자 재위 때 보도(補導)하고 보위하는 책무를 다한 데다, 즉위 후 홍문관수찬으로 시종(侍從)하였기 때문에 윤원형파에게 경계의 대상이었다.

밀지를 내린 21일, 이날 바로 윤원형의 지시에 따라 대사헌 민제인(閔齊仁. 1493~1549)과 대사간 김광준(金光準. ?~1553)이 양사(兩司. 사헌부와 사간원)의 관원들을 중학에 모아놓고 윤임 등에 대한 처벌을 주장하였다. 그러나 양사의 관원들이 일제히 반대하게 되어 논계(論啓)를 못하고 말았다. 이튿날 집의 송희규(宋希奎. 1494~1558), 사간 박광우(朴光佑. 1495~1545), 장령 정희등(鄭希登. ?~1545)·이언침(李彦忱. 1507~1547), 헌납 백인걸(白仁傑. 1497~1579), 지평 김저(金磧. 1512~1547)·민기문(閔起文. 1511~1574), 정언 김난상(金鸞祥. 1507~1570)·유희춘 등 양사의 관원들이 아뢰었다.

"어제 대사헌 민제인, 대사간 김광준이 윤임 등 3인을 논계하고자 신들과 회의하였습니다. 신들이 '3인(윤임, 유관, 유인숙)은 비록 논란할 만한 일이지만 상이 어리시어 나라가 위태로운 때, 간사한 무리가 거짓말을 퍼뜨려 인심을 선동하니 논계할 때가 아니며, 그저 간사한 계략에 빠져서 사림의 화만 더할 것'이라고 하여, 의논이 통일되지 못하고 파하였습니다. 이렇게 중대한 일을 즉시 논계하지 못하여 직임에 불충실하였으므로 체직을 바랍니다."

홍문관에서도 '밀지에 의지하여 대신을 처벌하는 것은 부당하다'고 논계하였다.

결국 언론 사정(司正)을 맡은 삼사(홍문관·사헌부·사간원)가 장관만 빼고 모두 비정상인 밀지에 의한 탄핵을 반대한 것이다. 이에 대하여 대왕대비(문정왕후)는 "임금이 어리고 나라가 위태로운 때, 간사한 무리가 인심을 선동하는 것은 나라의 일에 크게 관계되므로 조정의 논의가 이미 정해졌다. 어찌 사화가 있겠느냐"고 답을 내렸다.

한편 이날 윤원형, 이기, 임백령, 정순붕, 허자 등이 충순당(忠順堂)에 모여 왕을 모시고 윤임 등에 대한 처벌을 논의한 끝에 영의정 윤인경(尹仁鏡. 1476~1548)의 제안에 따라 윤임은 유배, 유인숙은 파직, 유관은 체차(遞差. 관리를 갈아내어 바꿈)하기로 결정을 내렸던 것이다.

이런 결정이 내려지자 8월 23일에는 헌납 백인걸이 단독으로 계하였다.

"나랏일은 아무리 미세하더라도 광명정대해야 하고, 나라 사람들이 모두 알도록 해야 합니다. 이번 윤임의 일은 마땅히 원상(院相. 왕이 죽은 뒤 잠시 정무를 통괄하는 재상급의 임시직)과 의논하여 처리했어야 하는데, 내궁에서 윤원형에게 밀지를 내려 몇몇 재상들로 하여금 직계(直啓)토록 하고, 일부 대신들을 불러 그 죄를 정했습니다. 양사 관원들은 신과 뜻이 같았으나, 즉시 결단하여 아뢰지 않고 머뭇거려 언관으로서의 책임을 다하지 못했으니 체직하소서."

매우 강경한 발언이었다. 여기에서 언급한 양사 관원 중에는 사간원정언 유희춘도 물론 포함되어 있다. 백인걸은 본관이 수언, 자는 사위(士偉) 호는 휴암(休庵)이다. 조광조(趙光祖. 1482~1519)의 문인으로 기개가 강하고 청빈한 선비였다. 을사사화 때의 이런 직언 때문에 헌납을 파직당하고 양재역 벽서 사건에 연루되어 안변에 유배당하게 된다. 윤원형이 죽은 뒤 복직되어 선조조에 대사간·대사헌을 거쳐 참찬을 역임하였으며, 성리학에도 조예가 깊었다. 유희춘은 이 백인걸과 각별한 사이였다. 사신(史臣)은 이 대목을 이렇게 논평하였다.

"소인이 국가에 해를 끼침이여! 자기와 뜻을 달리하는 사람을 해치려 하는데, 조정이 따르지 않을 듯하자 자전(대왕대비)을 현혹시켜서 밀지를 빙자하여 협박으로 나섰다. 광명정대해야 할 임금의 거조를 어두운 지경에 빠뜨리고, 당시의 공론을 봉쇄하여 일망타진할 계략을 썼으니, 하늘까지 닿을 그 죄를 이루 다 벌할 수 있겠는가. 백인걸이 분발하여 자신의 안전을 돌보지 않고 직언하였다. 곧바로 죄받아 배척당하였으나 간신들의 간담을 서늘케 하고, 올바른 사람들의 기상을 씩씩하게 하기에 넉넉하다. 우주 간에 이러한 행동이 없어서는 안 되는 것이다."

비법적인 밀지에 의한 윤임파 및 양심적인 관료 숙청에 나선 문정왕후와 윤원형은 삼사의 반대에 아랑곳하지 않고 당초 계획대로 밀어붙였다. 한 번 빼든 칼에 피 묻히지 않고 그냥 칼집에 집어넣을 수는 없었을 것이다. 옳고 그르고가 없다. 손에 넣은 권력으로 필요한 대로 반대편을 내치는 것이 현실 정치다. 칼자루를 쥔 윤원형파는 속전속결로 임하였다. 8월 24일, 대왕대비는 비망기(備忘記. 임금의 명령을 적어서 정부나 승정원에 전하는 문서)를 영의정 윤인경 등에게 내렸다.

"윤임이 집권 대신 유관 유인숙과 결탁하여 종사(宗社)를 위해할 음모를 꾸며 위급한데도 대간 시종이 난을 구할 한 마디 직언이 없었다. 그래서 밀지를 내린 것이다. 처음 가벼운 벌을 준 것은 민심을 진정코자 한 것인데, 대간에서 도리어 밀지가 정당하지 않다고 동료와 장관을 논박한다. 국사를 깊이 걱정하는 사람을 전령(傳令)하는 군사 같다고 폄하하니, 이것은 정도를 가탁(假

託)하여 역적을 비호하는 것이 분명하다. 이런데도 시종 대간이 모두 입 다물고 있으니, 밀지를 내리지 않았다면 우리 모자가 고립되어 앉아서 죽음을 기다려야 할 판. 이 사람(백인걸)이 아뢴 것은 지극히 해괴하고 놀랍다. 통탄을 금할 수 없다. 백은 간사한 무리들의 말을 듣고 의논을 냈을 것이다. 그러니 먼저 파직하여 금부에 가두고 엄하게 추문하라. ……정언 김난상·유희춘…… 아울러 파직하라. 윤임 등에 대한 처벌이 너무 가볍기 때문에 결탁한 자들이 간사한 논의를 하는 것이다. 율에 따라 죄를 정할 일이니 의논하여 아뢰라."

백인걸의 계에 대로한 대왕대비가 윤임 등을 중벌하고 백인걸을 구금하여 추문하라 명하고, 유희춘을 포함한 양사의 관원들을 파직하라고 엄명한 것이다.

새로 갈아든 대사간 나세찬(羅世纘. 1498~1551)을 비롯한 사간원의 언관들이, 양사의 전(前) 관원들을 견책으로 체직만 해도 충분한데, 아홉 명이나 파직한 것은 너무 지나친 처사로, 성조(聖朝)의 대간을 중시하는 본의에 어긋난다고 구원하는 계를 올렸다. 양사의 관원들을 파직하고 새로이 진용을 짠 문정왕후의 기대를 저버린 처사였다. 수렴청정하는 대비의 막권 앞에 죽음을 두려워하지 않고 소신을 펴는 언관들의 기상과 용기가 이런 것이었다.

이에 대하여 왕은, 구원 계(啓)를 올리다니 매우 한심스러운 일이라고 했다.

윤임파에 대한 유형이나 파직도 과하다고, 조정의 논의가 처벌을 두고 주춤거릴 때, 정순붕의 격렬한 상소가 나와 중벌로 급선회했다.

대왕대비는 선고했다. '윤임·유관·유인숙은 사사, 병조참의 이림(李霖. ?~1546)은 변방 유배, 우찬성 권벌(權橃. 1478~1548)은 파직에 처한다'고. 계림군은 뒤에 참형에 처해졌다.

유희춘은 살육극이 벌어진 틈새에서 요행히 파직으로 끝났지만, 이 과정에서 윤원형파에게 덜미를 잡혀 뒷날 화를 입게 된다.

윤원형의 심복 임백령은 유희춘의 부인 송씨와 인척 간으로 같은 해남 사람이다. 중학에서의 모임에 며칠 앞서 백령이 편지를 보내 유희춘을 초청했다. 그는 사람을 물리치고 비밀스럽게 말했다.

"전에 중종이 세자를 바꾸려 한 것(경원대군을 세자로 세우려 함)을 두 유(유관·유인숙)가 반대했다. 지금에 와서 그들이 매우 난처해하는 기색이 있다. 그대는 정언으로서 마땅히 그들의 죄를 물어야 한다. 상의 태도가 준엄하니 뜻을 그대로 따르면(유관·유인숙 탄핵) 영화를 누릴 것이나 거역하면 멸망할 것이다. 그대 늙은 부모를 위해 생각해 봐야 한다."

유희춘이 발끈 화를 내면서 한 마디도 건네지 않고 일어나니, 백령은 기가 질려 문간까지 나와 전송하면서 '부디 누설시키지 말라'고 당부하였다.

중학에서 회의한 날 저녁, 임백령이 아우 구령(九齡)을 보내 그 전말을 묻게 했다. 유희춘은 그때 마침 의정부사인(舍人) 정황(丁熿. 1512~1560. 정미사화 때 유배)과 마주앉아 시국 현안을 의논 중이었다. 그들은 구령을 백안시하고 본 듯 만 듯 섭섭하게 응대하였다. 화가 난 구령이 돌아가 그 형에게 그대로 고하니, 백령이 크게 감정을 품었다.

유희춘의 집은 대사간 김광준의 집 바로 옆에 있었다. 아주 가까운 이웃이었다. 광준이 몰래 희춘에게 "궁중에서 놀라고 의심을 품었는데 대간으로서 그 뜻(윤임 등 탄핵)을 받들지 않으면 안 된다." 하자, 희춘이 화를 내면서 꾸짖었다.

"인종께서 빈소에 계시고 시체도 아직 식지 않았소. 만일 큰 옥사를 일으켜 공로 있는 옛 대신들을 죽인다면, 나라의 체면을 크게 손상시킬 뿐 아니라 왕위를 계승하신 임금의 덕에도 누를 끼치지 않겠는가."

광준이 맞받았다.

"이것은 대비께서 하시는 일, 임금에게 관계될 것 있느냐."

이러한 몇 가지 일들이 장차 몰아칠 제2의 을사사화(정미사화)에서 유희춘을 옭아매 21년간 귀양살이의 빌미가 된 것이다.

폭발

『실록』 명종 즉위년 12월 1일 조에 전 헌납 백인걸, 전 집의 송희규, 전 정언 유희춘……을 서용(敍用)하라고 명하였다는 기사가 나오는데, 무슨 직에 임용되었는지 후속 기사가 없어 알기 어렵다. 잠시 용서받았으나 서용하지 않았던 것 같다. 명종 즉위 초의 피바람이 휩쓴 뒤의 황폐한 조정에서, 새 집권파는 세를 굳히면서 아직 구석구석에 남아 있을 사냥감 찾기에 혈안이 되어 있었다. 해가 바뀌어도 사화는 현재진행형이었다. 조정이 불안하고 어두운 안개에 덮인 가운데 병오년(명종 1년)이 가고 정미년(1547. 명종 2년)이 돌아왔다.

윤원형파가 을사년에는 약간 성긴 망으로 반대파를 훑은 셈이었다. 일부 사류(士類) 관료에 대하여는 관용을 베푸는 듯 남겨놓고 그 동향을 호시탐탐 노리고 있었다. 애초에 관대해서가 아니라 판을 너무 크게 벌여 억울한 희생자를 많이 내면 후폭풍도 두려웠던 터여서, 벌을 가볍게 하여 생색도 내고 자기 편으로 전향시키려 했던 것이다. 그러나 사류 관료는 외척 권신과는 어울릴 수 없는 태생적인 속성을 지니고 있었다. 열두세 살의 어린 왕에 문정왕후의 수렴청정 체제로 늘 불안한 정국이었다. 그래서 윤원형은 2년 만에 다시 칼을 빼들었다.

명종 2년 9월 18일, 윤원형의 심복 부제학 정언각(鄭彦慤. 1498~1556)이 발견했다며 가져온 양재역 벽서 한 장이 기어이 무시무시한 피바람을 몰아왔다. 이른바 '벽서의 옥' 또는 '정미사화'(이에 대하여는 임형수 편에 상술하였음)다.

이에 윤인경·이기·정순붕·허자·민제인·김광준·윤원형이 봉서를 마련하여 입계(入啓)하였다. 그들은 을사년에 죄인을 관대하게 벌했기 때문에 사론(邪論)이 끊이지 않아 이런 일이 일어난 것이니, 이번에는 마땅히 중벌해야 한다는 내용이었다. 이튿날 명이 내렸다. 완(岏. 중종의 왕자 봉성군)은 이미 극변에 귀양 가 있으니 그대로 두고, 송인수(宋麟壽. 1487~1547)·이약빙(李若氷. ?~1547)은 사사, 이언적(李彦迪. 1491~1553)·정자(鄭磁)는 극변 안치, 노수신(盧守愼. 1515~1590)·정황·유희춘·김난상은 절도 안치, 권응정(權應挺. 1498~1564)……외 8명은 원방 부처(付處. 지정한 곳에 머물러 있게 함), 권벌·송희규·백인걸…… 외 11명은 부처하라는 것이었다.

을사사화보다 더 광범하고 가혹한 형벌이 내려졌다. 을사사화 때 유희춘은 사간원 간관으로서 윤임 등을 논핵하지 않았다고, 윤원형파의 미움을 샀지만 파직에 그쳤었다. 그러나 이번 정미사화에는 그가 그동안 그들에게 붙좇지 않은 괘씸죄까지 보태 절도 안치라는 중형에 처해져 제주도로 귀양 가게 되었다.

이번 사화에 지절 있는 사림파 관료가 대거 화를 입었는데, 그중

가장 눈에 띄는 인물은 회재 이언적이다. 회재는 을사사화 때 좌찬성으로 원상(院相)을 겸하여 윤원형 등에게 떠밀려 위관(委官)을 맡는 굴욕을 겪었다. 그러나 그들과는 본질적으로 어울릴 수 없는 존재라 결국 정미사화에 강계로 유배되는 중형을 받았다. 그는 끝내 돌아오지 못하고 유배지에서 생을 마쳤다.

유희춘의 제주도 유배는 중형이다. 그럼에도 정치에서 승자는 잔인한 법이라, 윤원형 일파는 제주는 유희춘의 고향 해남과 가까우니, 변방으로 이배해야 한다고 주장하여 왕의 윤허를 받아냈다. 명종 2년 (1547) 윤 9월 4일, 왕은 '유희춘을 함경도 종성으로 이배하라'고 고쳐 명하였다. 이때 유희춘의 나이 35세였다.

마천령(摩天嶺)

종성(鐘城)이 어디인가. 함경북도 동북단, 온성과 나란히 두만강 가에 자리하여, 중국 동남부 북간도의 연길(延吉)과 마주보고 있는 국경 고을이다. 조선조 초에는 여진족이 차지하고 있었는데 세종 때 김종서 (金宗瑞. 1390~1453)가 그들을 강 밖으로 몰아내고 개척한 6진 중의 하나다. 제주에서 종성까지는 수륙 3,000리 길이다. 개마고원에 있는 삼수(三水)와 갑산(甲山)이 최악의 유배지로 알려져 있으나, 종성은 여기보다 동북쪽으로 훨씬 먼 국경변이어서 극지(極地)라 이르는 곳이다.

왕명이라 '성은이 망극하오이다.' 하며 가야 할 판이다. 유희춘은 그 해 12월 한겨울에 제주를 떠나 종성으로 귀양길에 올랐다. 우리나라의 남단에서 동북 끝까지, 곧 남의 극지에서 북의 극지까지다. 때는 음력 섣달의 깊은 겨울, 북서 계절풍이 바다를 뒤집을 때다. 제주를 떠나 옮겨가는 멀고 험난한 귀양길의 첫걸음에 풍랑이 심했다. 동행하던 배 2척이 침몰했다. 뱃사람들조차 겁을 먹고 어찌할 바를 몰라 허둥거리는데 그는 얼굴빛을 조금도 변하지 않고 태연자약하였다고 전해온다.

미암 유희춘의 귀양길은 험난하고 쓸쓸하였다. 유배 가는 죄인을, 지나는 길목에서 반가이 맞아 주는 사람이 있을 리 없었다. 염량세태(炎凉世態)인 것을 어찌할 것인가.

긴긴 귀양길 도중 후세 사람들 입에 회자되는 진정한 우정에서 우러난 만남이 하나 있었다. 그것은 하서(河西) 김인후(金麟厚. 1510~1560)와의 작별이었다. 미암 일행이 전라우도 길을 따라 북상하면서 나주 지나 장성쯤 도달했을 때 하서가 찾아가 만나보고 위로하며 이별을 아쉬워했다. 그리고 돌아올 기약이 없는 친구에게 최고 최대의 선물을 제안하였다.

"그대 먼 곳으로 귀양 가는데 처자들 의지할 곳이 없어 어찌한다? 그래서 그대 어린 아들을 내가 장차 사위를 삼겠네. 그대 뒷일은 과히 걱정하지 말고 옥체 보중하게나."

전해지는 말에, 미암의 아들 경렴(景濂)은 범상했고 나이도 딸과 맞지 않았으나, 하서는 신의를 지켜 후일에 마침내 사위를 삼았다. 이것은 난세에 핀 하나의 미담이다.

여기에는 배경 이야기가 있다. 하서와 미암은 모재(慕齋) 김안국(金安國. 1478~1543)과 신재(新齋) 최산두(崔山斗. 1483~1536) 문하에서 같이 수학한 사이다. 뒤에 미암이 한발 앞서 문과에 급제하여 성균관학유(學諭)로 있을 때 하서가 성균관에 입학하였다. 하서가 재관 중에 열병에 걸려 위급한 지경에 이르렀는데, 관생들이 전염을 염려하여 아무도 돌봐주지 않았다. 미암이 마음 아프게 여겨 자기 숙소에 데려가 밤낮으로 간호하고 구완하였다. 하서는 미암의 덕으로 마침내 소생할 수 있었다. 동문수학한 처지에다 성균관에서 있었던 일이 겹쳐 귀양길에서 아름다운 인정의 꽃을 피웠던 것이다.

종성은 서울에서 1,500리라. 참으로 멀고 험난한 길이었다. 질러간 들은 얼마이며 건넌 강은 얼마이며 넘은 산맥은 몇몇인가. 헤아릴 수 없을 만큼 많았다. 그중에서도 예로부터 험난하기로 이름난 함경도 동해안의 고갯길 마운령(摩雲嶺)과 마천령(摩天嶺)을 넘어야 했다. 아니, 그보다 먼저 강원도와 함경도 경계에 있는, 685미터 높이의 철령(鐵嶺)을 넘어야 했다. 귀양 가는 사람들의 눈물 깨나 빼낸 고개다. 이 철령을 넘으면서 미암은 7언율시 한 수를 읊었다.

「철령을 넘으면서(踰鐵嶺)」

한 번 잘린 쑥은 원떨기로 돌아갈 수 없어	斷蓬無復返元叢
관동을 두루 가면서 북풍을 거스르네	行遍關東遡北風
높은 잔도 하늘에 기대어 끝까지 오르고	雲棧倚天登不盡
돌다리 시내 가로질러 끝없이 건너네	石梁橫澗渡無窮
꿩 우는 소리 꿩꿩 사람은 하 드물고	雉鳴角角人炯罕
말발이 심심 산 속 눈을 녹이네	馬足深深山雪融
멀리 강 머리에 뻗치어 그물을 치니	遙羨江頭張網侶
온 집안이 길이길이 즐겁고 기쁘리	一家歡笑百年中

마운령은 함경남도 이원군과 단천군 경계에 있는 높이 416미터의

고개이며, 마천령은 함경남도 단천과 함경북도 학성군 경계에 있는 높이 725미터의 고개다. 이 두 고개는 문자 그대로 구름을 만질 만큼 높고, 하늘이 손에 닿을 수 있을 만큼 높다 하여 마운, 마천이라 이름 지어진 것이리라.

풍악을 잡힌 기세 있고 당당한 관원의 부임 길이라 할지라도 한심스러울 길을, 죄인의 몸으로 반공(半空)에 솟은 고개를 넘어갈 때의 고통과 상심이 어떠했을까. 헤아리고도 남음이 있다.

미암은 아마도 여기에서 당나라 백낙천(白樂天. 772~846)의 「태행로(太行路)」를 떠올렸을 것이다. 상황이 너무나 비슷하므로.

태행산은 길도 험해 수레 바퀴를 꺾지만	太行之路能摧車
그대 마음에 비한다면 그래도 평탄한 길이지	若比君心是坦途
무협의 물은 배를 뒤집기도 하지만	巫峽之水能覆舟
그대 마음에 비한다면 그래도 순류지	若比君心是安流
(중략)	
인생 길 험난하기 산보다도 물보다도 더해	行路難難於山險於水
유독 부부 사이만은 아니고	不獨人間夫與妻
요즘의 군신 사이 또한 마찬가지	近代君臣亦如此
그대 보지 못했나	
임금 모신 좌우의 납언과 납사를	君不見左納言右納史
아침엔 왕은을 입고 저녁엔 사사돼	朝承恩暮賜死
(이하 생략)	

부부 사이에 빗대어 군신 사이를 풍자한 글이다.

몇 년 뒤 부인 송씨〔宋德峯〕가 배소로 미암을 만나러 갈 때 허위단심 마천령 고개에 이르러 7언절구 한 수를 읊었다.

가고 또 가서 마침내 마천령에 이르니　　行行遂至摩天嶺
가 없는 동해는 거울처럼 반반하네　　　東海無涯鏡面平
여자 몸으로 만리 길을 어이 왔단 말가　萬里婦人何事到
삼종의리 중하고 내 한 몸 가볍거늘　　三從義重一身輕

이 길은 일찍이 나주 출신의 금호(錦湖) 임형수(林亨秀. 1514~1547)가 홍문관의 시종직(侍從職)에서 종성판관 또는 부사가 되어 전후 두 번이나 나가서 왕래하던 길이다. 물론 처지와 상황은 달랐지만. 그는 을사년에 제주목사로 좌천되어 쫓겨났다가 미구에 파직되었고, 이번 옥사(정미사변)에 사사되었다. 미암은 이 험난한 길을 걸으며 금호를 추억하는 감회에 젖었으리라.

미암의 유배지 종성 가는 길은 더디고 더뎌 명종 2년(1547) 12월에 제주를 떠나 이듬해 2월이 되어서야 도착할 수 있었다. 이렇게 하여 19년에 걸친 그의 긴긴 종성 귀양살이가 시작된 것이다.

반도의 남쪽 끝 해남 출신으로 풍토가 전혀 다른 북쪽 끝 땅에서 돌아갈 기약 없는 고난과 통한의 생활에 들어간 유희춘과 잠시 작별을 고하고자 한다. 그리고 붓끝을 해남으로 돌려 그의 출생과 성장과정을 더듬어 볼까 한다.

제2장

용문(龍門)을 향해

미암(眉巖)

해남은 우리나라 육지의 남쪽 끝이다. 서울에서 멀고 먼 시골, 그야
말로 '하향(遐鄕)'이다. 제주와 가장 가까운 육지다. 먼 시골이지만 예
로부터 퍽 유족했던 고을이다. 평야가 있어 곡물 생산이 넉넉하고, 해
안선이 꾸불꾸불 길어서 해산물 또한 풍부하며, 적당한 높이의 산들
이 고루 분포되어 있어 시초(柴草)의 공급도 넉넉하다. 따라서 인심이
순후하고 민풍이 아름다웠다. 학문에 힘쓰는 사람들이 많아 마을마
다 글 읽는 소리 높았으나, 치인(治人)의 학보다는 수기(修己)에 정진하
는 학풍이 주류를 이루었다. 그러므로 세상에 나와 이름을 드러낸 사
람은 흔하지 않았다.

해남읍의 북쪽 마산면과의 경계에 이름도 아름다운 금강산이라는
수려한 산이 있다. 이 산이 바로 해남읍의 진산(鎭山)이다. 이 금강산
의 남쪽 연봉(連峯) 하나가 이름이 참 고운 미암산(眉巖山)이다. 누에나
방 눈썹 모양의 바위가 있어서 붙여진 이름이다. 이 바위 아래 마을,
해남현 해리에서 중종 8년(1513) 12월 4일에 유희춘이 태어났다.

아버지는 계린(桂麟. 1478~1528), 어머니는 탐진 최씨(耽津崔氏), 성종
조의 명신으로 『표해록』을 지은 금남(錦南) 최부(崔溥. 1454~1504)의 딸
이다.

유희춘의 본관은 선산(善山)으로 문화 유씨의 한 갈래다. 고조 문호
(文浩)가 감포만호를 지냈는데 영남에서 순천으로 이거하였다. 증조
양수(陽秀), 조부 공준(公濬) 양대가 진사였다. 아버지가 금남의 딸과
혼인한 후 해남으로 이주하여 해남 사람이 되었다. 아버지는 한훤당

(寒暄堂) 김굉필(金宏弼. 1454~1504)과 최부의 문인으로 성리학에 조예가 깊은 학자로 「거가십훈(居家十訓)」을 지었다.

유희춘의 자(字)는 인중(仁仲), 호는 미암(眉巖) 또는 연계(漣溪)다. 호 미암은 집 뒤의 누에나방 눈썹 모양의 바위에서 유래한 것이다. '아미(蛾眉)'는 곧 미인을 형용하는 말인데 '아미 모양의 바위'를 호로 삼았으니 뛰어난 미의식의 발로다.

미암에게는 형이 하나 있었는데 형제가 다 준재(俊才)들이었다. 형의 이름은 성춘(成春. 1495~1522), 호는 취암(鷲巖) 또는 나옹(懶翁)이라 했다 중종 9년(1514)문과에 급제하여 공·예·이조(吏曹)좌랑을 지내며 촉망받던 사류 관료였는데, 기묘사화에 금릉(金陵. 강진)으로 유배당하였다. 중종 16년에 풀려났으나 이듬해 28세로 요절하였다. 세상에서는 윤구(尹衢. 1495~?) 최산두와 더불어 호남 삼걸(三傑)이라 일컬었다.

유희춘이 태어날 무렵 해남의 문풍(文風)이 크게 진작되어 일시에 문과 급제자가 많이 나왔다. 앞의 윤구, 유성춘, 임억령(林億齡. 1496~1568)·임백령 형제가 모두 조정에 진출하여 문한(文翰) 요직에 재임하였다. 더욱이 윤구와 유성춘은 지절(志節)로, 임억령은 문호로 청사에 이름을 남겼다. 불과 15년 사이에 한 고을에서 준걸들이 다섯 명이나 배출된 예는 드문 일로 가히 해남의 르네상스기라 할 만하였다.

학업

미암은 외조부 금남의 뛰어난 재능과 지기(志氣)를 핏줄로 이어받아 타고난 자질이 탁월하였다. 거기에다 위와 같은 우수한 선진들의 빈빈(彬彬)한 학풍에 젖을 수 있었다. 그는 총명하고 기억력이 뛰어나 어느 책이나 한 번 눈을 거치면 곧장 외워 잊지 않았으며 탐구심이 비상하고 집중력이 강하였다. 어려서부터 늘 단정히 앉아서 글 읽기에 힘썼다. 심한 병이 아니면 잠시라도 책을 보지 않을 때가 없었다. 눈길은 항상 반듯하고 언사와 몸짓은 점잖았다.

5세 때 이미 시를 지어 주위를 놀라게 했다.

버들 가지 꺾어 백마를 매질하니　　折柳鞭白馬
꾀꼬리는 잃었어라 봄 한 가지를　　鶯失一枝春

일고여덟 살에 이미 나아갈 바 뜻이 원대(遠大)하였다. 9세 때 아버지에게 『통감(通鑑)』을 배웠다. 그는 때때로 지난 역사상 사건들을 논평하는데 남이 미처 생각지 못한 뛰어난 견해를 내놓곤 했다. 한 나라가 어지러워져 망하는 대목에 이르면, 개연히 책을 덮고 크게 탄식하거나 눈물을 흘리기도 했다. 국가의 치란(治亂)과 흥망에 대하여 폐부 깊이 감응하고 강개(慷慨)해 마지 않았던 것이다. 아버지는 기특하게 여기며 사랑했다.

미암이 10세 때 그 집안에 일어나서는 안 될 비운이 닥쳤다. 앞에서 잠깐 언급한 형의 죽음이었다. 그의 형은 미암이 2세 때 문과에 급제하여 이조좌랑으로 있다가 미암이 7세 때인 중종 12년에 기묘사화에 연루되어 금릉에 유배되었다. 2년 만에 해배되어 고향 해남에서 은거하다가 1년 만에 28세의 젊은 나이로 생을 마쳤다. 미암이 10세 때 겪은 가정의 참사였다. 그때 양친이 겪었을 상심과 비탄, 어린 소년의 상실감이 어떠했을까, 상상하고도 남음이 있다.

16세 때는 아버지 상을 당했다. 애통으로 심신을 가눌 수 없는 가운데, 일찍 간 형을 대신하여 상주로서 예법에 따라 초종장례를 치렀다.

태산 같은 형을 일찍 여의고 하늘 같은 아버지를 떠나보낸 미암은 천지 안에 혈혈단신이 된 외로움과 허전함을 마음 저리게 느끼면서 스스로 다짐하였다. 아버지와 형의 유지를 이어 가문을 일으키고 국태민안을 위해 헌신하겠다고.

그는 분기하여 일의전심 학문에 정진하면서 과거 준비에 열중하였다. 그에게는 지향하는 정신적 표상이 있었다. 외조부 금남 최부! 그 학덕과 의기(義氣)를 우러르며 스스로 편달하였다.

어려서는 아버지에게 『통감』을 배우고 정자화(鄭自和. 미상)에게 당나라 한유(韓愈)의 시를 배운 기초 위에, 큰스승 모재 김안국에게 나아가 학문의 진수(眞髓)를 전수(傳授)받았다. 김안국은 한훤당 김굉필의 문인으로 포은(圃隱) 정몽주(鄭夢周. 1337~1392) 이래 우리나라 도통(道統)의 주류에 속하는 학자다. 미암이 이러한 모재에게서 수학한 것은 커다란 의의가 있다. 모재는, 희춘이 바닷가 한 구석(미암 자신의 말)의 선비로 일찍이 문하에 들어가 질의하였는데 그를 얕잡아 보지 않고 잘 이끌어 주었다고 훗날 전해진다.

미암은 또 하나의 큰스승 신재 최산두에게 수학하였다. 신재는 기묘사화에 연루되어 동복에 유배 중이었다. 신재가 미암의 학문을 두드려 보고 크게 탄복하여 성의껏 지도해 주었다. 미암은 신재의 강설을 체받기에 힘써 널리 정밀하게 파고들어 학문이 크게 진보하여 남쪽 인사 중에 앞설 사람이 없을 정도가 되었다. 미암이 이렇듯 당대 국중의 두 거유에게 사사(師事)한 것은 큰 축복이었다. 더욱이 두 스승에게 동문수학한 사이인 하서 김인후와 평생지기에 사돈까지 맺게 되는 기연(機緣)이 여기에서 이루어진 것이다.

미암은 독실한 공력을 쌓기 위해 대둔사(大屯寺), 도갑사(道岬寺) 등 산사에 들어가기도 했다. 큰스승의 훈도(薰陶)와 자신의 피나는 노력으로 그의 문장과 학문은 일취월장하였다. 21세, 23세 때 2회에 걸쳐 나주목사가 실시한 도회시취(都會試取)에서 「승묵부(繩墨賦)」와 「기수부(棄繡賦)」를 지어 연달아 장원하는 성과를 올렸다. 점점 인근 주군에 문명(文名)이 높아갔다.

덕봉(德峯)

미암은 학문과 문장이 어느 정도 성취되어 고을 안에 이름이 알려지던 24세에 혼인하게 된다. 신부는 여덟 살 아래인 16세의 홍주 송씨(洪州宋氏) 규수였다. 담양 출생인 송씨의 이름은 전하지 않고 자는 성중(成仲), 호는 덕봉이다. 아버지는 사헌부감찰과 단성현감을 지낸 준(駿)이며 어머니 함안 이씨는 사헌부대사헌·전라감사를 지낸 인형(仁亨. 1436~1498)의 딸이다.

덕봉은 3남 2녀 중 막내로, 천성이 명민한 데다 학문을 좋아하며 경서와 사서(史書)를 두루 섭렵한 여성 선비였다. 글재주 또한 뛰어나 시문에 능하였다. 미암과 더불어 한문 편지를 주고받았으며, 시로 서로 화답하여 격조 높은 정신적 교류를 지속하였다. 덕봉은 정숙한 부덕에 강단을 겸하여, 미암이 벼슬과 귀양살이로 늘 비우게 되는 집을 확실하게 붙들고 현명하게 다스렸다.

당시 사대부 집안은 규모와 운영 면에서 오늘날의 가정과는 크게 달랐다. 보통 3대 내지 4대의 직계·방계 내외 자손과 딸린 노비까지 합하여 적어도 40~50명이 한 집에서 살았다. '수신제가(修身齊家)'의 '가'

에 해당하는, 일정의 규모와 운영 체제를 갖춘 공동생활체 단위였다.

덕봉은 부녀자의 몸으로 시어머니를 모시고 수십 명에 이르는 이러한 '家'의 운영을 현명하게 감당해냈다. 많은 가솔을 거느리고 산림(山林)·전장(田莊) 관리, 농사일 등 가정(家政)을 두루 살피고, 때로는 수십 칸에 이르는 큰 집을 짓는 일의 감독도 했고, 일가 친인척 간의 우애·친목 증진을 도모하는 일까지, 가정 내외의 범백사를 원만하게 수행하였다. 이런 가운데 가산을 증식해 나갔으니 유능한 경영가였다고 할 수 있다.

미암 유배 중 시어머니를 모시고 효도를 다해 봉양하고, 지성으로 병수발을 했으며, 별세 후에는 미암을 대신하여 상주로서 예법에 따라 초종장례를 엄수하고 삼년상을 지내자 고을 안에 칭송이 자자하였다. 사대부가의 체통과 부도를 지킨 현부였다.

놀라운 것은 시어머니의 삼년상을 마치고 나서, 부녀자의 몸으로 남편의 유배지인 종성까지 미암을 찾아간 일이다. 담양에서 2천 수백 리 길을 가다니! 믿기 어려운 사실, 이야기를 듣기만 하여도 정신이 아찔한 일이었다. 가는 도중 마천령을 넘으면서 시까지 읊었다고(앞에서 제시)한다. 덕봉은 규방의 한낱 섬약한 아녀자가 아니라 남아 대장부 이상으로 당차고 담대하고 용기 있는 여장부였다.

미암이 21년의 긴긴 귀양살이와 운명 직전까지의 관직 생활을 견뎌낼 수 있었던 것은 덕봉이 안에서 견고한 울을 치고 든든하게 뒷받침해 준 공이 컸다고 할 수 있다. 미암이 세상살이나 가사에 어둡고 책 읽는 일 외에는 잘하는 일이 없다는 세평을 생각하면, 덕봉의 치가 한 공을 칭송하지 않을 수 없다.

배소로 미암을 찾아간 덕봉은 돌아오지 않고 호지(胡地)와 다름없는 북변 배소에서 미암과 고생을 같이 하였다. 뒤에 유배지가 충청도 은진으로 옮겨질 때까지. 조선조 500년 동안 그 많은 유배자 중에서 부인이 배소로 부군을 찾아간 경우가 덕봉 말고 또 있었는지 필자 과문한 탓으로 잘 모르겠다. 참 특이하고 드문 일이라 하겠다.

덕봉은 앞에서 잠깐 언급한 바와 같이 뛰어난 시인이었다. 세상에 널리 알려져 있지 않았을 뿐, 신사임당(申師任堂. 1504~1551)이나 허난설헌(許蘭雪軒. 1563~1589)과 병칭할 만하다. 사후에 친정 조카 송진이 시문을 모아『덕봉집』을 엮어 발간하였으나 애석하게도 현재 전해지지 않고,『미암일기』와 그 부록에 편지 1통, 문 2편, 시 20수가 전한다. 전해지는 시문이 그가 실지로 지은 작품의 일부에 지나지 않지만, 그것들을 통해서 예술성은 충분히 헤아릴 수 있겠다. 이 부분은 다음에 다시 미암의 작품과 함께 살펴볼 것이다.

용문을 넘다

왕조시대 남아로 태어나 책을 읽게 되면 우선 과거, 그중에서도 문과를 과녁 삼아 분발하는 것이 통례였다. 미암 또한 예외가 아니었다. 더욱이 그는 외조부 최부와 형 성춘을 항상 머리에 이고 살아왔다. 두 분 다 문과를 통해 조정에 진출하여 학문과 지절로 촉망받은 관료였음에도 사화로 뜻을 펴지 못한 채 좌절하고 말았다. 미암은 그 통한을 가슴에 품고 있었다. 그러므로 미암은 어려서부터 학문에 힘써 벼슬길에 나아가 두 분의 못다 한 뜻을 이어 선진 사류의 꿈, 왕도 지치(王道至治)를 구현하리라는 소망이 간절했었다.

미암이 성년이 될 무렵 시운(時運)이 유리하게 돌아가고 있었다. 끔

찍했던 기묘사화의 상처가 세월이 지남에 따라 아물어가고, 사림이 다시 기운을 차려 점차 조정에 복귀하고 있었다. 이러한 시류에 미암도 관직 진출의 기회를 살피면서 과업에 힘을 쏟았다.

그는 중종 32년(1537) 25세 때 사마시(소과) 생원과(生員科)에 합격하였다. 문과(대과)의 예비 시험이라 할 사마시는 생원과와 진사과로 나뉘었는데, 생원과는 경서 위주고 진사과는 사장(詞章) 위주였다. 미암은 사장은 경시하고 경전 공부에 주력했으므로 생원과 응시가 당연한 일이었다.

전기(傳記)에는 언급이 없으나 생원이 된 후 통례대로 그는 아마 성균관에 들어가 문과 준비를 하였을 것이다. 사마시 합격자에게 성균관 입학 자격이 주어지니까. 미암은 준재라 성균관 수학이 오래 가지 않았다. 사마시에 합격한 바로 이듬해(중종 33년)에 별시 문과에 합격하였다. 고시관이 회재 이언적이었는데 미암에 대하여 '그 글이 기이하여 뽑았다(異其文而取之).'라고 평했다는 말이 전해 온다.

얼마나 벼르고 바라던 일인가. 드디어 용문을 날아오른 것이다. 경전에서만 익힌 '책상머리 경륜'을 국정의 현실 무대에서 구현할 책무를 짊어지게 되었다. 미암은 그동안 마음 속에 쌓고 간직한 성현의 가르침을 실천하여 국태민안(國泰民安)의 요순성대를 이룩하리라고 다짐했을 것이다.

제3장

벼슬바다〔宦海〕

초기

유희춘은 중종 33년(1538) 10월, 성균관학유에 임명되어 대망의 벼슬길에 올랐다. 비록 종9품의 말단직이지만 앞에는 현란한 관직이 층층이 기다리고 있었다. 이때 마침 성균관에 퇴계(退溪) 이황(李滉. 1501~1570)과 하서 김인후가 재학하고 있었다. 하서와는 일찍이 동문수학한 터요, 퇴계와의 만남은 미암의 생애에 있어 특기할 만한 일이었다.

이듬해(중종 34년)에 실록청 겸춘추관기사관(정9품)으로 옮기고, 2년 지난 중종 36년(1541)에 예문관검열(정9품), 곧 한림(翰林)이 되었다. 이듬해 정월에 세자시강원설서(정7품), 8월에 사서(정6품)로 승진하였다. 순풍에 돛을 단 듯 미암은 승승장구하여 중종 38년(1543) 2월에 드디어 바라던 홍문관수찬(정6품)에 오르고 4월에 사서를 겸하였다. 여기에서 잠깐 미암이 관직생활 중에 보인 학구적인 면모와 소박하고 깨끗한 처신을 엿보고자 한다.

그는 퇴청 후에 여가를 헛되이 보내는 일 없이, 어질고 학문이 깊은 이를 기꺼이 찾아, 서로 토론하며 사고를 가다듬고 깊게 하는 노력을 기울였다. 책 읽기에 힘써 성현의 경전과 사책(史策)은 말할 것도 없고 벽서(僻書)나 소설에 이르기까지 읽지 않는 책이 없었다.

욕심이 적어 마음이 늘 평온하고 검소하게 지내며 먹고 입는 것은 겨우 굶지 않고 헐벗지 않을 만큼만 채웠다. 세상의 칭찬과 이익, 요란하고 화려한 것 보기를 마치 오물 보듯 하였다. 바깥 사물에 마음을 움직이지 않고 오직 책에 빠졌다. 남에게 혹 아직 못 본 책이 있다 하면 반드시 값을 헤아리지 않고 구하여 읽었다. 일생동안 심하게 아프지 않으면 손에서 책을 놓지 않는 독실한 학자였다.

미암은 모든 초년 문신들이 선망하는 문한직(文翰職), 그중에서도 핵심인 홍문관에 입성하여 수찬까지 되었으나, 늘 고향의 어머니 생각에 하루도 편히 지낼 수 없었다. '일찍 아버지를 여읜 어머니가 혼자 외로이 계신다. 나는 홀로 벼슬한다고 천리 밖에 나와 있어 혼정신성도 못하는 불효막심한 자식이다.' 벼슬이 높아질수록 어머니 생각은 더욱 간절하였다. 앞으로의 관운을 고려한다면 현재의 문한직에서 오래도록 왕을 시종해야 될 처지였다. 하지만 미암은 벼슬보다는 어머니 봉양이 우선이라고 생각하여 단안을 내렸다.

그는 왕에게 어머니 봉양을 위해 지방 고을을 맡기를 지원했다. 왕은 그의 뜻을 받아들여 전라도 무장현감을 제수하였다. 중종 38년 6월 1일의 일이었다.

이듬해 11월에 중종이 승하하고 인종이 왕위에 올랐다. 유희춘은 일찍이 인종의 세자 시절 시강원설서로 있으면서 충성으로 보도하여 세자의 신임을 받았었다. 인종은 세자 때부터 성군의 자질을 나타내 조정의 신료는 물론이고, 모든 백성의 신망을 받아왔다. 미암은 인종의 즉위를 마음껏 경축하며 왕도 실현에 대한 희망을 가지고 정국의 추이를 예의 주시하였다. 유희춘은 앞에서 말한 바와 같이 인종 원년(1545) 5월에 무장현감에서 홍문관수찬으로 조정에 복귀하였다. 그는 새로운 국정 운영에 참여하게 되었음을 다행으로 여기며, 새 시대를 열 포부와 경륜을 가다듬고 있었다.

그러나 어찌 뜻하였으랴. 청천벽력이었다. 그가 조정에 돌아온 지 겨우 두 달 만인 7월에 인종이 급서하였다. 미암은 절망하였다. 인종의 뒤를 이어 명종이 왕위에 올랐다. 조정 안은 폭풍 전야의 기류에 휩싸였다. 민심은 흉흉하고 북악산에 암운이 서리었다.

미암은 나라의 앞날이 염려되어 동료와 의논하고 우국충정을 담아 시국 수습책으로 「시무십책(時務十策)」을 작성하여 왕과 섭정인 대왕대비에게 올렸다. 그는 8월에 사간원정언(정6품)으로 옮겼다. 정언이 되자마자 대왕대비 윤씨의 밀지가 내려오고(8월 21일) 을사사화가 전개된다. 이 부분은 앞에서 기술하였으므로 생략한다. 8월 22일에 유희춘은 사헌·사간 양사의 관원들과 함께 파직당하였다.

유형지에서

명종 2년에 일어난 '양재역 벽서의 옥(정미사화)'으로 유희춘이 유배형을 받고 첫 유배지인 제주도를 거쳐, 명종 3년 2월에 두 번째 유배지인 종성에 도착하였다. 귀양길은 멀고도 험난하였다. 종성의 귀양살이는 지나온 길보다 더 어렵고 힘들었다. 종성은 옛 말갈의 땅, 여진족과 접경하고 있는 만지(蠻地)와 다름없는 곳이다. 천당에서 지옥으로 떨어진 격이었다.

하지만 미암은 운명으로 여겨 마음을 다잡고 생각을 깊고 넓게 하여 그 동안 밀쳐두었던 경전 공부에 온 마음을 쏟았다. 친구는 물론이요, 더불어 이야기할 만한 사람도 없는 답답함과 외로움 속에서 책만이 유일한 벗이었다. 밤낮으로 늘 명상하고 사색하며 입으로 외우고 손으로는 적기를 계속하였다. 학문에 힘씀으로써 울분과 시름을 달래고 마음의 평온을 회복하였다.

사람은 곤궁에 처했을 때 진가를 발휘하는 법. 미암은 19년간 살을에는 삭풍이 몰아치는 북변에서 추위와 굶주림을, 사람으로서 견뎌 내기 어려움에도 추호도 남의 도움을 받으려 하지 않았다. 굶기를 자주 하였으나 안색에 조금도 드러내지 않고, 문 닫고 묵묵히 앉아 책을 거듭 읽어 익히면서 스스로 즐겼다. 특히 장횡거(張橫渠)를 사모하여 그 책을 읽어 얻음이 있으면, 밤중이라도 일어나 불 켜고 쓰는 일을 오래 하여 질(帙)을 이루었다. 또한 주자서(朱子書)도 탐독하였다.

이름이 죄적(罪籍)에 올라 있기에 자중하며 고을의 수령과도 모르는 체하고 만나지 않았다. 유경심(柳景深)·김덕룡(金德龍) 같은 관리는 미암의 도의를 흠모하는 터라, 한결같이 미암이 공관에 왕림하기를 바랐으나 움직이지 않자 찾아가 위로하였다.

을사사화 연루자 중에는 세월이 지나면서 고통이 심해지자 혹 변절자도 나왔으나 미암은 오래도록 지조를 지켜 끝내 바뀌지 않았다. 밥그릇이 늘 비어도 낯빛에 드러내지 않고 입 다문 채 앉아 책을 읽으면서 마음을 다잡았다.

그는 귀양살이에서 비로소 차분한 마음으로 지난 7년간의 관직생활을 회고하여 반성 음미하며, 진정한 군신의 길과 국정의 요체를 모색하였다.

종성은 되땅과 맞닿아 있어 풍속이 말타기와 활쏘기를 높이고 좋아하여 글을 읽고 아는 사람이 적었다. 조정에서 학문이 높은 선비가 내려왔다는 소문이 나서 찾아와 배우고자 하는 사람이 많았다. 미암은 흐뭇하게 여기고 흔연히 받아들여 열심히 가르쳤다. 배우고자 하는 사람의 재질을 따라 자상하게 개별 지도하는 방법으로 성의껏 도와주었다.

학덕이 높은 선비가 마음을 다해 가르치니 원근에서 수많은 사람들이 달려와서 문 앞에는 항상 신발이 가득했다. 이렇게 하기를 19년 간 계속했으니 이 북변 극지에 문풍이 크게 일어 교화가 이루어지고 민속이 아름다워졌다.

왕조시대의 벼슬아치에게는 귀양살이가 하나의 필수 코스 같았다. 귀양살이하지 않은 관리가 오히려 예외에 속할 정도였다. 귀양살이 는 참으로 힘들고 어려웠던 일이다. 무사히 형기를 마치고 돌아오면 천만다행이었고 혹자는 귀양 가는 도중에 죽기도 하고, 혹자는 유배 지에서 생을 마감하기도 하였다. 유배생활을 이겨내는 데는 강인한 정신력과 체력, 유연한 생활 자세와 인생관이 있어야 했다.

『미암일기』 여기저기에서 볼 수 있는 그의 성품은 온화하고 낙천 적이며, 어떤 일에 집착하지 않았던 것 같다. 반면에 학문에 대한 열 정이 강렬하여 책을 읽을 수만 있으면 어떠한 고민이나 근심도 잊을 수 있었을 것이며, 눈앞에 환난이 닥쳐와도 낌새를 채지 못했을 것으 로 짐작된다.

미암은 극지의 귀양살이를 천명으로 받아들인 듯 울분과 증오의 격정을 가라앉히고 평정을 유지하였다. 직무와 세상 잡사에서 완전 히 벗어나 수양과 학문에 전념할 수 있었다. 누구에게나 귀양살이는 불행한 일이지만 스스로 마음을 다스리고 자신을 돌아보고 새롭게 변화하는 계기가 되기도 하였다. 미암은 우선 성리학에 몰두하였다. 시도 지었다. 지방민에게 학문을 전파하였다. 이렇듯 그는 자신이 처 한 극한 상황을 학문과 시작(詩作)과 교육으로 극복하였다. 19년이란 장구한 세월을 보람 있고 값지게 보낸 것이다. 그리하여 거목으로, 나 라의 동량으로 성장하였다.

미암은 귀양살이 중에 마음 아픈 일을 두 번 겪었다. 육친과의 사별, 분상(奔喪) 못하는 처지라 설움은 더 컸다. 종성으로 쫓겨난 지 6년 만인 명종 9년에 누나상, 그 4년 후인 명종 13년에 어머니상을 당했다. 멀리 2천 리 밖 남쪽 하늘을 바라보며 비탄과 애상에 잠겨 스스로의 불운에 혼절도 했을 것이다.

미암의 귀양살이가 어느덧 13년. 그에게 기적 같은 일이 일어났다. 도저히 상상도 할 수 없는 일이었다. 그것은 부인 덕봉의 내방이었다. 덕봉이 여자의 몸으로 남쪽 담양에서, 거기가 어디라고 종성까지 찾아온 것이다. 남편 없이 시어머니상을 당한 덕봉이 법도에 맞게 장례를 치르고 삼년상을 마치고 나서 남편의 안위가 염려되어 2천 리 장정(長征)을 결행한 장거(壯擧)였다. 덕봉의 미암 사랑이 얼마나 극진했으며 용기 또한 얼마나 뛰어났던가를 알 수 있다.

더욱 경탄스러운 일은 덕봉이 잠깐 머물다가 돌아간 것이 아니라, 미암이 1565년(명종 20년)에 은진으로 이배될 때까지 풍토가 사나운 고난의 북변에서 5년을 살아냈다.

미암이 귀양살이할 때 어머니가 머리털을 잘라 보낸 일이 있었다. 어머니의 분신(分身)이라 할 그 머리털을 받고 기막힌 심경을 5언고시로 표출하였다. 살아서 돌아갈 기약이 없는 귀양살이의 정황 일단을 엿볼 수 있을 것 같아 여기 제시한다.

「어머니께서 보내신 머리털을 울면서 받잡고〔泣受萱堂寄髮〕」

어머니 스스로 머리털을 잘라	高堂自斷髮
봉해서 멀고 먼 아이에게 보내셨네	封寄絶域兒
먼 데 아이는 소식조차 없으니	絶域音信阻

늘 생각하시겠지 내 얼굴과 눈썹	想我面與眉
나 또한 어머니 대하신 듯 하고자	我亦欲如對
한 치 귀한 물건 보낼까부다	可送一寸奇
봉투 열어 재배하고 받으니	開緘再拜受
흐르는 눈물 턱을 적시네	涕淚紛交頤
손가락 깨물며 오래 못 돌아가니	囓指久未歸
어머니(분신인 머리털) 마침내 여기 오셨네	慈天乃至斯
완연히 슬하에서 모시고 있는 듯	宛如侍膝下
어머니 그리는 정 더욱 간절하네	益篤陟屺思
정수리 털을 보내 드리며	回獻頂心毛
간 비장 쥐어짜듯 슬프네	惻愴抽肝脾
봉하면서 희끗한 것 가려내니	臨封揀星星
놀라실까 두려워 아들 쇠한 슬픔	恐驚兒衰悲

부활

북변 종성의 미암에게 혹독한 겨울이 가고 더디게나마 봄이 왔다. 명종 20년(1565) 4월에 말도 많고 탈도 많던 문정왕후가 별세하였다. 이제 천하가 바뀐 것이다. 20년 동안 국권을 쥐고 막권을 부리던 윤원형이 이해 8월에 관직을 삭탈당하고 12월에 죽었다. 을사사화 이후 죄 아닌 죄로 벌을 받은 사람들의 사면이 시작되었다. 유희춘은 은진으로 옮겨졌다. 이제 반은 풀린 셈이다. 덕봉은 담양 집으로 돌아가고 미암 혼자서 은진 배소로 갔다.

1567년, 태인의 고명한 학자 일재(一齋) 이항(李恒. 1499~1576)이 은

진 배소로 미암을 찾아왔다. 두 학자는 오랜 시간 성리학의 여러 문제에 대하여 토론하였다. 미암은 19년간 종성 배소에서 독공(篤工)을 쌓았기 때문에 탁견을 피력할 수 있었다. 일재가 "그대는 옛날의 인중(仁仲)이 아닐세(君非復昔日仁仲也)."라고 감탄하였다. 일재가 미암을 괄목상대(刮目相對)하게 된 것이다.

명종 22년(1567) 6월에 명종이 승하하고 선조가 즉위하였다. 10월에 미암은 드디어 석방되어 실로 장장 21년간의 귀양살이를 마감하였다. 10월 12일 왕이 "유희춘을 방면하고 직첩을 도로 주어라. 유희춘은 학문이 해박하니 경연에서 권강하게 하면 반드시 보익이 있을 것이다." 하고, 그를 바로 경연관 겸성균관직강(정5품)에 임명하였다. 이어서 곧 교리가 되어 홍문관에 들어갔다. 어머니 작고했을 때 분상을 못했으므로 11월에 특별 휴가를 얻어 성묘하고 돌아오자마자 12월에 홍문관응교(정4품)로 승진하였다. 귀양살이에서 풀려나 복관된 뒤로 미암은 문한 요직이나 대간을 두루 거치며 승진을 거듭하고, 특히 경연관을 겸하여 조석으로 왕에게 학문을 진강하였다.

선조 2년 정월에 사헌부장령(정4품), 2월에 응교로 돌아갔다가 3월에 사간원사간(종3품)이 되고 4월에 부응교, 7월에 사헌부집의(종3품), 곧 응교가 되었다. 8월에 의정부검상(정5품)을 거쳐 바로 사인(정4품)이 되었다. 곧 다시 응교로 돌아갔다가 9월에 전한(典翰)(종3품)이 되고 11월에 성균관대사성(정3품 당상관)으로 승진하였다.

그가 복직된 지 불과 1년 사이에 정5품 성균관직강에서 청요직만 두루 거쳐 정3품 당상관인 성균관대사성까지 단숨에 올라갔다. 그의 관직을 뒤쫓던 우리의 머리가 어지러울 정도로 빈번하게 자리 이동이 있었던 이유는 알 수 없다. 아무튼 1년 만에 당상관에 오른 것은 후술하겠지만 그의 뛰어난 경연 활동이 주효했겠으나 21년간의 유배로 정체되었던 관직에 대한 보상의 뜻도 있었을 것 같다.

그는 지금의 국립 서울대학교총장에 해당하는 성균관대사성이 되자 관생 지도에 열성을 다했다. 그는 늘 관생에게 훈시하였다.

"학생은 마땅히 화후(和厚)로써 애인(愛人)을 근본으로 삼아야 한다. 기운(혈기)을 숭상하고 남을 공격하기 좋아해서는 안 된다. 자신의 악을 공격하고 남의 악을 공격하지 말라. 이것이 배우는 자의 선무(先務)다."

말이 학생이지 사마시에 합격한 생원·진사와 서울의 4부학당에서 뽑혀온 상당 수준의 학자들이다. 이들을 상대로 미암은 기본적으로 인성 교육에 주력한 것이다.

또 미암은 자주 학생들을 모아놓고 『대학』을 강의하는가 하면, 날마다 이들과 논변하였다. 그러니 학생 중에서 경전을 들고 상고를 요하는 의문을 풀고자 하는 자가 모여들었다. 그는 여유 있고 자신 있게 수작하였다. 듣는 자는 모두 기뻐하며 돌아갔다.

그의 득의에 찬 대사성직이 불과 두 달에 끝나고 선조 3년 정월에 승정원동부승지(정3품)가 되고 곧 우부승지(정3품)로 옮겼다가 3월에 다시 대사성이 되었다. 8월에 좌부승지가 되었으나 9월에 병가를 얻어 담양으로 돌아갔다. 10월에 홍문관부제학(정3품 당상)이 되었다가 병으로 면직하고 곧 우승지가 되었으나 또 의병 면직하고 다시 담양으로 돌아갔다. 왜 이리 이동이 잦았는지, 그러고도 직무 수행이 완만하게 되었을까? 변덕이 심한 선조의 국정 운영의 일단을 보는 것 같다.

미암은 선조 4년 정월에 전라도관찰사(종2품)로 임명을 받았다. 부임하자마자 권선징악을 중점으로 내걸고 선행하는 자를 뽑아 천거하라고 열읍(列邑)에 지시하였다. 9월에 사헌부대사헌(종2품)으로 전임하고 11월에 동지중추·의금부사가 되고 12월에 다시 부제학이 되었다. 너무 잦은 이동이다. 이유를 알 수 없다.

선조 5년 8월에 의병 면직. 미구에 동지중추부사 겸동지성균관사에 경연관을 맡고, 9월에 예문관제학(종2품)이 되었다.

선조 6년 2월에 다시 대사헌이 되었다가 3월 의병 면직, 얼마 후 오위도총부부총관(종2품)이 되고 다시 대사헌이 되었다가 곧 예조참판(종2품)으로 전임, 11월에 다시 부제학으로 전임되었다.

선조 7년 7월에 의병 면직. 곧 대사헌 제수. 8월에 형조참판, 9월에 부제학이 되었다.

선조 8년 3월에 의병 면직. 4월에 대사헌이 되었으나 곧 동지중추부사를 거쳐 예조참판이 되고 곧 대사헌으로 전임. 한 달 동안에 4번이나 자리 이동이 있었으니 알 수 없는 일이다. 5월에 의병 면직. 곧 공조참판이 되고 6월에 동지경연을 겸하였다. 7월에 사간원대사간 겸동지춘추관사(종2품)가 되었다가 곧 공조참판으로 전임하였다.

8월에 청가, 아주 물러날 속셈이었다. 9월에 옥당, 대사헌 정지연(鄭芝衍), 좌상 박순(朴淳. 1523~1589) 등이 유희춘의 치사(致仕) 뜻을 받아들이지 않도록 계하였다. 10월에 이조참판에 임명되자 사직소를 올렸다. 돌아오기를 기다리라고 불윤. 12월에 삼공이, 정치의 근본(이조참판)을 오래 비울 수 없다고 계하여 동지중추로 바꾸었다.

선조 9년 4월에 또 대사헌, 6월에 다시 부제학에 임명되었다. 9월 초에 경연에서 진강을 파하고 나서 물러나기를 간청하였으나 왕이 불윤하였다. 재삼 고사하자 왕이 동지중추직을 띠고 물러나도록 명하였다. 왕이 그를 사정전(思政殿)으로 불러 만난 자리에서 그는 학문을 하는 방법(爲學之道)과 중(中)을 쓰는 요점(用中之要)을 진술하였다. 그리고 한훤당 김굉필의 문묘 종사와 이자(李耔. 1480~1533)의 시호를 청하였다. 왕이 그를 위로하고 어의(御衣) 두 벌과 신 한 켤레를 하사하였다.

선조 10년 봄에 또 부제학에 임명되었다. 그는 사직의 글을 올렸다. 왕은 오히려 정2품 자헌대부로 품계를 올리고 내조(來朝)를 촉구하였다. 미암은 5월에 대궐에 나아가 품계 낮추기를 간청하였으나 왕이 불허하였다.

지금까지 유희춘이 귀양살이를 끝내고 조정에 복귀한 뒤에 지낸 관직을 살펴보았다. 선조 즉위년(1567)부터 선조 10년(1577) 5월에 별세할 때까지 10년 동안, 전라관찰사로 잠시 나갔을 때 외에는 내직, 그중에서도 대간과 문한 청요직을 주로 역임하였다. 화려하고 다양한 벼슬살이였다. 벼슬바다(宦海)에서 종횡무진으로 유영하듯 수많은 관직을 재상직 말고는 두루 거쳤다.

미암이 역임한 관직을 일괄하면 다음과 같다.

사간원 사간·대사간, 사헌부 장령·집의·대사헌, 홍문관 교리·부응교·응교·전한·부제학, 승정원 동부승지·좌우부승지·우승지, 성균관 직강·대사성, 예문관 제학, 예조·형조·공조·이조참관, 의정부 검상·사인, 전라관찰사, 중추부·춘추관·의금부·성균관·경연 동지사, 오위도총부부총관 등이다.

그의 관직 경력이 특이한 것은 잦은 이동(한 달에 서너 번도 있음)과, 같은 직위의 중첩이다. 예컨대 응교 5번, 대사성 2번, 부제학 6번, 대사헌 7번, 참판 6번, 동지중추부사 5번 등이다. 이렇듯 대사헌, 부제학, 참판 등 요직을 몇 년간 6~9번씩 중임시키면서 선조는 미암을 끝내 공경직(公卿職)에 올려주지 않았다. 유희춘이 정2품 자헌대부 품계까지 올랐을 뿐, 판서 바로 턱밑에서 맴돌다가 결국 부제학으로 마치게 된 내력은 알 수 없다.

정승·판서 재목은 따로 있는 것일까? 이 대목 미암에 대한 율곡(栗谷) 이이(李珥. 1536~1584)의 평을 보면 얼마쯤 짐작이 간다.

"미암은 다만 경세제민(經世濟民)의 재주와 꺼리지 않고 바른말 하는 절조(節操)가 모자라서, 언제나 경연석상에서 글 이야기뿐이요, 시국의 폐단에 대하여는 한 마디도 없어서 식자들이 부족하게 여겼다."

제4장

경연(經筵)에서

호학(好學) 군주

조선조 제14대왕 선조(宣祖).

그는 명종의 뒤를 이어 16세 소년으로 1567년에 왕위에 올랐다. 중종의 손자(창빈 안씨-昌嬪安氏-소생인 덕흥군-德興君-의 아들)로 왕손이지만 왕자는 아니었다. 명종에게 왕위를 이을 아들이 없어 조카인 하성군군(河城君 鈞)이 왕위를 계승하니 곧 선조다. 조선 개국 이래 175년 만에 왕을 지내지 않은 왕자의 아들이 왕위에 오른 첫 사례였다.

중종의 여러 손자 중에서 화를 입지 않고 제대로 자라서 선택되어 자연스럽고 평화롭게 등극한 행운의 왕이었다. 그러나 한편 그는 궁중이 아닌 민간에서 생장했기 때문에, 왕실의 지친이면서도 민간인과 다른 특별한 교육을 받지 않았음은 물론이고, 더욱이 세자시강원에서 제왕 교육을 받은 적이 없었다.

사실 조선 시대의 정승 이하 관료는 거의 모두가 학문이 깊고 문장이 뛰어난 문인 학자들이었다. 이러한 신하들을 통솔하자면 왕 자신도 신하들에게 뒤지지 않는 학문과 식견이 필요했다. 그래서 역대 세자들은 시강원에서 어려서부터 당대 일류의 학자 관료들에게서 조직적이고 체계적인 엄격한 교육을 받았다. 그러므로 총 27왕 중에 한두 왕을 제하고는 모두 학자 왕이었다. 따라서 그들은 신하들 앞에 자신만만하게 군사(君師)를 자임했던 것이다. 그중 특출하여 신하들을 학문적으로도 압도한 왕이 세종·영조·정조대왕이었다.

일반적으로 선조 하면 임진왜란과 동서 당쟁이 떠올라 영명한 군주상보다는 범상한 군주상이 뒤따른다. 그러나 이는 너무나 피상적인 통념에 불과하다. 『선조실록』을 비롯한 여러 관련 문헌을 꼼꼼이 살펴보면 선조는 결코 불민(不敏) 우둔하거나 용렬한 군주가 아니었다. 영명한 자질에 경륜 있고 유능한 왕이었다. 몇 가지 예를 들어보자.

첫째로 선조는 국초 이래로 지속되어 온 공신과 척신(戚臣) 등 소위 훈구 세력의 국정 농단에 종지부를 찍고 온전한 사림 정치를 처음으로 실현하였다.

둘째로 선조는 당쟁을 이용하여 오히려 왕권 강화를 꾀하였다. 동서 당쟁은 선조의 불명이나 무능으로 야기되고 진행된 것이 아니었다. 온 조정이 사림파 일색이라 대항 세력이 없어진 그들의 내부 분열, 나아가 붕당의 출현은 필연의 세였다. 만약 선조가 무능하고 용렬한 임금이었다면 신료들의 당쟁 사이에서 휘둘려 왕권 유지가 어려웠거나 허수아비왕에 불과했을 것이다.

선조는 국기(國基)가 흔들릴 정도의 치열한 동서 당쟁에서 국정의 저울대를 틀어쥐고 그들을 교묘하게 조종하고, 상호 간의 견제와 세력 균형을 도모하여 왕권을 유지하며 41년간이나 군림하였다.

조선 500년을 통틀어 세종조를 제외하고는 선조조에 인물 배출이 가장 성대하였다. 문무 간에 용과 범 같은 준걸들이 차고 넘친 조정, 더욱이 당파를 나누어 으르렁거리는 판국이 아니었던가. 이 와중에서 왕좌를 지켜냈으니 통념과는 달리 선조는 지략과 경륜이 풍부한 군주였다고 볼 수 있다. 뒤의 광해군이 미숙한 정치력으로 대북파에 사로잡혀 결국 당쟁을 극복하지 못하고 반정을 당한 것과 대비된다. 이 점 선조는 요즘 말로 정치 9단이었다.

셋째로 선조는 7년에 걸친 임진왜란에서 망국의 비극을 면하고 어찌되었든 종묘사직을 보전하는 데 성공하였다. 국력이 떨치지 못하고 국방력이 미약하여 외침을 미연에 방지 못한 책임을 왕에게만 돌릴 수 없는 일이 아니었을까? 그것은 조선 건국 이래로 문을 숭상하고 무를 깔아뭉갠〔숭문언무(崇文偃武)〕, 국가의 경영 체제 내지는 정책의 오류에 원인의 일단이 있었다.

넷째로 선조는 유능한 인재를 등용하여 적합한 자리에 배치하고 그들을 통어하여 부릴 줄 아는 유능한 군주였다. 선조대에 배출한 대학자, 명재상, 명장 등이 그 얼마나 많았던가. 명군 밑에 명신이 나는 법이다. 선조의 밝고 트인 인물 감식안과 교묘한 용인술이 있었기에 인물의 성시(盛時)를 이루었던 것이다.

높고 깊은 학문과 식견과 경륜을 지닌 신하들을 부리자면 왕 자신이 이런 요소들을 갖추어야 했다. 『선조실록』을 펼쳐보면 도처에서 걸출한 신하들을 능란하게 다루어 국정을 이끄는 선조의 지도력을 발견할 수 있다.

세자시강원에서 제왕 교육을 받지 않은 선조가 이처럼 학자 신료들과 당당하게 학문을 강론하고 국정을 논할 만큼 풍부한 식견을 갖추게 된 근원은 어디에 있을까? 물론 유소년기의 잠저(潛邸) 때에 통례에 따라 유학 경전의 기본적인 소양은 충분히 닦았을 것이다.

여러 기록을 살피건대 선조는 타고난 자질이 영민하여, 소위 '상지(上知)'에 속했던 것 같다. 그 위에 학문을 숭상하여 공부하기를 좋아하였다. 즉위 전의 자세한 수학 과정은 알 수 없으나, 즉위 후의 경연 수강에 매우 열정적이었다.

여기에서 잠깐 선조의 경연에 대한 마음가짐을 살펴볼 필요가 있겠다. 그것은 즉위년 10월 1일에 퇴계를 명소(命召)하면서 한 말에 잘 드러나 있다.

"국가의 치란은 군덕(君德)에 있다. 군덕의 성취는 현인을 높이고 학문을 닦는 데 있다. 그러니 힘써 경연에 나아가 날마다 현사(賢士)를 만남으로써 지혜를 높게 밝혀야 한다."

선조는 조강·주강·석강을 거의 빠짐없이 열고, 자발적인 의사에 따라 능동적으로 임하였다. 열심히 수강함은 물론, 경연관들과 거침없이 질의응답하여 왕성하게 토론을 벌인 실황이 『선조실록』 도처에 생생하게 남아 있다. 군신(君臣)이 하나가 되어 때로는 어떤 주제를 놓고, 수백·수천 어에 달하는 열띤 논쟁을 전개하는 당시의 경연 분위기에 부러움과 매력을 금할 수 없다.

학문을 좋아한 군주였던 선조는 당시 최고 지상(至上)의 교육 기관인 경연 제도를 십분 활용하여 학문을 갈고닦았다. 그리하여 사서삼경에 통달하고 사서(史書)를 비롯한 백가서(百家書)까지도 널리 섭렵하였다. 거기에다 서화에도 능하여 일가를 이루었다.

이러한 선조의 '경연'에서 초기 10년간 그의 학문 성취에 가장 크게 보익한 경연관이 바로 유희춘이었다. 선조는 "내가 공부하게 된 것은 희춘에게 힘 입은 바가 많았다."라고 말한 적이 있다. 여기에 덧붙여 사관은 이렇게 평하였다.

"유희춘은 오랫동안 경연에 모시면서 정성껏 계도하였다. 선조가 그의 정확하고 해박한 것을 좋아하여 자주 질문하였고, 그때마다 곧 대답하되 반드시 옛날 사실들을 인증해 가며 설명하여 명백하지 않은 것이 없었다."

여기에서 덧붙일 일이 하나 있다. 그것은 선조가 잠저 때에 유희춘에게 수학했다는 일부 주장에 대해서다. 선조 잠저 시에는 유희춘이 유배 중이었으므로 가르치고 배울 수가 없었던 것이다. 이는 아마도 선조가 늘, 자신이 알고 깨닫게 된 데는 '유희춘에게 힘 입은 바가 크다……' 고 술회한 데서 연유한 것이 아닌가 한다.

선조의 지우(知遇)

모든 인간 관계에서와 마찬가지로 군신 사이에도 연분이 있는 모양이다. 연분이 있기에 유유(悠悠)한 고금(古今)과 요요(遼遼)한 천지 사이에서 서로 만나 군신의 의를 맺게 되는 것이 아닐까. 당나라 이백(李白)도 '군신의 이합(離合)에도 정(定)해짐이 있다.'고 비슷한 말을 한 적이 있었다. 그런데 그 연분이라는 것이 하도 오묘하고 불가사의해서 그 기연을 헤아릴 수 없다. 그 연분이 좋게 이어져 명군 현신의 관계로 발전하여 청사에 이름을 전할 수도 있고, 잘못되어 파멸에 이르기도 한다.

선조와 유희춘은 타고난 연분이었던 것 같다. 명종에게 유배에 처해진, 21년에 걸친 귀양살이에서 건져내 준 임금이 선조다. 뿐만 아니라 선조는 그를 바로 성균관직강(直講. 정5품) 겸경연관으로 임명하여 경연에서 시종하도록 전교(傳敎)를 내렸던 것이다.

"유희춘은 학문이 해박하여 경연에서 강론하게 하면 반드시 보익이 있을 것이다."

선조 즉위년(1567) 10월의 일이었다. 이때 미암은 지나온 유배 생활을 돌아보며 감회에 젖어 다음과 같이 읊었다.

남북의 머나먼 바다 거칠고 쓸쓸한 땅에	南溟北海凄凉地
이십삼 년 동안 버려졌던 이내 몸	二十三年棄置身

옛 친구 그리며 문적부를 읊었거늘	懷舊空吟聞笛賦
고향에 돌아오니 언뜻 신선이 된 듯해	到鄕翻似爛柯人
잠긴 배에서 보노니 많은 배 잘도 지나가	沈舟縱見千帆過
병든 가지에도 한 줌 봄이 깃드네	病樹猶含一點春
오늘밤 대궐 곁에서 종소리 들으니	今夜聞鍾長樂畔
한잔 술 아니라도 정신 화락하네	不憑杯酒暢精神

이후 그는 선조 10년에 세상을 뜰 때까지 10여 년간 잠시 전라관찰사로 나가 있을 때를 제외하고는 언제나 중앙의 청현직을 두루 거치면서 꼭 경연관을 겸하였다. 아마도 선조조에 10년을 내리 경연에서 시종한 경우는 유희춘밖에 없을 것이다.

선조는 유희춘의 해박한 학문과 온화한 인품을 존중하며 신임하였다. 이것은 10년간 한결같았다. 유희춘은 자신을 알아주고 믿어주는 선조에게 성충(誠忠)을 다해 섬겼다. '군신의 의'를 넘어 심교(心交)의 경지에까지 이르렀다. 가히 간담상조(肝膽相照)요, 수어지교(水魚之交)라 이를 만하였다. 걸핏하면 유배·사사(賜死)가 벌어지는 냉혹한 군신 사이에서 보기 드문 예라 할 수 있다.

유희춘에 대한 믿음을 드러낸 선조의 말.

"학문은 정일(精一)의 도리를 연구하였고 고금을 통달하였다. 마음이 온화하고 순수했으며 남과 나의 간격이 없었다. 10년 동안 나를 깨우쳐 가르침을 주는 충심이 간곡하였다."

또 하나. 선조가 유희춘을 얼마나 깊이 사랑하고 신임했던가를 알 수 있게 하는 예를 더 들어본다. 그것은 선조 4년(1571) 3월, 유희춘을 전라관찰사에 임명할 때의 교서다.

"…그대는 기상이 화락하고 단아한 영재로서 고귀한 인품과 덕망을 가졌고, 5천 권 경사자집(經史子集)의 문자를 남김없이 가슴 속에 채웠다. 거기에다 왕성한 논의는 흥망치란에 대한 수만 마디 말을 분명하게 알고 있었다.

지난날 간사한 무리들이 감정을 품고 선량한 사람들을 죽이려 하였을 때, 그 흉계를 꺾고 따르지 않았다가 도리어 음모에 걸렸다. 그리하여 전상(殿上)에 서 있던 강직한 선비가 바닷가로 귀양가는 기러기가 될 줄을 어찌 알았겠는가. 선왕께서 말년에 임용하려 하셨으니, 뒤를 이은 내가 어찌 그 유지(遺志)를 받들지 않을 수 있었겠는가.

그대는 경연에서 나의 물음에 응하여 정성스럽게 인도하였고, 성균관에서는 유품(儒風)을 진작시켜 '훌륭한 선비를 기르는 데 뜻을 다하였다…….(중략) 『소학』의 표리(表裏)에 대한 설을 올려 성리(性理)의 근원을 밝혀 보였다. 평소 그대의 충성이 애군에 돈독함을 가상히 여겼는데 이제 어려운 때를 만나 뛰어난 능력을 시험하려 한다. 이에 남방에서 일을 하게 하노라."

유희춘에 대한 선조의 대우와 배려는 세월이 지날수록 융숭하여 10년 3월, 품계를 재상급인 자헌대부(정2품)로 올리는 비망기(備忘記)를 내렸다.

"부제학 유희춘은 오랫동안 경악에 입시하여 성심으로 인도한 것이 많았으니 특별히 자헌대부로 올려 나의 뜻을 보이라."

경연의 스타

효학의 군주 선조에게는 어질고 유능한 선비들이 많이 모여들었다. 초기 10년간 경연에서 선조의 학덕 배양에 공헌한 경연관들 중 몇몇 인사만 보아도 그 위용을 알고도 남음이 있다.

퇴계 이황, 사암 박순, 미암 유희춘, 소재 노수신, 고봉 기대승, 휴암 백인걸, 율곡 이이, 송강 정철, 서애 유성룡, 동강(東岡) 김우옹(金宇顒) 등 모두 일세의 명류들이다. 재기와 학구열이 왕성한 선조와 위 석학들이 어울려 묻고 대답하고 강론하는 당시 경연은 신명나고 활기가 넘쳤다. 학문과 시사(時事) 정론(政論)의 용광로였다.

선조 즉위 초부터 3년 무렵까지 경연의 중심은 기대승이 잡고 있었다. 고금을 통한 박학에다 강기(剛氣)와 명쾌한 변론은 항상 장내를 압도하였다. 당시의 경연에서의 계(啓)와 강론을 모은, 말하자면 강의집인 『논사록』이 오늘날까지 전해오고 있다.

유희춘은 기대승 이후 선조 10년까지 일관하여 경연의 중심에 섰다. 이상하게도 미암이 경연에 입시하면 선조의 입이 잘도 열려 광범하고 날카로운 질문이 이어지곤 했다. 이에 대응하여 유희춘은 한 순간의 틈도 없이 즉석에서, 마치 준비해 놓은 물건을 꺼내듯 난제들을 풀어냈다. 고금의 경전과 사책(史冊)에 근거하여 단번에 수백 어씩 대하의 분류(奔流)처럼 도도하게 쏟아냈다. 듣는 선조는 그의 박학과 열성에 감동하였고, 같이 입시한 경연관들은 역시 그의 박학과 기억력에 감탄하였다.

훗날 당시의 유희춘에 대하여 정철은 "토론은 막힘이 없고 교훈은 방대하여 종을 치면 소리가 나듯 입만 열면 학설이 다함이 없다."라고 칭송하였다. 이이는 "총명은 세 광주리의 책을 외우고 박학은 오의(奧義)를 통달하여 오직 적심(赤心)으로 임금을 섬겼다."고 평하였다.

미암이 경연에서 강론하거나 계할 때에 역점을 두고 노력한 기본 방침이 몇 가지 있었다.

우선 선대에서 끼친 폐정(弊政)을 바로잡는 일이었다. 곧 권신·척신들에게 오염된 조정과 관료 기구를 정화하는 작업이다. 다음으로 역시 선대에서 일어난 기묘·을사 두 사화 및 크고 작은 여러 옥사에서 억울하게 죄를 받은 인사들을 신원(伸寃)하고 복권하는 일이었다. 이위에 궁극적으로 가장 중요하고 본질적인 목표가 있었다. 그것은 오랫동안 사림이 꿈꾸어 온 도학의 천명과 왕도 지치의 이상 실현이었다. 왕도 지치의 뿌리는 도학에 있고, 그것을 구현하는 데는 성군이 있어야 하므로 임금의 마음을 바루어[格君心] 성군이 되게 하자는 것이 당시 사림의 염원이었다. 다행히 즉위 초의 선조에게서 성군의 싹을 발견한 경연 중심의 어진 신하들은 정성을 모아 이 일에 매달렸던 것이다.

퇴계는 선조 원년에 그 유명한 『성학십도(聖學十圖)』를 임금에게 지어 올리고, 율곡은 8년에 역시 명저 『성학집요(聖學輯要)』를 선조에게 지어 올렸다. 모두 진정으로 왕을 위한 충심에서 우러난 일이었다.

미암 역시 조정의 기류와 시대 정신을 형성한 일원으로서 짊어진 사명을 다하기 위해 진력하였다. 그 자취가 사서(史書)와 『미암일기』에 담겨 빛을 발하고 있다.

선조 즉위년 10월 12일에 경연관이 된 유희춘은 불과 3일 만인 15일에 마침내 제1성을 발했다. 실로 21년에 걸친 오랜 세월 강요된 침묵 끝의 감격적인 발언이었다. 이날 왕은 을사년에 억울하게 화를 입은 인사들에 대한 신원 복권의 전교를 내렸는데, 이에 관하여 유희춘은 왕의 덕을 칭송하는 계를 올렸다.

"전교를 삼가 읽었습니다. 이 중 권벌과 이언적의 죄를 면해 준다는 말씀에 이르러서는 저도 모르는 사이에 감격의 눈물을 흘렸습니다. 잠덕(潛德)의 그윽한 빛에 감격을 금할 수 없습니다."

이제 터진 봇물이다. 그의 머리와 가슴 속의 곳간에는 21년간의 유배 생활에서 연마한 학문·사상·경륜이 차곡차곡 무량으로 쌓여 있다. 바야흐로 때를 만나 문을 열어젖힌 격이다.

선조 원년 2월 24일의 경연에서 영의정 이준경(李浚慶. 1499~1572)이, 며칠 전에 일어난 일변(日變. 흰 무지개가 해를 꿰뚫음)은 을사년의 옥사 때문일 것으로, 김저 등 13인에게서 적몰한 재물을 아직 돌려주지 않았음을 들어 아뢰었다.

이에 수렴청정하던 왕대비(명종의 왕후)가 실로 중대한 선언을 하였다. 그것은 첫째로 수렴청정을 거두고 왕의 친정 체제로 돌리겠다는 것이었다. 둘째로 을사년 피화인에게 적몰한 물건을 돌려주고, 노비가 된 처자와 기유년 충주의 옥사(이홍윤-李洪胤의 옥사)에 연좌되어 유배된 자를 모두 방면하라는 것이었다.

왕대비 심씨는 명종 재세 시 외척 윤원형의 전권(專權)을 미워하던 양식과 정치 감각을 지닌 부인이었다. 청정 반 년여에 천변을 계기로 수렴을 거두고 17세가 된 왕에게 정권을 돌려준 결단은 참 현명한 처사였다. 경연에 입시한 영상·좌상을 비롯하여 백인걸, 유희춘 등 경연관들이 그 영단에 일제히 탄복해 마지 않았다.

유희춘이 아뢰었다.

"삼가 자전(慈殿)께서 수렴을 거두고 정사를 돌리시며, 원통한 자를 생각하여 무고한 죄를 씻어 주시는 것을 보니, 오늘 이미 천심을 돌렸다고 신은 생각합니다. 또 재변이 일어나는 것은 꼭 무도한 세상에만 있는 것이 아니라, 도가 있는 시대에도 천심은 임금을 사랑하여 때로는 재변을 보여 경계하고 반성하게 합니다."

이렇게 전제하고 나서, 은(殷)나라의 고사(故事)를 예로 들어 천심의 기미와 이에 대응한 현책(賢策)을 강구하여 성공한 사실이 있음을 증명하였다. 이어서 이 점에 대한 주자의 말을 인용하여 강한 논거를 덧붙였다.

"주자가 말하기를 '옛 성왕은 재앙을 만나면 두려워하며 덕을 닦고 일을 바루었으므로 재앙을 고쳐 상서(祥瑞)로 만들었다.' 하였습니다."

유희춘의 말은 도도(滔滔)하게 이어진다.

"한 문제(文帝)는 삼대 이후의 어진 임금이었으나 즉위 후 5년 만에 지진이 일어났습니다. 선유(先儒) 호인(胡寅)이 말하기를 '문제 시대에 이런 큰 이변이 있었던 것은 무슨 까닭인가? 그 이유는 천지의 이변은 한 가지 이유로만 설명할 수 없는 것이다. 다 사람이 한 일 때문이라고 하면 견강부회(牽強附會)하여 막혀서 통하지 않고, 다 기수(氣數) 때문에 그런 것이라고 하면 옛사람이 덕을 닦고 일을 바루어서 재앙을 상서로 바꾼 경우도 또한 적지 않다. 요컨대 임금은 천지를 부모로 삼으니, 부모가 크게 노하여 낯빛이 이상하면 자식은 마땅히 두려워하며 부모의 노여움을 풀어드릴 것을 생각해야 할 것이요, 부모의 노여움이 정성(情性)에서 일어난 것이라 하여 가만히 있을 수만은 없다. 문제 때에 이런 변괴가 있었으나 문제가 곧 몸소 덕화를 닦으며 낭비를 하지 않고 백성을 보살폈으니, 이것이 바로 이변이 있어도 그 응보를 없게 한 것이 아니겠는가.' 하였습니다.

방금 민생의 폐단을 조정 신하들이 이미 다 아뢰었습니다. 수군이 첨사(僉使)와 만호(萬戶)에게 수탈당하여 지탱하지 못하고 도망가면 각 고을에서는 일족이나 이웃 또는 그들의 토지를 경작하는 사람에게 책임을 지우니 온 동네가 텅 비기까지 하였습니다. 신은 첨사와 만호를 중등이든 하등이든 간에 그중 청렴하여 군졸을 감싸고 사랑하는 자가 있으면 포상하고, 수령에게도 그와 같이 하면 아마 징계가 되고 권장이 되어서 군민(軍民)에게 조금이나마 혜택이 미치게 될 것이라고 생각합니다.

또 평안·황해·경기 등의 삼로(三路)는 중국 사신의 왕래가 빈번하여 백성들이 명령을 감당하지 못하고 있습니다. 전세(田稅)는 이미 특별히 면제를 받았으나 신의 생각으로는 세 이외의, 백성들이 고통스러워하는 공부(貢賦)를 감사에게 물어 면제해 주면 백성들이 또한 조금의 혜택이나마 받을 것입니다. 이것이 어리석은 신의 소견입니다."

이날의 경연에 왕은 물론이요 섭정인 왕대비가 임석했고, 유희춘보다 상위직인 영상·좌상·대사간·도승지·집의(執義) 등이 입시하고 있었다. 이 자리에서 홍문관응교로 경연관을 겸한 유희춘이 영상·좌상에 이어 계한 것이다.

지난해 10월 15일, 권벌·이언적에 대한 사면 전교에 감격하여 올린 간단한 계 이후 처음으로 본격적인 경연 활동을 보이는 무게 있는 발언이었다. 400여 어에 이르는 꽤 긴 위의 계에서 그는 중국의 역사와 경전에 대한 해박한 지식의 일단을 드러냈다. 거기에다 현실에 대한 눈도 밝아서 지방관들의 행패와 세제 등 민정을 환하게 꿰뚫고 있는 식견을 발휘하였다.

이날의 발언은 바로 앞으로 10년에 걸친, 그의 눈부신 경연 활동을 시사하는 서곡(序曲)이라 이르기에 충분한 내용이다.

유희춘은 경연에서 기회만 있으면 늘 사화기에 화를 입은 사림의 신원에 매달렸다. 한 예를 들어본다.

선조 원년 4월 12일의 조강에서 진강을 마치고, 유희춘(사간)이 대사헌 강사상(姜士尙)과 함께 왕 앞으로 나아갔다. 먼저 강사상이 "조광조를 추숭하는 일은 인심에 매우 합당합니다."라고 아뢰자, 유희춘이 이어서 절절하게 아뢰었다.

"조광조의 추숭은 중종께 허물이 되는 것이 아닙니다. 중종은 광조를 소중하게 여겼고 신임도 지극하였는데, 하루아침에 간사한 사람들의 무함(誣陷)에 빠져 현혹되지 않을 수 없었습니다. 그럼에도 중종께서는 친히 '광조는 착한 사람이다.'라고 글을 쓰셨으니, 죄를 정하실 때에는 본심이 아니었을 것입니다.

옛날, 증참(曾參)의 어머니에게 세 사람이 와서 증참이 사람을 죽였다고 하자, 증참의 어머니가 베를 짜다가 북을 던지고 달려 나갔습니다. 어머니가 어찌 그 아들의 어짊을 몰랐겠습니까. 거짓 꾸민 참소에 속고 놀라는 것은 예로부터 있었던 일입니다.

또 세속의 일로 비유하면, 어떤 가장이 처첩을 총애하였는데, 어느 날 참소하는 사람이 '네 처와 첩이 몰래 간통하여 절개를 잃었다.'고 속이자, 그 가장은 그 말을 믿고 부인을 내쫓았고, 결국 가장은 그 사실을 깨닫지 못한 채 죽었습니다. 하지만 가장의 자손이, 간악한 자가 한 짓임을 알게 되었음에도 간악한 자의 꾀에 빠져들어 끝내 그 어미

들을 거절해야 하겠습니까. 아니면 가장의 본심을 헤아려 잘 대우해야 하겠습니까. 이것은 사리가 분명한 일입니다. 지금 광조를 추숭하는 것은 바로 중종께서 미처 하시지 못한 일을 돕는 것이지 과실을 드러냄이 아닙니다."

유희춘은 유명한 증참의 고사와 비근한 세속사를 비유로 들어 논리정연하게 소신을 밝히며 호소한다. 이어지는 말.

"요즘 상께서 착한 말 따르기를 물 흐르듯이 하여 일마다 한결같이 공정과 지성으로 하시니, 우선 즉위 초의 자세로는 훌륭하십니다. 그러나 옛사람은 오래도록 그치지 않는 것을 귀하게 여겼으니, 그치지 않는다는 것은 꼭 잠시도 수고롭게 고생하지 않는 때가 없어야 함을 말한 것은 아닙니다. 임금은 깊은 궁중에 살면서 글을 읽으며 궁리하는 때도 있고, 호령을 내려 시행할 때도 있고, 한가하게 원기를 기를 때도 있는 것으로, 한 번은 조이고 한 번은 늦추는 것이 저절로 그 법도가 있습니다. 다만, 일이 있고 없고 간에 다 마땅히 경(敬)의 마음을 지녀, 안일하게 지나쳐 버리지 않는다면 자연히 사특한 생각이나 잡념이 싹틀 수 없고, 오래도록 성숙한 뒤에는 시종 한결같아져 나날이 새로워지는 공이 있을 것입니다."

마치 부형이 자제들을 앞혀 놓고 타이르듯이 잔잔하게, 쓴소리를 섞어가며 진정성을 담아 곤곤(滾滾)하게 변설을 전개한 것이다. 당시에 인륜을 해치는 패악한 범죄가 자주 일어났는데, 조정에서는 교화하지 못한 허물을 수령(守令)에게 돌리기 때문에 수령이 죄가 두려워서 숨기려는 폐단이 있었다. 이에 대하여 그는 역시 중국의 고사를 인용하여 그 개선책을 제시한다.

"지난 중종 계묘년(1543)에 안성에 적자(賊子. 부모를 해친 자식)의 변이 있었는데 헌부(憲府)가 군호(郡號)를 강등시키려 하고, 또 적자가 살던 양성현의 현감을 파직시키려 하였습니다. 중종이 홍문관에 명하여 고사를 자세히 상고케 하였습니다. 그러자 『통감강목(通鑑綱目)』에, '당 태종 정관(貞觀) 20년에 각 주에 조서를 내려 십악(十惡)을 범한 자가 있어도 그 주의 자사(刺史)를 탄핵하지 말라고 하였다.' 하였습니다. 그리고 그 주(註)에 '대주자사(戴州刺史)가 가숭(賈崇)이 다스리는 백성 중에 십악을 범한 자가 있었는데 유사(有司)가 가숭을 파직시키기를 주장하니, 황제가 <옛적에 요(堯) 임금은 성인이었는데도 자기 아들을 교화하지 못했다. 하물며 가숭은 자사인데 어찌 모든 백성을 다 착하게 할 수 있겠는가. 만약 이에 연좌시켜 파직시킨다면 주현(州縣)이 사실을 숨겨 죄인을 놓아줄 것이니, 더 분명히 규찰하여 법대로 벌해야 간악함을 숙청할 수 있을 것이다> 했다.' 한 것을 보고, 중종(당의)이 드디어 예전대로 놓아두고 변동하지 말라고 명하였습니다.

주자가 『강목』에 특별히 쓴 것은 바로 태종이 대체를 앎을 아름답게 여긴 것이며, 명나라 『무원록(無寃錄)』첫 편에도 이 논설을 깊이 취급하였으니 그 생각이 원대합니다."

이렇듯 『통감강목』에 나오는 당 태종의 고사를 인용하여 논증한 다음, 그는 명쾌하게 결론하였다.

"요즘 교화하지 못한 것을 들어 수령을 벌한다는 말이 있는데, 이는 듣기에는 아름다운 듯하나 시행하면 폐단이 있습니다. 수령은 패륜(悖

倫)의 변이 있을 때마다 왜곡해서 숨기고 놓아주어 큰 죄악에 죄를 받지 않게 하고, 원통하게 죽은 사람은 원통함을 펴지 못하게 할 것이니, 인륜과 풍속을 무너뜨림이 이보다 더할 것이 없습니다. 청컨대 대신에게 의논케 하여 수교(受敎)를 세워 중외에 명시하여, 교화하지 못한 수령에게는 죄책을 면해 주고, 숨기고 알리지 않은 수령은 드러나는 대로 파직하여 내치면 공정하고 맑은 교화가 이루어질 것입니다."

17세의 소년 왕 선조는 유희춘의 장장 600어에 달하는 계를 경청하고 5일 뒤에 할아버지 중종이 죄 준 조광조를 영의정에 추증(追贈)하고, 을사사화에 19년간 유배되었던 노수신을 특명으로 부제학에 임명하였다(노수신은 뒤에 영의정에까지 오른다). 이렇게 하여 사화의 상처가 점차 치유되어 갔다.

유희춘이 경연에서 반복하여 역설한 일이 선현에 대한 선양(宣揚)이었으니, 그중에서 특히 김굉필·정여창·조광조·이언적 등 4현의 문묘 종사 문제였다. 이 일은 당대에 이루어지지는 않았지만 선조 3년 5월에 조광조에게 문정(文正), 이언적에게 문원(文元)의 시호를 내리는 성과를 거두었다.

경연의 명장면

선조 원년부터 경연에서 점차 두각을 나타내기 시작한 유희춘이 선조 3년 무렵부터 그 중심 인물로 떠올랐다. 그의 강론이 경전과 사기에 통달하여 고금을 넘나들며 넓고 깊고 정밀했으므로 왕의 마음을 끌어당길 수 있었다. 선조는 자기 물음에 대한 그의 대답이 모두 정밀하고 박학한 것을 기뻐하여 그를 매우 중히 여겼다고 전한다.

『선조실록』과 『미암일기』에 그가 경연에서 강론한 내용이 생동감 있게 기록되어 있다. 한 번 입을 열었다 하면 수백 어씩, 때로는 수천 어씩 막힘없이 쏟아냈다. 유희춘이 주로 진강한 경전은 『서경』과 『사서(四書)』였는데, 그의 강론은 특히 『서경』과 『대학』에서 타의 추종을 불허하는 능력을 발휘하였다.

선조는 그의 강론에 매료된 듯 몰입하였고, 중요한 대목마다 단계적으로 심화하는 파상(波狀) 질문을 예견하고 준비라도 해놓은 듯 바로바로 답하였다. 군신 간에 묻고 대답하는 열띤 과정을 보면 탄성이 절로 나온다. 그의 명강론이 수도 없이 많지만 이에 몇 장면을 들어본다.

선조 3년 7월 17일의 주강에서 유희춘이 『대학혹문(大學或問)』의 격물치지장(格物致知章)을 강하였다. 이때 보망장(補亡章)의 뜻을 설명하는 대목에서 그의 학문의 깊이가 빛남을 볼 수 있다. 여기에서 잠깐 보망장에 대하여 짚어보자. 주자(朱子)가 산정(刪正)한 대학장구(大學章句)는 모두 경문(經文) 1장과 전문(傳文) 10장으로 구성되어 있는 바, 『대학』의 소위 3강령(三綱領) 8조목(八條目) 중 「격물치지」에 대한 전문(傳文)이, 본문이 빠진 채 「차위지지지야(此謂知之至也)」라는 결어 부분만 전한다. 그래서 주자가 없어진 전문을 지어서 기워 넣고 「보망장」이라 이르게 된 것이다.

이 보망장에 대하여 유희춘이 아뢰었다.

"『대학』·『중용』 두 편은 본래 한유(漢儒) 대성(戴聖)이 편술한 49편(곧 『예기』) 속에 들어 있던 것을 두 분 정자(程子. 송나라의 유학자 정호·정이 형제)가 드러내어 밝힘으로써 드디어 천만 년 도학의 연원이 되었습니다. 정이천(程伊川)이 격물의 방법에 대하여 설명하였는데, 주자가 이를 모두 수렴하여 수식과 윤색(潤色)을 가해서 학자들이 읽으면 문리(文理)가 막힘없이 이어져 쉽게 이해할 수 있게 하였습니다. 주자는 『대학』에 평생의 정력을 바쳤는데 일찍이 스스로도 '전현(前賢)이 깨닫지 못했던 부분을 깨달았다.'고 하였습니다. 이는 3강령이 8조목을 통솔하고 8조목은 3강령에 예속되게 한 것입니다. 또 「격물치지」 전이 없어진 것을 알고 보충하여 장구를 만들고 또 혹문을 만드니, 더 없이 정밀하여 조금도 미진한 점이 없게 되었습니다. 그런데 어떤 유자는 제5장(격물치지장)이 실제로 없어진 것이 아니라고 하면서 편(篇)을 나누고 뜻을 천착하여 스스로 옳다고 주장하였으니, 이것이 이른바 우물 안 개구리가 하늘이 작다고 여기는 것과 같습니다."

그는 주제를 바꾸어 말을 이어간다.

"책을 읽어 도의를 강명하는 데는 『사서』, 『소학(小學)』, 『근사록(近思錄)』, 『대학연의(大學衍義)』, 『통감강목』 등 이 여덟 책보다 나은 것이 없습니다. 주자의 도학은 처음 황간(黃幹)에게 전해졌고, 황간은 다시 하기(何基)에게, 하기는 왕백(王柏)에게, 왕백은 김이상(金履祥)에게, 김이상은 허겸(許謙)에게 전하였습니다.

김이상이 『사서고증(四書考證)』을 지었는데 허겸이 그 서문에 '성인의 마음이 모두 사서에 들어 있는데 사서의 대의는 주자에게서 완비되었다. 그 입언(立言)을 살펴보면 사의(辭意)가 간략하면서도 넓어서 독자들은 그 대략만을 이해할 뿐, 깊은 뜻은 모두 궁구하지 못하고 있어 어느 한 부분만 가지고 스스로 남다른 체하지만 당초 그 범위를 벗어나지 못한 것을 모른다.

세상에서 남의 단점을 헐뜯고 분란을 일으켜 신기함을 보이려 애쓰는 폐단은 모두 여기에 연유된 것으로, 이것이 곧 김 선생이 『사서고증』을 저작하게 된 동기이다.'라고 하였습니다.

원나라의 대유(大儒)인 허형(許衡)도 일찍이 '주 문공(朱文公)의 『소학』과 『사서』를 나는 신명(神明)처럼 경신(敬信)한다. 본말(本末)이 잘 짜여져 있어 왕자가 세상에 다시 나오면 반드시 이것을 취하여 법을 삼을 것이다. 이 책만 잘 밝힌다면 다른 글은 다루지 않아도 된다.' 하였습니다."

여기에서 왕이
"허형은 어떤 인물인가?"
라고 물었다.

유희춘이 아뢰었다.

"허형은 인품이 고매하여 세상에 전하지 않은 학문을, 남겨진 경전에서 얻었으며 한결같이 주자의 말을 스승으로 삼아 사문(斯文)을 흥기시켰습니다. 하자가 없이 순수하니 진정 대현(大賢)입니다."

왕이 두 번째 질문으로 또 물었다.

"설공청(薛公淸)이 허형을 극찬하였는데, 그의 말대로 사실이 그러한가?"

유희춘의 대답.

"진실로 그의 말이 옳습니다."

왕이 또 물음(세 번째)을 던졌다.

"설공청은 어떤 인물인가?"

유희춘의 답.

"학문과 덕이 뛰어나고 순수하고 아름다워 흠잡을 데가 없는 사람입니다."

유희춘이 다시 '혹 고금의 인물을 논하여 그 시비를 가린다'는 말을 가지고 아뢰었다.

"임금으로서는 인물을 알아보는 일이 가장 어렵고 사람을 등용하는 일 또한 어렵습니다. 주자도 일찍이 '완전한 인재를 얻기란 매우어렵다. 단점을 흠잡으면 장점을 잃게 되고, 장점을 위하면 단점 또한섞이게 마련이다.' 하였는데, 이는 사리로 볼 때 지극히 당연합니다.

이제 한 문제(漢文帝)를 보건대, 대왕(代王)에서 들어가 대통(大統)을계승하여 날마다 나랏일을 밝게 익혔으며, 봄 기운이 화창할 즈음 '초목과 많은 생물들은 모두 제각기 즐거운 삶을 누리는데, 우리 백성 중에 환과고독(鰥寡孤獨)으로 곤궁에 허덕이는 사람들은 위망(危亡)에 빠져도 돌보는 이가 없다.' 하고는, 드디어 나이 많은 노인들을 위문하고 수노상좌율(收拏相坐律. 죄인의 처자까지 연좌시키는 형벌)을 모두 없앴습니다. 또 비방(誹謗) 요언(妖言)에 대한 죄와 육형(肉刑)을 없앴으니,참으로 인후(仁厚)하고 공검(恭儉)한 임금이라 할 만합니다.

다만, 장석지(張釋之)가 치도를 논했을 때 한 문제가 '너무 고원(高遠)한 일을 논하지 말라.' 하였고, 가의(賈誼)가 한나라 제도를 새로 세우고 진(秦)나라 법을 고치도록 청하자 문제는 '겨를이 없다.'고 사양했는데, 주자가 이에 대하여 '복고(復古)의 뜻이 없었다.'고 하였으니이것이 하나의 단점이었습니다."

또 왕이 물었다(네 번째).

"문제가 가의의 의견을 채용하였다면 삼왕(三王)과 같은 제왕이 되었겠는가?"

유희춘이 아뢰었다.

"가의는 경세제민(經世濟民)의 큰 재능을 가졌으나 학술이 순수하지 못하여, 아마도 우탕문무(禹湯文武)의 경지에는 올려놓지 못하였겠지만, 지금 알고 있는 문제보다는 훨씬 낮게 하였을 것입니다."

유희춘은 이어서 또 아뢰었다.

"문제가 가의의 의견을 약간 시행한 일이 있었는데, 대신을 예로 대우하여 육욕(戮辱. 치욕)을 없앤 것이 그것입니다."

왕이 또 물었다.(여섯 번째).

"육경(六經)이 사서(四書)만 못한가?"

유희춘은 바로 아뢰었다.

"『주역』은 주로 복서(卜筮)에 관한 것이고, 『서경』은 제왕의 훈고(訓詁)와 서명(誓命)을 기재하였고, 『춘추(春秋)』는 여러 나라의 선악을 기록하였고, 『시경』은 사람의 성정을 읊었고, 『예기』는 예절을 기록한 글이니 모두 제왕이 후세에 전한 법입니다. 그러나 도리의 정미한 곡절은 『사서』에 미치지 못한다는 것을 주자도 여러 번 말하였습니다."

여기에서 유희춘은 말머리를 돌려 상벌 문제를 꺼내어 아뢰었다.

"임금의 처사로는 형상(刑賞)보다 중대한 것이 없습니다. 마땅히 상을 주어야 할 사람이 있을 때, 어떤 이는 만전(萬錢)을 주어야 된다 하고, 어떤 이는 천전을 주어야 된다 하고, 어떤 이는 백전을 주어야 된다 하고, 어떤 이는 십전을 주어야 된다고 합니다. 이때 자세히 따져보아

주어도 될 수량으로 상을 준다면 적중(的中)함을 얻을 수 있습니다.

상을 주고도 후환을 부르게 된 예가 있습니다. 당 명황(唐明皇) 때 농서절도사(隴西節度使) 우선객(牛仙客)이 저적(儲積-저축)을 잘 하였다 하여 불러 재상을 삼았더니, 그 뒤 번진(藩鎭-절도사)에서 다투어 이를 본떠 사졸들에게 낮에는 힘든 일을 시키고, 밤에는 옥에 가두어 그들의 죽음을 이용하여, 그 재산을 몰수하였습니다. 또한 진(晉)나라 여남왕 양(汝南王 亮)이 태부(太傅) 양준(楊駿)을 죽이고 공을 남발하여 봉후(封侯)된 자가 100여 명에 이르자, 부함(傅咸)이 '공도 없이 후한 상을 받게 되면 사람들이 나라에 어지러운 사태가 일어나는 것을 즐거워하지 않는 자가 없게 된다.'고 하였는데도, 양은 끝내 따르지 않아서 진나라의 난은 이를 계기로 일어났습니다."

꽤 길고 무거운 내용이지만, 경연에서 진지하게 열심히 탐구하고 공부하는 선조의 자세와, 유희춘의 박통(博通)한 식견에서 나오는 변설이 자아내는 분위기를 실감할 수 있기 때문에 인용하였다. 두 군신이 문답을 거듭하면서 점층적으로 학습을 심화시켜 가는 과정은 본받을 만한 교육의 현장이었다. 당시 어떤 이는 유희춘을 훌륭한 교육자라고 평하였다.

선조는 즉위 후 경연에서 열심히 공부했다. 그래서 스스로 학문의 성취에 보람을 느끼며 '학문하는 맛'을 알고 더욱 정진했던 것 같다. 선조 7년 1월 27일 조의 "상이 바야흐로 유학에 뜻을 두어 경연관 유희춘과 이이가 아뢰는 말을 채택하여 받아들이는 것이 많았다."라는 기사로 보아 그 사정을 짐작할 수 있다.

『선조실록』을 보면 선조 10년 초까지 경연에서, 앞에서 든 예와 같이 유희춘이 주로 강론하는 장면이 백 수십 군데 나온다. 그중에서 그의 심오 정밀한 학문적 온축(蘊蓄)을 유감없이 드러낸 장면을 하나 더 들어보겠다.

선조 7년 1월 29일의 조강에서 있었던 유희춘의 강론.

이날의 주제는 『서경』의 「함유일덕(含有一德)」편이었다. 유희춘이 「함유일덕」 중의 한 대문, '덕은 일정한 스승이 없다〔德無常師〕'를 진강하고, 이어서 '한 가지만을 고집해서는 안 된다〔不可執一〕.'라는 말에 관하여 아뢰었다.

"무릇 인심이란 주(主) 삼는 데가 없는 법이어서 안정되지 못하는 것입니다. 흔들리는 사람이야 본래 말할 것이 없지만, 덕을 행하기를 일정하게 하는 사람도 때때로 한 가지만을 고집하는 잘못을 저지릅니다. 맹자가 '한 가지만 고집하는 것을 미워하는 이유는 도를 해치기 때문이니, 한 가지만 고집하여 모든 것을 폐하는 것이다.'라고 한 것이 곧 이를 말한 것입니다."

유희춘이 진강이 끝나고 나아가 아뢰었다.

"전하께서 전번에 이이의 상소(萬言封事를 가리킴-필자)를 가납하여 포장(襃獎)하셨고, 또 김우옹에게 '내가 너의 학문을 잘 알고 있으니, 네가 사우(師友)에게 들은 것과 자신이 공부한 것으로 잠계(箴戒)를 지어 오라.'고 분부하셨으니, 보고 들은 자들이 누군들 탄복하지 않았겠습니까. 신의 생각에 오늘날의 큰 강령과 시급한 일은 이이의 상소에 이미 다 말했다고 여겨집니다. 이이는 시무(時務)를 아는 사람으로 소활(疎闊)한 서생들과는 다르니 진실로 채택하여 쓰셔야 합니다.

신이 또 한 말씀 올리겠습니다. 『역경』에 '멀리 가지 않고 되돌아 온다.'고 한 것은 '개과천선(改過遷善)'한다는 것이며, 『서경』에 '허물

고치기에 인색하지 말라.' 하고 '책망을 물 흐르듯이 받아들이라.'고 하였습니다. 『대학』은 '자신(自新)'을 귀하게 여기고, 『소학』은 '선을 보거든 그대로 따르고, 의리를 듣거든 곧 명심하여 잊지 말라.'고 가르쳤습니다.

공자는 '마음속으로 자책해야 한다.' 하고 '과오는 고치기를 꺼리지 말아야 한다.' 하였으며, 또 '군자가 허물을 고치는 것은 일식이나 월식이 원래대로 돌아가는 것과 같다.'고 하였습니다. 맹자는 '자로(子路)는 과오를 말해 주면 기뻐했다.' 하고, 또 '만일 의리가 아닌 것임을 알면 신속하게 그만두었다.'고 하였습니다.

정자(程子)는 '자주 되돌아가는 것이 무슨 허물이겠는가. 과오는 잘못한 데에 있지 되돌아가는 데에 있는 것이 아니다.' 하였고, 주자는 『역경』을 해설하기를 '선으로 옮겨가기를 바람 불듯 빨리 해야 하고, 과오 고치기를 우레처럼 맹렬하게 해야 한다.' 하였고, 또 『대학』의 '끊듯이 하고 갈 듯이 한다.'는 말을 해설하기를 '다루기를 이미 정밀하게 해놓고도 더욱 정밀하게 하는 것이다.' 하였으며, 또 장남헌(張南軒-張栻장식)을 칭찬하기를 '용감하게 의리로 옮겨가서 조금도 인색하거나 지체하는 일이 없었다.' 했습니다.

율문(律文)에도 또한 죄를 범했다가 자수하면 죄를 감해 주는 조문이 있으니, 이는 군신 상하가 모두 책망을 받아들여 과오를 고치는 것을 선으로 여기고, 과오를 부끄러워하여 잘못을 조작하는 것을 악으로 여긴 것입니다.

신이 살펴보니 전하께서 요사이 말을 잘 들어주고 그전보다 선을 매우 잘 따르시므로, 뭇사람들이 서로 기쁘게 여기고 있습니다. 따라서 더욱 그런 마음을 가다듬으시어 물 흐르듯이 선을 따르셔서 백성에게 공평한 도리를 쓰도록 하소서."

왕을 비롯하여 백관(百官)이 개과천선에 매진해야 된다는 유희춘의 변설은 분류(奔流)처럼 계속된다.

"또 삼가 살펴보니 안으로 백집사(百執事)와 외방의 사신·수령·보장(堡將-변장)들이 거의 책망받기를 꺼리는 이가 많아, 더러는 전에 한 말의 실수를 부끄럽게만 여겨 그 말을 고수하려 하고, 더러는 조정의 상관이 견책할 것을 두려워하여 모든 실수한 일들을 잘못한 줄 분명히 알면서도 숨기고 말하지 않음으로써, 자수하여 고치려고 하지 않습니다. 이런 풍습이 날로 성해져, 처음에는 소소한 잘못이 마침내 큰 과오로 나가게 됩니다.

대저 사람마다 요순이 아닌데 계획과 처리를 어찌 완전하게 잘할 수 있겠습니까. 진실로 크게 잘못하지 않았을 적에 스스로 깨닫거나 남들의 말에 의해 자책하며 시급히 고친다면 어찌 그런 실수를 바로 잡지 못하겠습니까. 당 태종이 재상들에게 말하기를 '짐이 전대의 제왕 중에 간언을 거절한 이들을 보니, 대부분 벌써 하였다고 하거나 혹은 벌써 허락하였다고 하다가 패란(敗亂)을 불러왔다.' 했습니다. 진 무제(晉武帝)가 오나라를 칠 적에도 군신(君臣)들이 당초에 불가하다고 했었는데, 진 무제는 나중에 앞에 한 말이 잘못되었음을 알면서도 부끄러워하여 그대로 고수했습니다. 고금에 이처럼 하다가 일을 망친 것을 이루 다 셀 수 없습니다. 중외(中外)의 신공(臣工)들을 신칙하여 잘못한 일이 있으면 자신들이 하나하나 열거, 상사에게 분명하게 보고하여 개정하도록 하되, 율문에 의해 죄를 감해주고 이미 일이 이루어져 바로잡을 수 없는 것도 조금 감해주며, 그중에 숨기고 속여서 국사를 그르친 자는 경중을 살펴 죄가 중한 자는 불응위 사리중(不應

爲事理重.-불응위는 이치상 해서는 안 되는 일을 한 자는 태 사십에, 사리중은 불응위 중에 사리가 중한 자는 장 팔십에 처하는 형벌)으로 논하여 허물을 알고도 꾸며대면서 잘못된 일을 끝까지 해내려는 풍습을 개혁하여, 광명정대한 기품을 조성해서 국사를 안정시킨다면 이보다 다행함이 없겠습니다."

왕이 감명 깊게 들은 듯 '좋은 말'이라고 거듭 칭송하면서 물었다. "이는 참으로 좋은 말이다. 그중에도 '처음에는 소소한 잘못이 마침내 큰 과오가 된다(始因小差終至大謬)'라는 이 여덟 글자는 더없이 좋은 말이다. 모르겠다만 이 말이 선유(先儒)에게서 나온 것인가, 경이 스스로 지은 것인가?"

유희춘이 답하여 아뢰었다.

"소소한 잘못이 쌓여 큰 과오가 생긴다는 말은 주자가 한 말인데, 신이 이에 의거하여 그 말을 만든 것입니다."

왕이 재삼 칭찬하였다.

"말한 것이 비록 많기는 하지만 요체는 이 두 구절에서 벗어나지 않는다. 참으로 법언(法言)이다."

기품론(氣稟論)

미암은 사서오경(四書五經) 등 유교 경전에 박통하고, 성리학에도 조예가 심오하였으나 이에 대한 논저는 전하지 않는다. 경연에서 진강한 내용도 경서의 구결(口訣)과 해석 등 훈고(訓詁)적 강론에 주력하고, 이기 논변(論辯)이나 성리(性理)의 오의(奧義)에 논급한 일이 별로 없었다. 따라서 전해진 문헌상으로 미암의 성리학에 관한 심오한 경지를 규지(窺知)하기에 한계가 있다. 다만, 『선조실록』의 진강 기사에 몇 군데 「기질론」 또는 「기품론」에 대하여 논급한 대목이 있어 그 일반(一斑)을 미루어 살필 수 있을 뿐이다.

먼저 선조 6년 2월 4일의 『실록』 기사를 보자.

초경(初更)에 비현각(丕顯閣)에서 왕과 야대(夜對)한 자리, 유희춘이 『서경』 우공(禹貢)의 '그 흙은 붉고 질고 두터우니 풀과 나무가 점점 무성하여진다.' 이하 2단을 강독하다가 말이 기질의 설에 미쳤다. 왕의 "기질은 무엇 때문에 같지 않은가?"라는 물음에 그가 대답하였다. "부조(父祖)의 기를 받은 것도 있고 산천의 기를 받은 것도 있으나, 온갖 것이 같지 않습니다."

왕이 말하였다.

"참으로 그 말과 같다면, 기질의 성(性)은 변화하기가 매우 어려우므로 현인·군자라도 기품의 병폐를 면하지 못할 것이다."

유희춘이 아뢰었다.

"대저 사람은 누구나 다 기품의 장처(長處)가 있고, 단처(短處)도 있으므로, 사람을 쓰는 데에는 그 장처를 취해야 하는 것입니다. 대개 천리마가 하루에 천리를 달리기는 하나, 쥐를 잡는 데는 너구리나 족제비만도 못합니다. 그러므로 임금은 그 장처에 따라서 직임을 주어야 하니, 그렇게 하면 그 보람을 얻을 수 있을 것입니다."

왕이 또 말하였다.

"명도 선생(明道先生 곧 程顥)이 스스로 말하기를 '사냥을 좋아하는 버릇이 이미 없어진 10년 뒤에 사냥하는 자를 보고 부지불각 중에 기뻐하는 마음이 있었다.' 하였는데, 참으로 기질의 병폐는 늘 있는 것인가?"

유희춘이 대답하였다.

"이것이 바로 기질이 잘 변화한 경우입니다. 대개 어렸을 때에는 사냥을 좋아하였으나 뒤에 도를 알고 기호(嗜好)를 끊었는데, 10년 뒤에 이르러 저녁에 돌아가다가 우연히 사냥하는 것을 보고, 부지불각 중에 기뻐하는 마음이 있었으나 가서 같이 하려 하지 않았으니, 이것이 바로 일에 따라 살펴서 생각을 정성스럽게 한다는 것입니다."

다음으로 선조 7년 10월 19일 조강에서 유희춘이 행한 진강 중 '기품론'에 대한 부분을 들어보자.

"사람의 기품은 천만 가지도 같지 않은 것인데, 아름답기도 하고 악하기도 하게 된 까닭도 그 연유해 온 바가 또한 여러 가지입니다. 부조의 기를 받고 태어난 사람도 있고, 생모의 기를 받고 태어난 사람도 있는데 그 기품의 청탁과 수박(粹駁)이 다릅니다. 산수와 풍토의 기를 받고 태어난 사람도 있는데 고비(高卑)·평험(平險)·강약·오결(汚潔)이 다릅니다. 이 세 가지는 매우 긴요한 관계가 있는 것입니다. 또 천시(天時)의 기를 받고 태어난 경우도 있는데 무릇 소리·빛깔·모습·형상이 있는 물·불·쇠·나무·흙·돌·풀·곡식·의복·기명(器皿)·금수·충어(蟲魚) 따위가 마음과 기운을 동하게 하여 태어나는 사람은 모두 음양·선악·화순(和順)·어긋남의 차이가 있게 되는 것입니다.

또 천에 하나쯤의 변이도 있습니다. 부모가 아무리 선하여도 혹 희로(喜怒)·우구(憂懼) 때문에 심기(心氣)가 중정(中正)하지 못한 때가 있을 수 있고, 부모가 아무리 불선해도 또한 혹 선의 발단이 싹틀 때가 있을 수 있는 것입니다. 대개는 수태한 첫 머리에 근본이 생기는 것이고, 임신한 지 3개월이 될 무렵에 변화가 생기는 것입니다. 임부(姙婦)에 있어서는 감촉(感觸)하는 것과 먹고 마시는 것이 모두 변화를 일으킬 수 있는 것들인데, 이런 것의 유래한 바가 이미 하나만이 아니고 선과 악도 또한 따라서 천만 가지도 같지 않은 것입니다. 이래서 옛 사람들이 사는 곳을 가리고 적선을 하고 태교를 하여 현명한 자손을 낳게 된 것입니다."

미암의 이 기품론에 대하여 같이 입시한 경연관 홍적(洪迪. 1549~1591)은 선유들이 말하지 않은 독창적인 견해라고 찬양하였다.

"유희춘이 오늘 올린 기품에 관한 말은 지극히 완전하게 갖추어진 것입니다. 그 말단에 말한 '부모가 아무리 선해도 심기가 화평하지 못할 때에는 혹 현명하지 못한 자식을 낳게 되는 경우도 있고, 부모가 아무리 불선해도 혹 선의 발단이 싹트게 될 때에는 혹 선량한 자식을 낳게 되는 경우도 있다.'고 하였는데 이 말은 곧 선유들이 말하지 않은 것을 유희춘이 사색하여 얻은 것이니 참으로 지극한 논리입니다."

이상으로 경연 진강에서 드러낸 미암의 기품론을 살펴본 바, 이기설의 본령에는 충분히 논급되지 않은 것 같다. 또 『미암집』에 수록된 「관수설(觀水說)」은 그의 유일한 논설로 도학의 형이상적인 몇 가지 주제에 대하여 논하였으나 역시 이기설에 관한 본격적인 논의는 없었던 것 같다.

생각건대 미암의 학문은 성리-이기론 영역보다는 훈고에서 그 진수를 발휘한 것이 아닌가 한다. 이 점 선조가 간명하게 언급하였다.

"무릇 글 속의 토와 해석(吐釋)을 혹자들은 소소한 일이어서 꼭 유의할 것까지는 없다고 하지만 성현들의 하신 말씀이 '글 뜻을 알지 못하고서 정미한 내용을 통할 수 있는 자는 없다.' 하였다. 지금 사서와 경서의 구결과 언해(諺解)를 경이 정하지 않은 것이 없으니, 경의 학문이 정밀하고 해박함은 세상에 드문 일이다. 사서와 오경의 구결 및 언해를 경이 모두 자상하게 정해놓았으니, 하나의 국(局)을 설치할 만하다."

제5장

아름다운 퇴장

치사(致仕)

선조 즉위년(1567) 55세 때 지옥의 귀양살이에서 운상(雲上)의 조정으로 돌아온 이후 미암에게 세월은 빠르게도 지나갔다. 그렇게도 더디고 더디던 종성의 세월은 하루가 삼추(三秋)였는데, 조정의 1년은 일각처럼 빨라서 어느덧 선조 8년(1575), 미암도 이제는 환갑이 지난 63세의 노인이 되어 있었다.

그가 선조를 경연에서 시종하면서 각별한 배려와 존중을 받아 득의(得意)의 나날을 보낸 지 이미 9년째가 아닌가. 하지만 한편 돌이켜 생각해 보면 얼마나 삼가고 조심하며 전전긍긍 살얼음판을 걷는 듯한 순간순간이었던가. 예로부터 군신 사이는 한치 앞도 예측할 수 없는, 인정을 초월한 관계인 것이다. 아침의 충신이 저녁에는 역신이 되어 독배를 들어야 하는 비정한 관계가 바로 군신지의(君臣之義)다.

임금을 측근에서 시종한 지난 8년 세월은 실은 그에게 빨랐던 것이 아니라 1년이 10년같이 무겁고 더디고 긴 세월이었을 수도 있다. 그동안 경연에서 수만 어를 쏟아냈는데도 요행히 왕이 눈살 한 번 찌푸린 일 없었으니, 지극한 성총(聖寵)이라 아니할 수 없다. 거기에다 그 말 많은 삼사(三司) 관원들의 논척(論斥) 한 번 받은 일이 없었다.

그는 생각했으리라.

'이제 물러날 때가 왔다. 왕이 아끼고 상하 관료들이 아쉬워할 때 떠나야 한다. 선비에게 중요한 건 출처의 밝음이다. 자리에 연연하여 머뭇거리다가는 액운을 만나기 십상이다. 더욱이 나는 사지에서 생환한 후 8년간 공경(公卿)의 직위 외에는 아경(亞卿)직까지 모든 요직

을 두루 역임하였으니 여한이 없다. 더욱이 예순이 넘은 병약한 몸이다. 이제 전원으로 돌아가야지.'

이때 미암이 벼슬을 버릴 뜻을 굳히게 된 것은 위에서 말한 심상(心狀)보다는 이미 불붙기 시작한 동서 당쟁의 불길한 조짐을 예감했기 때문이었으리라. 아무리 초연하려 해도 본의 아니게 말려들어 어떤 불의의 화를 입을지 두려운 일이었다. 그래서 조정을 떠나기로 작정한 것이 아닌가 한다.

미암은 선조 8년 8월 공조참판에 동지경연·춘추관사를 겸한 상태에서 드디어 부모의 묘를 참배하기 위한 말미를 청원하였다. 사직의 서곡이었다. 그는 진작부터 물러나 쉴 생각이었으나 왕의 은총이 하도 극진하여 거취를 미루다가 이제 감행한 것이다.

왕이 그 뜻을 받아들일 리가 없다. 사론(士論)도 모두 이를 애석하게 여겼다. 9월에 이러한 흐름을 반영하여 홍문관이 왕에게 글을 올렸다.

"유희춘은 선을 즐기고 옛 도를 좋아하며 경사(經史)에 널리 통했습니다. 오래 경연에서 많이 널리 보익(補益)했습니다. 나이가 비록 많다 하나 아직 그만둘 만큼은 아닐 뿐더러 정신과 기력이 성합니다. 성상께서는 늘 재능 있는 인물 구하기 어려움을 탄식하셨고, 육조(六曹)와 삼사에서 모두 인재 없음을 근심하고 있습니다. 이러한 터에 사림의 추중을 받는 자가 조정을 떠남은 큰 손실이니 청컨대 전하께서는 불러보시고 꼭 돌아오도록 타일러, 선비 사랑하는 뜻을 보이소서."

이에 대사헌 정지연(鄭芝衍. 1527~1583)과 좌상 박순도 거들고 나섰다. 물러나기도 쉬운 일이 아니다. 왕이 경연에서 유희춘에게 "경은 나를 잊지 마오. 꼭 돌아와서 나를 보시오." 하는데 왕의 아끼고 사랑하는 진정이 말결에 넘치는지 입시자(入侍者)가 모두 감동하였다.

그래도 유희춘은 마침내 그만두고 돌아갔다.

10월에 이조참판에 제수되었다. 왕은 유희춘을 붙들어 놓기 위해 이 같은 인사를 단행한 것이었다. 그는 즉각 상소하였다. 매우 절절하게 심금을 울리는 내용이다.

"신은 바닷가에서 나고 자란 데다 기품도 온전치 못하여 우둔 용렬하였습니다. 잘하는 것이란 아예 없고 시서(詩書)도 대강 배워 한 가지도 쓰일 곳이 없었습니다. 요행히 급제하여 중종에게 인정받아 외람되이 사관과 경연관 반열에 끼었고 한 고을을 맡아 어미 봉양하는 소원도 이루었으나 실은 2년간 조금도 보답 못했습니다. 인종조에 경연관으로 소환되었으나 단 한 번도 경석(經席)에 들어가지 못한 채 20년이나 변방으로 귀양 보내졌습니다. 다행히 명종 말에 중부로 옮겨지고 또 천행으로 전하께서 진창 속에서 꺼내어 논사(論思)하는 자리에 앉히셨습니다.

지금까지 8~9년간 신은 경서의 뜻에 의거하여 변변치 못한 소견을 말씀드렸는데도 늘 용납해 주셨습니다. 그리하여 2품까지 승진하게 됨에 산에 갇혀 영원히 버려질 몸이 하찮은 학문으로, 어찌 이리 전하의 비상한 은총을 받을 수 있는 것인지 스스로도 이상하게 여겨집니다. 크고 큰 은혜 싸라기만큼도 갚기 어려워 티끌만큼이나마 갚고자 생각하오나 방도가 없습니다.

엎드려 생각하옵건대 신은 평소 병약한 몸으로 올해 63세인데 이제 아랫도리가 차고 갈증이 있어 새벽부터 밤늦게까지 활동하는 데 지탱하기 어려우니 몇 년간 쉬면서 실낱같은 숨이나마 보전하기를 원합니다. 그리하여 또 틈나는 대로 경전을 닦아 조금이나마 하찮은 성의를 펴서 성학(聖學)의 만분의 일이라도 보답할까 합니다. 이것이 신이 성묘를 위해 말미를 청하는 이유입니다.

신은 자질이 둔하여 정사(政事)와 학문의 재주가 남에게 훨씬 뒤져 오직 글뜻을 해석하고 찾는 것을 좋아하여 이제까지 조그마한 공이 있을 뿐입니다. 이 때문에 수서(修書. 경서의 구결·언해)의 명을 못한다 할 수 없어 받잡고, 천번 생각에 한 가지라도 얻기를 바라면서 전하의 자애로운 연민지정으로 용허해 주시기를 빕니다. 신의 본직 및 겸직인 경연·춘추관·성균관 동지(同知)와 봉상(奉常)·교서 제조(提調)를 모두 갈아주시어 신으로 하여금 전원에서 안심하고 교정의 일을 끝내도록 조처하소서. 말미를 받고 물러나와 아직 향리에 이르기도 전에 갑자기 이조참판에 임명되니, 신은 더욱더 황송스러워 몸 둘 바를 모르겠습니다.

신이 만약 명하신 경서의 구결·언해 일을 모두 끝내고 나서 숨이 남아 있다면 절뚝거리며 대궐로 달려가서 다시 용안을 뵌 뒤에 영원히 사직을 청하겠습니다."

이렇듯 충심에서 나온 간절하고 진정어린 상소를 왕이 보고, 내년 봄에 내사(來謝)하라 명하고 감사에게 명하여 식물(食物)을 하사하였다. 붙잡는 왕의 뜻 또한 간절했지만 그의 뜻을 바꾸지는 못한 듯, 그는 11월에 재차 사의를 표하였다. 왕이 정원(政院)에 '우선 직을 그대로 두고 오기를 기다리라'고 전교하였다.

12월에 삼공이 '인사의 본체(이조참판)를 오래 비울 수 없으니 동지중추로 바꾸기'를 계하였으나 왕이 불허하였다. 9년 4월에 그는 대사헌에 임명되었다. 바로 본직과 겸직 전부의 해임을 청하였으나 왕은 겨우 봉상·교서 제조만 면해주니, 그는 또 모두 풀어주기를 빌었지만 역시 왕은 윤허하지 않았다. 사직하겠다는 신하와 그럴 수 없다는 군주와의 줄다리기가 10개월째 계속된 6월에 왕은 또 그를 부제학에 임명하였다. 유희춘을 아끼는 왕의 마음이 이러하였다.

그는 왕은이 겹겹이 내림에 감격하여 글을 올려 병이 낫는 대로 상경길에 오를 것을 청하고, 우선 수정한 『대학석소(釋疏)』를 진상하고 7월에 들어가 사례하였다. 9월에 진강이 파하자 마땅히 물러나야 할 세 가지 일을 극진히 아뢰었다. 그러나 왕은 묵묵히 불허하였다. 그는 이튿날 또 상소하였다. 왕이 대신에게 보이자 대신 모두가 왕께서 힘껏 유임시킬 것을 청하였다.

왕이 유희춘을 정원으로 불러 유시하였다.

"경의 마음을 내가 평소에 잘 알고 있소. 물러날 뜻도 간절한 진정에서 나온 것으로 진실로 이름을 날리고자 하는 자에 비할 수 없소. 다만, 내 뜻은 전에 경연에서 이미 일렀소. 대신들에게 물었더니 그 뜻이 나와 같소. 부디 사퇴하지 말고 내 학문을 도와주오."

왕이 이렇게 진정으로 간절하게 만류했음에도 유희춘은 더욱 강경하게 사퇴를 빌었다. 이에 왕은 마지못해 허락하고 "경은 이제 가더라도 마땅히 내 성의를 깊이 간직하고 아무 때나 부르면 즉시 오시오. 길이 과인을 잊지 마오."라 당부하고, 한직으로 동지중추가 되어 조정에서 물러나도록 끝까지 은혜를 베풀었다.

그리고 왕이 바로 그를 사정전(思政殿)으로 불러서 정론(政論)을 들었다. 그는 왕에게 학문하는 방법〔爲學之道〕과 중(中)을 쓰는 요점〔用中之道〕에 대하여 간곡하게 설명하였다. 그리고 당시 현안이었던 5현의 종사 문제에 대하여, 일시에 종사가 어렵다면 이 중에서 김굉필 종사를 우선할 것과 이자(李耔)에게 시호(諡號) 내릴 것을 간청하였다. 이 모두 국가의 대사이기 때문이었다.

왕은 거듭 위로하고 비단옷, 철릭, 신발 등을 하사하였다. 이는 전례가 없는 일로, 미암에 대한 선조의 대우는 유별났다. 이와 같이 붙들고 놓아주고를 되풀이하다 결국 왕이 하향을 허락하여 이제야 끝낸 듯하였다. 그래도 왕은 미암을 잊을 수 없었던지 이듬해 10년 봄에 또 부제학을 제수하였다. 그는 사직서를 올렸으나 오랫동안 수리하지 않고 왕이 정청에 지시하여 그를 정2품계에 올려주면서 하교하였다.

"경의 상장(上狀)을 살피건대 진실로 경의 뜻이 간절함을 알겠소. 다만, 내가 이미 지성으로 경을 기다리고 있소. 앞서 하향할 때 따르겠다고 허락하였으니 이젠 반드시 와야겠소. 또 나는 경이 오래도록 경연에서 수고하였음을 생각하여 특별히 자헌대부로 올렸으니, 경이 와서 사례하지 않을 수 없을 것이오. 하물며 봄옷은 이미 마련되고 바람은 부드럽고 날은 따뜻하여 여행길이 매우 안온하리니, 경은 역마 타고 빨리 올라와서 내 뜻에 부응하오."

얼마나 진정성 있고 간절한 호소인가. 참으로 군신 간의 아름다운 정경이 아닐 수 없다. 그는 처음엔 고사하고 싶었으나 왕의 간절한 뜻을 보고 부득이 빨리 가서 사례할 계획을 세웠다. 그는 5월에 대궐에 나아가 과분한 품계의 강등을 청했으나 물론 왕은 불허했다. 입시(入侍)하기 전에 노독인지 열이 났다.

종생(終生)

천리 길을 달려온 미암은 상경하여 예궐(詣闕)하자마자 열이 났다. 며칠 지나자 병세가 급격히 악화되었다. 왕이 어의를 보내 진료하였으나 그의 병은 이미 깊어 일어나지 못했다. 그래도 자제에게 명하여 관(冠)을 머리에 얹고 의대(衣帶)를 정제하고 명(命)을 기다렸다. 대인군자다운 임종이었다.

15일에 임시 머문 집〔寓舍〕에서 생을 마치니 향년 65세였다.

아는 사람이나 모르는 사람이나 모두 그의 부음에 탄식하고 슬퍼하며 마음 아파하지 않는 자가 없었다.

미암의 별세에 대하여 『실록』은 이렇게 기술하였다.

"홍문관 부제학 유희춘이 졸(卒)하였다. 희춘은 대대로 해남현에 살았는데 고적(孤寂)한 신분으로 떨쳐 일어나 문학으로 출세하였다. 을사사화 때 희춘은 김광준과 이웃에 살았으며, 임백령은 같은 고향 출신으로 친분이 있었다. 이들이 내지(內旨)를 받들어 따르도록 은밀히 타일렀으나 희춘은 응하지 않았다.

그리고 중학의 모임에서 송희규 등과 함께 민제인·김광준의 의논을 배척하였다. 광준 등은 희춘이 자신들의 위협에 따를 것이라 생각하였으나, 크게 좌절당하자 원한이 더욱 심해져 기필코 죽이려 하였다. 처음에 제주도로 귀양 보냈으나, 논자들이 '제주도는 해남에 가깝다.' 하여 북계(北界)의 종성으로 옮기게 하니, 고향의 집과는 3천 리가 떨어진 거리였다.

20년이 지나서야 은진으로 옮겨 1년이 지나 상이 즉위하자 사면되어 다시 등용되었다.

그는 유배지에 있을 때 곤궁한 처지에서도 태연하게 여겨 깊이 사색하고 저술하며 입으로는 글을 외우고 손으로는 책을 베껴 밤낮을 쉬지 않았다. 변방에는 글자를 아는 사람이 적었는데 희춘의 가르침으로 인하여 이로부터 글 배우는 사람이 많아졌다.

조정에 돌아오자 오랫동안 경연에서 임금을 모시면서 지성으로 아뢰어 속에 품고 있는 것을 다 말하니 상은 그의 정밀하고 박식한 것을 기뻐하였다. 그리고 자문할 적마다 대답함에 반드시 옛일을 끌어다 증거하여 분명하지 않은 것이 없으므로 상은 그의 기특함을 칭찬하였다. 희춘은 기억력이 남보다 뛰어나 경서나 사서(史書)를 한 번 보기만 하면 외우니 당대의 박학한 유신인 기대승·김계휘(金繼輝. 1526~1582) 등이 모두 첫째 자리를 양보하였다. 천성이 온화하고 후하여 모나지 않았으며 조용하고 검소하여 마치 빈한한 선비처럼 처신하였다. 다만 서적을 몹시 좋아하여 음악과 여색 좋아하듯 하였다.

연로해지자 물러가기를 청하면서 사직하는 소장이 간절하였으나, 상은 그때마다 그를 아끼어 머물게 하고 많은 물품을 하사하였다.

물러간 뒤에 다시 부제학을 제수하자 사양하였으나 불허하였다. 이때에 특별히 자헌의 품계로 올리고, 또 교지를 내리기를 '경이 오랫동안 경연에서 수고한 것을 생각하여 특별히 자헌으로 올렸으니, 경은 올라와서 사은하지 않을 수 없을 것이다. 더욱이 지금은 봄옷도 마련되었을 것이고 날씨마저 온화하여 여행하기에 매우 온편할 것이니, 속히 올라와서 나의 뜻에 부응하오.' 하였다. 교지를 받고 감격하여 사은하고 물러가려 하였는데 도착하자 병이 나서 끝내 졸하니, 상이 슬퍼하며 좌찬성을 증직 하도록 하였다."

모현각(慕賢閣) : 미암 유희춘 유물관(전남 담양군 대덕면 장산리 소재)

제6장

문원(文苑)

『미암일기』

미암 유희춘 하면 연달아 떠오르는 것이 『미암일기』다. 미암은 종성에서 은진으로 이배되어 선조 즉위년(1567) 10월 12일에 석방되었는데, 무슨 영감의 작용인지 10월 1일부터 일기를 쓰기 시작하였다. 미루어 헤아리건대 미암이 이때 비로소 일기를 쓰기 시작한 것은 아닐 것이다. 기록에 충실하던 미암이 종성에서의 쓰라린 유배 생활에서 일기를 쓰지 않을 수 없었을 것이다. 틀림없이 썼을 터인데도 불행히 전하지 않고, 석방 무렵 이후의 일기만 남게 되지 않았을까? 못내 아쉬운 일이다.

명종의 승하로 암울했던 고난의 시대가 막을 내리고 새로운 시대가 열리고 있음을 감지한 미암이 조정에 복귀할 희망에 솟구치는 의욕으로 일기를 다시 쓰기 시작했던 것 같다. 마치 점괘가 들어맞듯 일기를 다시 쓰기 시작한 12일 만에 귀양이 풀리고 동시에 조정에 복귀하여 경연에서 왕을 시종(侍從)하게 되었다. 이후 왕의 신임과 총애를 받으면서 보도하고 국정에 참획하는 득의의 때에 걸맞게, 일기에 임하는 필력 또한 신명 나고 다함이 없었다. 그리하여 운명하기 2일 전인 1577년 5월 13일까지 10년 동안 일기쓰기는 계속되었다.

『미암일기』는 10년에 걸친 장기간의 기록으로 11책에 부록 1책(원래는 14책)이나 되는 방대한 양이다. 내용 또한 사림 정치가 실현된 선조 초기 전환기의 일신된 조정에서 주로 대간(臺諫)과 문한직(文翰職)을 맡아 왕을 시종한 중신의 기록이라는 점에서 그 역사적인 의의가 매우 크다. 이 대목에서 그냥 넘어갈 수 없어 꼭 언급할 일이 하나 있다. 그것은 미암의 외조부 금남 최부의『표해록』이다.

이것은 금남이 경차관으로 제주에 갔다가 부친상을 당해 급히 돌아오던 중 풍랑을 만나 15일간 남지나해를 표류한 끝에 중국 절강성(저장성) 연안에 상륙한 다음, 북경을 거쳐 의주에 당도하기까지 5개월에 걸친 표류기다. 왕에게 올릴 때의 원제목은『중조(中朝) 문견일기』로 우리나라 표류기의 백미(白眉)다. 그의 외손자 미암은『미암일기』를 남겼으니 조손간의 문장 대업이 어찌 우연이겠는가.

미암은 앞에서 본 바와 같이 귀양에서 풀려난 뒤로 10년간 청요직을 두루 거쳤다. 여한이 없는 만년이었다. 하지만 아무리 관직이 화려했어도 그것은 사서(史書)에 몇 마디 적히고 오래지 않아 잊혀질 한낱 거품일 뿐이다. 사람은 가고 벼슬도 날아가고 말지만 남는 것은 문장이다. 문장이야말로 불후(不朽)의 대업이다. 미암에게 일기가 남지 않았다면 그 뒤가 얼마나 허전하고 쓸쓸했을 것인가.『미암일기』는 주인공의 일상생활이나 신변의 잡다한 일들을 기록한 보통의 일기가 아니다. 국정의 중심부에서 하루에 적어도 세 번은 왕을 모시고 학문을 강론하고 시사(時事)를 논하는 경연관(본직은 따로 있음)의 기록인 것이다. 따라서 크게는 당시 선조를 중심으로 조정의 대소 신료들이 국정을 운영하던 실황에서 작게는 개인적인 사생활에 이르기까지 광범위하게 망라되어 있다.

미암은 워낙 박학 다식하기 때문에 문견 또한 많고 넓은 데다 사고가 깊으며 관찰안이 밝고 정밀하여 기록된 한 자 한 구가 보석처럼 귀하다. 말이 일기지 요즘 우리 개념으로 말하자면 시사종합지라 할 수 있다. 선조 초기 10년간의 정치·경제·문화·사회·풍속·인정·세태

등이 모두 세세하게 담겨 있다. 선조 초기 우리나라의 축약도요 만화경이다. 거기에는 선조의 언행과 마음의 움직임이 실감 나게 그려져 있고, 국정 운영의 실상, 왕을 둘러싼 조신들의 복잡 미묘한 동정(動靜) 등이 가감 없이 드러나 있다. 내전(內殿)과 조정은 물론, 전국 각지에서 매일 일어나는 크고 작은 수많은 사건들과 심지어 여염의 잡다한 이야기도 수록되어 있다.

임진왜란은 국토의 황폐화뿐만 아니라 문화재를 잿더미로 만들었으며 사료(史料)를 태우고 흩뜨렸다. 『선조실록』 편수에 사료 부족으로 곤경에 처했었는데 요행히 『미암일기』가 병화를 면하고 보존되어 크게 활용되었다. 미암이 예문관제학(藝文館提學)으로 임명되었을 때 고사(固辭)한 적이 있는데, 그가 남긴 일기가 『선조실록』 편수에 결정적인 사료가 되었으니 실은 대제학에 걸맞은 공로라 할 만하다.

그 방대한 일기를 여기에서 일일이 상세하게 살필 수 없으므로 몇 장면만 보기로 들어보겠다. 『미암일기』 중에서 양적으로 많고 정채(精彩) 있는 부분이 「경연일기」인데, 이 부분은 앞에서 비교적 자세히 다루었으므로 여기서는 잗다란 세속사에 눈을 돌리고자 한다.

일기 가운데 요즘 같으면 뇌물 주고받기로 몰릴 만한 선물 교환이 공직자 사이에서 공공연히 성행했음을 보이는 기사가 의외로 많다.

선조 즉위년 10월 8일. 날씨 개다. 임천(林川)의 원이 보내온 식물이 백미 1섬, 깨 3말, 찹쌀 3말, 마른 민어 5마리, 조기 10묶음, 마른 숭어 3마리, 흰새우젓 1항아리, 뱅어젓 1항아리, 누룩 1동(10개), 청주 1동이.

선조 즉위년 10월 11일. 석성(石城)의 원 정인수(鄭麟壽)가 물고

기와 젓갈을 푸짐하게 보냈다.

　선조 즉위년 10월 12일. 용안(龍安)의 원 심륭(沈隆)이 쌀 10말과 콩 10말을 보냈다.

　선조 즉위년 10월 13일. 익산의 소참봉 적(適)이 사람을 시켜 안부를 묻고 붉은팥 2말, 찹쌀 2말, 홍시 30개를 보내왔다. 나도 먹 1자루와 큰 김 4장으로 보답했다.

　웃음을 자아내는 흥미 있는 기사도 눈에 띈다.

　선조 2년 6월 3일. 날씨 개다. (전략) 홍번(洪磻)이 앵두를 보냈는데 아주 좋았다. 그 심부름 온 아이가 내가 보내는 부채와 짚신 값 5되, 포목 반 필을 가지고 가다가 풍천(豊川) 경저(京邸) 앞에 이르자, 갑자기 풍천의 색향리(色鄕吏)가 나타나 머리채를 잡고 뺨을 치고 무릎을 치더니 그 물건들을 모두 빼앗아 가 버렸다. 그 아이가 울고 와서 고하므로 나는 구종(驅從)을 시켜서 잡아오라 하고, 한편 포도부장에게 알렸더니 그가 왔다. 나는 나가서 보고 실상을 말해주었다. 부장은 그 도적을 포박하고 포목도 찾아 주었다.

'아내가 뱀에게 물린 꿈을 꾸었다고. 길조다.' 하는 기사도 있다. 점 이야기도 나온다.

　선조 4년 2월 11일. 엎드려 생각건대 선군께서 매양 말씀하시기를 "복자(卜者)가 나를 보고 '2품을 추증받을 운명'이라 했다." 하시더니 이제 와서 비감을 금할 수 없다.(이때 미암이 전라도관찰사에 제수되고 부친에 대한 이조참판 겸동지의금부사 증직이 있었음-필자)

가족에 대한 기사 한 가지. 평범한 아들에 대한 아버지로서의 잔잔한 애정이 묻어난다.

선조 3년 11월 12일. 영릉참봉의 망(望)에 경렴(景濂)이 수망(首望)에 들고, 강회경(姜懷慶)·홍일민(洪逸民)이 각각 부망(副望)·말망(末望)에 올랐었는데 경렴이 낙점을 받았다. 가문의 경사가 이보다 클 수 없다. 이 애가 지난해부터 바라던 것인데 이제 얻었으니 주상의 은혜가 지중하거니와 정 판서(判書)와 허 참의(參議)가 도모해 준 덕도 작지 않다.

역사상의 사건에 대한 특이한 견문도 전하고 있다.

선조 즉위년 12월 24일. 나는 들었다. 조부사(趙府使-趙希文)의 선조는 고려 말에 문관으로 부여현감을 지냈는데 장차 역성(易姓)이 될 것을 짐작하고 벼슬을 버리고 물러난 뒤 하나의 기(記)를 지었다. 이르기를 '우(禑)·창(昌) 두 왕이 공민왕의 자손인데, 정도전(鄭道傳)이 신씨(辛氏)가 간음해서 낳았다고 무함(誣陷)한 것이라고 통렬하게 변호했다. 그리고 자손들에게 열어보지 말라고 경계했는데 그 후 자손이 열어보고 후환이 두려워 태워버렸다.'는 것이다.

선조 9년 10월 4일. 북부참봉 김천서(金天瑞)는 점필재(佔畢齋) 김종직(金宗直)의 증손인데 나를 찾아왔다. 내가 그에게 묻기를 '점필재가 어느 해에 나서 어느 해에 급제하셨는가?' 하니 그가 대답하기를 '신해년(1431)에 나시어 29세인 기묘년(1459)에 급제하셨고, 족계(族系)는 『이존록(彝尊錄)』에 자세히 나타나 있는데, 『이존록』이 지금 장원급제한 정곤수(鄭崑壽)의 집에 있다고 한다.' 하였다.

무오년(1498)에 이극돈(李克墩)·유자광(柳子光)이 일으킨 사화에 김일손(金馹孫)이 옥에서 국문을 당하여 그 옥사가 마침내 점필재를 부관참시하는 지경에까지 이르게 되었다. 서울에 있는 제자들이 밀양 본댁에 알려 미리 시체를 옮기고 다른 시체로 바꾸어 놓아 참형을 면하였다고 하였다. 내가 일찍이 허봉(許篈)에게서 이 말을 들었는데 지금 다시 들어보니 과연 헛말이 아니어서 얼마나 다행인가. 그때에 후실 부인이 연좌되어 운봉으로 귀양 가고 아들 윤(綸)은 나이 10세로 너무 어려서 화를 면하게 되었다고 하였다.

도색(桃色)을 띤 일화도 소개하고 있다.

선조 3년 5월 28일. 기생 옥매향이 애초에는 임백령의 사랑을 받았는데 갑자기 윤임에게 빼앗겼다. 윤임과 임백령은 한 마을에 살며 평소에 서로 왕래했는데 사랑하는 기생을 빼앗기고 보니 백령으로서는 윤임이 또 하나의 원수가 되었다.

그러다가 백령이 윤임을 죽이고 나서 옥매향을 자기 계집종으로 삼아 다시 데리고 갔으니, 그가 평일에 원한을 쌓아왔다는 것을 이 한 가지 단서로도 알 수 있다.

시·문(詩文)

미암은 도학자로서 특히 경전의 훈고에 주력하여 사서삼경의 현토 (懸吐)와 훈석(訓釋)에 당대 제1인자였다. 따라서 사장(詞章)에 전력할 여력이 없었을 터이나 『미암선생전집』에 수록된 시가 239제, 280수에 이르고 그 밖에 각종 문장이 적지 않다. 방대한 양의 『미암일기』도 물론 광의의 문학에 속하지만 앞에서 살펴보았으므로 여기서는 생략하고, 순수문학 영역인 시·문 약간 편을 뽑아 '미암문학'의 편린을 음미하고자 한다.

문집을 펴자 맨 먼저 눈이 집중되는 곳이 권4의 「정훈십훈(庭訓十訓)」이라는 미암가의 가훈 10조다. 미암의 부친이 평소에 자제들에게 베푼 가르침을 미암이 정리하여 집성(集成)한 글이다. 남아가 이 세상에 나와서 살아감에 지향할 가치, 수신·처세의 정신과 자세, 학문·수행의 정도, 윤리·도덕 등을 정제된 문장으로 순순(諄諄)하게 서술한 명문이다.

서문에 해당하는 전문(前文)과 10훈 중 제1·제10을 예로 들어본다.

아버지, 증이조참판 성은공(城隱公)의 언행과 문장은 순수하여 티가 없었다.

나는 일찍 고아가 되어 교훈을 잃어버리고 항상 끝없는 비통을 안고 살았다. 또 불초하여 세상에 부모를 현양하지 못했다. 지금 기재하지 않으면 모두 없어지게 될까 염려되어 울면서 삼가 아버지께서 생전에 집에서 성실히 행하시던 거가독행십조(居家篤行十條)를 기록하여 날마다 더욱 깨우치고 살피고자 정훈(庭

訓)을 짓는다.(전문)

기상(氣像) 제1. 아버지께서 말씀하셨다. 무릇 사람으로서 기상이 단정하고 무거워 가볍지 않고 웅숭깊어 천박하지 않아야 한다. 종일 몸가짐이 엄연하고 말할 때를 가려 말해야 한다. 이와 같이 해야 덕을 이룰 수 있다.

당나라 배행검(裵行儉)이 말했다. '왕발(王勃) 등이 비록 글재주는 화려했으나 경박하였으니 어찌 작록(爵祿)을 누릴 그릇이었느냐. 양웅(揚雄)은 좀 침중하여 현의 장관이 되었다.'라고. 뒤(이하)는 모두 그 말과 같다. 이것은 격언이니 너는 마땅히 마음 속 깊이 느껴 깊이 살펴야 한다.

문학 제10. 아버지께서는 총명이 남보다 뛰어나고 문리(文理)가 밝아 잘 통했다. 소년 적에 과장(科場)에서 수험생들의 작품을 보았는데 눈에 띄는 대로 외워 수십 년 후까지 오히려 기억하셨다. 책을 읽으시고 한 번 외우면 종신토록 잊지 않으셨다. 그래서 책을 읽으시는데 고문(古文)의 어렵고 요긴한 곳을 대를 쪼개듯 막힘없이 읽으셨다.

일찍이 스스로 말씀하시기를 '나는 책을 볼 때 시를 아는 데는 부족하고 글을 짓는 데는 입론(立論)을 잘한다.'고 하셨다. 사서 및 시·서·예기는 조금, 『통감』은 정밀하게 깊이 연구하시어 외우지 않은 곳이 없다.

중국 산천의 길과 잇수와 역대 치란 흥폐(興廢)를 마치 손바닥을 가리키듯 하셨다. 옛 책을 보실 때마다 충량(忠良)에 감개하시고, 간사와 아첨에 분통해하시며 문자를 골라내 사악을 억제하고 정(正)을 펴는 데 힘쓰셨다. 『대학연의』를 일러 '치국의 근본이요, 학자의 지보(至寶)'라고 하셨다.(이하 줄임)

미암은 생전에 사장을 싫어했던 만큼 시(한시)를 많이 짓지 않은 데다 많이 산일(散佚)되었다고 한다. 그래도 송재용(宋在鏞) 박사에 의하면 320여 수가 남아 있다고 하니 그렇게 영성한 편은 아니다.

『미암선생집』에서 몇 수 뽑아 살펴보고자 한다.

도학자였으니 이른바 '재도시(載道詩)'의 성격을 띤 작품부터 먼저 들어본다.

「구월 십오야 완월유감(九月十五夜翫月有感)」

깊은 가을 보름날 밤	深秋十五夜
달빛 밝아 대낮 같네	月色白晝同
이 달에 오곡이 여물고	是月萬寶成
오시라 해는 바로 한낮	午時日正中
해와 달 크게 빛나고	兩曜方光大
하늘이 주자 선생 내셨네	天誕紫陽翁
다섯 별이 문운 모아	五星旣聚奎
서기가 하늘에 치솟네	紫氣復騰空
위대하다 만물을 태어내고	巍巍出庶物
긴 밤 오래도록 빛나네	長夜奄昭融
군성이 맹주로 올리니	群星推主盟

조화는 신공에 뒤지네	造化讓神功
만일 한 치 빛을 받으면	苟受一寸光
족히 헤매는 길 열리리	足啓迷路蒙
누구와 말할 수 있으랴	誰哉可告語
거의가 장님에 귀머거리네	十九盲且聾

만추의 보름달, 시리도록 맑고 밝은 달이다. 이런 달을 즐겨 바라보며 느낌을 읊은 시다. 그런데도 서정이 주조(主潮)를 이루지 않고 달빛만큼이나 차가운 주지시다. 역시 도학자로서의 미암의 면목이 약여하다. 시의 중심은 주자, 희(朱子 熹)다. 만월을 보면서 존숭하는 주자를 생각하고 그 주자는, 저 달과 해의 정(精)으로 하늘이 탄생시켰다고 칭송한 것이다. 다섯 별은 곧 주염계 돈이(周濂溪 敦頤), 장횡거 재(張橫渠 載), 정명도 호(程明道 顯), 정이천 이(程伊川 頤), 주자를 가리킨 듯하다. 송학(宋學)을 대표하는 다섯 학자를 들고 주자를 제1인자로 내세우고 그 학덕을 기린 시다.

「**문중추월**(問中秋月)」

중추 달에게 묻노니	爲問中秋月
옛적엔 공자도 비추었지	曾明洙泗傍
거문고 소리 하 즐겁고	回琴鳴至樂
노래하며 맑은 소리에 느꺼워	參唱動淸商
삼천 제자 가르치니	教兩三千子
문풍이 억만 년이라	文風億萬霜

성인을 뵐 수 없으니	聖人不可見
괜히 밝은 빛만 대하네	空對爾揚光

5율(五律) 네 수로 된 시 중의 첫 수다. 중추의 달에게 묻는 형식으로 성인 공자의 업적을 숭모하여 만나 뵐 수 없음을 한탄하며 공연히 휘영청 밝은 달빛을 원망한다.

제2~4수는 원시 인용을 생략하고 그 주제만을 언급하고자 한다. 제2수에서는 대현(大賢) 맹자의 사적, 제3수에서는 대유(大儒) 주염계와 장횡거의 사적, 제4수에서는 지인(至人) 주자의 사적을 찬양하며, 달은 밝아도 이들을 볼 수 없음을 한탄하였다.

역시 도학자다운 정신을 드러낸 시다.

위의 시는 미암의 근엄한 도학자의 지적인 정신면을 표출한 것들이다. 하지만 그 역시 희로애락을 지닌 인간이기에 다음과 같은 절절한 서정시도 남겼다. 종성 유배 중에 읊은 것으로 추정되는 5언율시다. 어머니 그리는 단장의 오열(嗚咽)이 느껴진다.

「오삭무소식(五朔無消息)」

다섯 달이나 소식 없어	五朔無消息
꿈에 돌아가 눈물 줄줄	夢歸涕淚流
기러기 발을 누가 묶었지	雁來誰繫足
까치는 떠들어 시름 더하네	鵲躁謾添愁
부모 은혜 갚을 수 없어	愛日誠空負
끝없는 한 하늘에 사무치네	窮天恨未休

어느 세월에 왕명을 받고서   何年沾渙汗

채색 입고 어머니 앞에서 놀까   戲綵北堂秋

미암의 뒤를 따라온 우리는 미암의 생애만큼이나 팍팍하고 답답한 세월을 보내면서 미암과 일희일비를 함께 나누었다.

이런 우리가 다음의 시 3수를 만나 마치 고달픈 사막의 여로에서 오아시스를 찾은 듯, 정말 오랜만에 여장을 풀고 마음 편히 휴식을 즐길 수 있는 분위기에 젖어들 수 있다. 참으로 보기 좋은 장면이다. 옆에서 바라보는 우리도 덩달아 즐거워지고 흥겨워진다.

미암의 가족이 모처럼 9월 9일 중구날 한자리에 앉아 소연을 연다.

「중구소작(重九小酌)」

대궐에서 왕은을 입은 날   紫極承恩日

술에 황국을 띄우고   黃菊泛酒時

우리 육친 한자리 앉아   一堂親五六

함께 태평기를 즐기네   同樂太平期

미암의 시에 부인 덕봉이 차운한다.

옛날 남북으로 나누일 때   昔日分南北

어찌 이런 때 있을 줄 알았으리   那知有此時

이 가을 좋은 시절에 만남은   淸秋佳節會

천리 밖에서 서로 약속한 듯   千里若相期

아들 경렴이 차운한다.

학발 양친 당상에 함께 계시고	鶴髮俱堂上
제가 무늬옷 입고 춤출 때	斑衣舞此時
우리 집 즐거움 무한하니	吾家無限樂
이 밖에 또 무엇을 바라리오	此外更何期

「관수설(觀水說)」 — 미암은 성리학의 대가지만 성리학, 그중에서도 당시 학자들 사이에서 중점적으로 천착하던 이기설(理氣說)에 대한 논설이 전해지는 것이 별로 없다. 그러므로 이 「관수설」은 미암의 학문을 아는 데 매우 귀중한 글이다.

이 글은 미암이 종성 유배 중에, 종성에 부임한 홍연(洪淵. 종성부사? 미상)과 두만강 가의 망호대(望湖臺)에 올라 강을 굽어보며 나눈 대화록이다. 사람의 성정을 물의 본성에 비유하여 물의 이치로 인간의 이기·성정을 논한 주리적(主理的) 경향의 글이다. 물은 원래 유학에서 중요시하는 소재다. 공자가 강가에서 물을 바라보면서 "지나가는 것은 이와 같은 것인가? 밤낮을 그치지 않는구나〔逝者如斯夫 不舍晝夜〕!"라고 탄식조로 토로한 이른바 천상탄(川上嘆)이 있다.

미암도 한 많은 유배 생활 중 천고를 변함없이 흐르는 두만강을 보면서 그의 인성관(人性觀)의 일단을 표출한 것이다. 주로 사서, 그중에서도 『대학』과 『중용』의 중심 요소들이 많이 원용되었다.

"퇴재(退齋) 홍공(洪公)이 본디 물을 좋아하는 천성이 있는데 종산(종성)에 부임하였다. 어느 한가한 날 나를 청하여, 함께 망호대에 올라가서 대강(두만강)을 굽어보며 말하기를 '아름답도다 물이여, 양양하도다!' 하였다. 내가 대답하기를 '물은 도학에 비유할 수가 있는데 공은 그 때문에 아름답다고 하십니까?' 하였다. 공이 말하기를 '내가 본디 조금은 알지만 그대가 나를 위하여 말을 해주시오.' 하였다."

이상이 서두다. 홍연의 요청에 따라 미암이 본격적으로 그의 도학관을 펴나간다. 이하 그 요지를 옮겨보겠다.

"원천(源泉)과 장천(長川)이 콸콸 솟고 도도히 흘러 끊임이 없는 것은 도의 체(體)요, 근원이 맑고 깨끗함은 성(性)의 본색이요, 파란이 출렁이며 지세를 따라 곡절(曲折)하는 것은 정(情)의 발함이요, 고인 물이 담담하여 만물을 비추는 것은 경(敬)하고 밝음이요, 여러 다른 물줄기가 만 번 꺾여도 같이 흘러 바다로 들어가는 것은 격물치지(格物致知)하여 환하게 도를 깨달음이요, 구덩이를 채우고 나아가는 것은 학문을 이룩하고 통달하는 것이요, 어룡(魚龍)을 용납하고 보물을 간직함은 군자의 도량이요, 펴지면 넘실거리고 바람에 잔잔한 파도가 이는 것은 군자의 문장이요, 온천이나 화정(火井)은 이(理)가 한결같기만 하지 않은 것이요, 식수도 되고 삶은 물도 되고 논에 대는 물도 되고 빨랫물도 되고 물건을 띄우기도 싣기도 하는 것은 군자가 명주(明主)를 만나 백성에게 은택을 입히는 것이요, 겨울에 굳게 얼음 어는 것은 군자가 천지의 닫히고 막힌 때를 당하여 몸을 도사리고 감추어 곧은 도리를 지킴이요, 엄한 추위에도 깊은 샘물이 유독 양덕(陽德)을 지니고 얼지 않아 사람이 먹게 하고 끊이지 않음은 군자가 한때 궁해도 사람을 가르치고 저술하여 내세의 미혹한 자를 깨우치는 것이요, 상수(湘水)·위수(渭水)가 투명하게 맑음은 마치 상지(上智)

의 자질을 타고난 사람이 맑고 순수하여 기품(氣稟) 물욕의 누가 없는 것과 같고, 황하와 경수(涇水)가 탁하여 만물을 비추지 못함은 마치 중인(中人)이나 하우(下愚)가 기품에 얽매이고 물욕에 가려진 것과 같습니다. 그러나 한 조각 아교가 수천 길의 흐름을 구할 수가 있는 것이니 어찌 물을 맑히고 씻어 본연의 청정(淸淨)으로 되돌릴 수 없겠습니까.

하늘은 첫째로 수(水)를 생하였으니 오행 중 첫 번째라 고인(古人)이 물로써 도학에 비유하였습니다. 이 물이야말로 공자의 고향인 수수(洙水)와 사수(泗水)에서 근원하여 염계(濂溪. 주돈이)·낙수(洛水. 정호와 정이)로 흘러들고, 횡거(橫渠. 장재)가 건계(建溪. 주자)의 학해(學海)로 넘쳐 흘렀으니(소위 도통-필자), 이른바 넓고 깊고 무궁토록 나와서 육합(六合)에 꽉 차고 고금에 뻗지른 것입니다. 그러니 노장(老莊)이나 불(佛)은 한쪽 한 굽이의 물입니다. 세상에 얕고 치우친 이류(異流)에 빠진 자는 넓고 깊은 큰물에서 헤엄칠 수 없습니다. 큰물에서 헤엄치고 여울목의 모습을 본 자는 끊어진 항구, 끊어진 물 따위는 고개를 돌릴 것이 없습니다."

공이 "그대의 말이 유리(有理)하니 그것을 써서 「관수설」을 지으면 어떨는지요?"라고 하였다.

『미암집』

미암의 사후, 오랜 기간 문집이 편찬 발간되지 않았다. 따라서 그의 생전에 많은 저술이 있었을 터이나 일기 외에는 산일(散佚)이 심했으리라 생각된다. 철종조에 이르러서야 9대손 경심(慶深)이 집에 소장되어 내려오던 일기 초본(草本)을 유명한 성리학자 노사(蘆沙) 기정진(奇正鎭. 1798~1876)에게 교정과 편찬을 의뢰하였다. 이에 노사의 손을 거쳐 문집 20권이 편찬되어 고종 6년(1869)에 『미암선생집』 10책이 발간되었다. 실로 사후 292년 만에 실현된 대업이었다.

문집의 구성은 다음과 같다.

권수(卷首)
  헌근록소(獻芹錄疏)
  비망기(備忘記)
  치제문(致祭文)
  사제문(賜祭文)
  서(序)
권1
  시 116제 125수
권2
  시 123제 155수
권3
  소(疏)5. 서장(書狀)7. 서(書)19. 서(序)3. 기(記)1. 발(跋)2. 명(銘)5. 제문(祭文)11. 갈(碣)2. 잡저(雜著)6.
권4
  정훈(庭訓)
  십훈(十訓)
  내편(內篇)
  외편(外篇) 상·하

권5~14 일기

권15~18 경연일기

권19 부록

제문. 묘제문1. 만사(輓詞)

잡록(雜錄)

명신록(名臣錄)

권20 부록

행장(行狀. 허봉찬 문일부전—許篈撰文佚不傳)

시장(諡狀)

충현사청액상소(忠賢祠請額上疏)

시충현사창립제집사문(示忠賢祠創立諸執事文)

충현사정향문(忠賢祠丁享文)

의암서원정향문(義巖書院丁享文)

의암서원예성축문(義巖書院禮成祝文)

(뒤에 권21이 추가되어 총21권이 되었다.)

권21 속부록

의암서원청액상소(義巖書院請額上疏)

예조복계(禮曹覆啓)

상동춘송선생서(上同春宋先生書)

동춘송선생계사(同春宋先生啓辭)

발(跋)

저술

미암은 박람강기(博覽强記)의 학자로 '입으로 외우고 손으로 적는 것을 밤낮으로 그치지 않아', 위에서 든 『미암일기』와 『미암집』 외에 찬술하고 주해하고 편집한 책이 매우 많았다. 특히 경서에 통달하여 율곡 이이와 함께 왕명으로 경서 구결 급 언해(經書口訣及諺解)를 찬정(撰定)하여 후세 학자들의 경서 공부에 많은 도움을 주었다.

그가 찬술한 책 중 특히 저명한 서명은 다음과 같다.

『국조유선록(國朝儒先錄)』, 『교주자대전어류(校朱子大典語類)』, 『신증유합(新增類合)』, 『강목고이(綱目考異)』, 『역대요록(歷代要錄)』, 『속몽구(續蒙求)』, 『천해록(川海錄)』, 『완심도(玩心圖)』, 『집예원한림(集藝園閑林)』, 『속휘변(續諱辨)』, 『헌근록(獻芹錄)』, 『정당관견주해(政堂管見注解)』, 『육서부록(六書附錄)』, 『대학석소(大學釋疏)』, 『대전서집람(大全書集覽)』

미암 유희춘은 자신이 '신은 바닷가에서 생장하여'라고 술회한 대로 서울에서 천리 떨어진 남쪽 끝 변방에서 태어났다. 그러나 총명한 자질에 학문을 좋아하여 어려서부터 밤낮으로 공부하고, 성장하여서는 신재 최산두와 모재 김안국 문하에서 우리나라의 정통 도학을 체득하였다.

문과에 급제하여 관도에 오르자 사림파의 일원으로 올바른 정치를 구현하기 위해 진력하였다. 을사사화를 당하여 윤원형의 심복 임백령, 김광준 등의 유혹을 뿌리치고 의리를 위해 고난의 길을 택하였다.

북변 극지에서 사람으로서 견디기 어려운 귀양살이, 그것도 20여

년의 긴 세월을, 불요불굴의 의지와 끊임없는 면학의 열기로 극복하며 새로운 시대가 열리는 날을 염원하였다. 이러한 유배생활을 통해서 경·사·자·집(經史子集)에 통달하여 학문적으로 대성할 수 있었다.

미암에게는 암울했던 명종의 시대가 가고 선조의 즉위로 새 시대가 열려 사림이 대거 조정에 복귀하였다. 미암도 해배됨과 동시에 복관되었다. 얼마나 대망했던 꿈같은 일이었을까. 그는 박통하고 정밀한 학문과 온화한 인품과 한결같은 성충으로 선조의 지우(知遇)를 받았다. 중국의 옛 속담에 '선비는 자기를 알아주는 사람을 위해 죽는다〔士爲知己者死〕'는 말이 있는데, 미암은 자신을 신임하는 선조를 위해 10년간 경연해서 전력을 다해 보도하였다.

선조의 총애가 지극함에도 몸을 낮추고 조신(操身)하여 독선에 흐르지 않고 조정 신료들과 각을 세우는 일이 없었다. 소탈 담박(淡泊)하고 원융(圓融)한 데다 강직을 갖춘 인격이기에 말년에 동서 사이에서 중립을 지켜 상처를 입지 않았다.

『미암일기』와 같은 역사적인 불후의 대작을 남기고 경전의 구결과 해석(국역)에 탁월한 식견을 발휘하여 우리나라 훈고학(訓詁學)을 크게 향상시켰다. 관직을 물러남에 선조의 진정 어린 만류와 만조백관의 아낌을 받았다. 아무리 태평성대라 해도 어느 면에서는 정글법칙이 지배하는 살벌한 조정에서 보기 드문 아름다운 사례라 할 수 있다.

지금까지 조선 중기 사화기를 돌파한 의리의 선비 미암 유희춘의 일생 역정(歷程)을 살펴온 우리는 이제 미암과 작별을 고하고자 한다. 미암의 문인으로 홍문관대제학을 지낸 이호민(李好閔. 1553~1634)이 지은 미암의 시장(諡狀)에서 한 대문을 뽑아 음미하면서.

"오호라! 공은 절세의 자질로 호학으로써 이루고, 뜻이 굳어 널리 보아 깊이 길러 두터이 쌓아 중년에 온축하였으나 펴지 못했다. 생을 마칠 때쯤 성명(聖明. 임금의 명덕)을 만나 뜻한 바 1~2를 거의 행하게 되었다. 공이 물러나 편안하기를 생각했으나 왕의 사랑이 더욱 무거워 끌어당기고 말려 공으로 하여금 물러나 산림에서 거닐며 실컷 노닐 수 없게 했다. 그 배운 것을 더하여 나아가게 해야 되는데 죽을 때까지 조정에 세움으로써 이 도를 창명(倡明)할 수 없게 하였다. '하늘이여! 어째서입니까. 아아!'

세상에서 공을 아는 이 드물다. 공의 도는 다 그 책에 있다. 뒤에 공을 보고자 하는 자, 그 책을 볼지어다. 그래야 또한 족히 공의 마음도 알 수 있다."

우) 유헌 정황을 향사하는 영천사(영천서원 경내)

정 황

丁熿

1512(중종 7)~1560(명종 15)

제1장

충군(忠君)·애국(愛國)

효도와 우애

인종 원년(명종 즉위년. 을사. 1545) 10월에, 의정부사인(議政府舍人) 정황(丁熿)이 이른바 을사사화에 연루되어 파직되고 이듬해인 명종 1년에 향리 남원으로 돌아갔다. 일찍이 같은 남원 출신의 안처순(安處順. 1493~1534)이 기묘사화(1519)에 조광조(趙光祖)의 동지로 몰려 핍박을 당하다가 구례현감(전직 홍문관박사)직을 내던지고 귀향한 지 꼭 26년만의 일이었다.

두 사람 다 조선 중기의 지절 높은 사류로 사화기(士禍期)를 당하여, 훈구 세력이나 외척 권신에게 영합하지 않고 정도를 걷다가 꺾여 경세제민(經世濟民)의 뜻을 펴지 못하고 말았다. 그러나 순천과 더불어 전라좌도의 대표적인 수부(首府) 남원의 청고(淸高)한 문풍(文風)과 늠연(凜然)한 사기(士氣)를 드높여 후세에 끼친 공렬(功烈)이 찬연하다.

정황은 물론 학문과 문장을 갖추고 문과 급제를 통해 중앙 관계에 오른 엘리트다. 그러므로 그의 관력(官歷)을 먼저 살피는 것이 순서겠으나, 그의 경우는 학문이나 벼슬은 둘째다. 이것들보다 그는 효도와 우애로 조야(朝野)를 감복시킨 사람이다. 따라서 여기에서는 우선적으로 그의 효우(孝友)의 행적을 비추어 볼까 한다.

정황의 증조(한우-旱雨)는 효우가 특히 뛰어나 조정에 추천되어 풍저창부승(豊儲倉副丞)직을 받았다. 이후 조부(휘-暉. 전생서주부-典牲署主簿), 부친(세명-世明. 사산감역-四山監役) 삼대가 모두 효우가 돈독하여 이 가문의 전통이 되었다. 형 정환(丁煥. 1497~1540)과 더불어 가문의 전통을 이어받은 정황은 효성과 우애가 지극하고 깊었다. 그래서 세상에 효우 가문으로 널리 알려졌다.

중종 19년(1524) 1월, 정황이 13세 때 서울 집에서 아버지상을 당하였다. 그는 3월에 형을 따라 남원 본가로 운구하여 돌아와 원당(元堂) 선산에 예를 갖추어 안장하였다.

이제 겨우 13세의 소년 정황은 형과 함께 3년간 여묘살이를 했다. 그의 형은 이 기간에, 아우가 공부할 시기를 놓치게 된 것을 마음 아프게 여겨 여막에서 아우에게 송사(宋史)를 가르쳤다.

중종 21년(1526) 15세에 삼년상을 마친 정황은 서울 집으로 돌아갔다. 그는 아버지가 별세한 뒤로 형을 아버지처럼 위하고 섬겼다. 이후 혼인을 하고 과거에 급제하여 벼슬길에 올라 순탄한 세월을 보내다가 28세(1539) 때 어머니상을 당하였다.

때마침 형은 경상도도사로 나가 있었다. 홀로 큰일을 당한 정황은 슬픔을 이기지 못하고 예제(禮制)를 넘어 지나치게 통곡하며 물도 넘기지 못해 병이 나고 말았다. 이는 오히려 불효다. 그는 정신을 다잡고 몸을 추슬러 형과 함께 상을 받들고 남원으로 돌아가 성의를 다해 장례를 마쳤다. 물론 형제는 여묘살이에 들어갔다.

화불단행(禍不單行)이라 하더니, 정씨 형제가 여묘살이하는 중에 예기치 못한 불행이 이 가문에 찾아들었다. 그것은 맏상제인 형 환의 갑작스러운 죽음이었다. 모친상을 당한 지 꼭 1년 2개월 만에 겨우 소상을 지내고 나서 일어난 일이다. 어머니상에 예제를 넘어 몸을 돌보지 않고 지나치게 애통해한 끝에 형이 마침내 몸이 망가져 일어나지 못하고 만 것이다. 아우 황도 시묘하면서 건강이 많이 상하여 겨우 몸을 부지하고 있는 중이었다.

정황은 애통과 절망에 빠졌다. 일찍 아버지를 여의고 오직 하나 형을 의지하고 살았는데 그 형마저 어머니 상중에 여의고 말았으니 그 비통(悲痛)이 어떠하였을까. 하지만 슬픔에 젖어 있을 수만은 없는 일, 그는 심신을 일으켜 형의 장례를 치렀다. 그는 친상 때보다 오히려 더 애통한 마음으로 여막 옆에 빈소를 차리고 모든 장례 절차를 예절에 맞추어 정성껏 거행하였다. 그리고 형을 위해 3년간 심상(心喪)을 치르게 된다.

정황은 중종 36년, 30세에 어머니 삼년상을 마치고 승문원(承文院) 박사가 되어 조정에 복귀하였다. 이듬해에 그는 사당의 신주를 서울 집으로 옮겨 모시고, 형수를 비롯한 형의 유족을 모두 서울 집으로 함께 옮겨서 형의 생존시와 다름없이 한집에서 한솥밥을 먹으며 생활하였다. 그의 우애는 여기에서 그치지 않는다. 사람들의 감동을 자아내는 미담이 전한다.

그는 봉록(俸祿)을 받으면 전부 형수에게 맡기고 출납에 반드시 그 지시를 받고 집행하였다. 세상 사람들은 더욱 그를 칭송해 마지않았다. 그는 일생 동안 시종 일관하여 효제충신(孝悌忠信)을 입신의 근본으로 삼은 선비였다. 정황의 우애에 대하여 사신(史臣)은 아래와 같이 논하였다.(『중종실록』 중종 39년 3월 22일조) 사신은 논한다.

정황은 돌아간 부모를 사모하여 형을 아버지처럼 섬기고 형수를 어머니처럼 섬겼다. 형이 죽자 3년간 심상을 치렀고 상기가 끝나자 형수를 받들고 서울로 와서 모든 녹봉을 다 형수에게 주고 그가 하라는 대로 하였다. 그런데 형수가 불민하여 마치 자기 것처럼 여겨 많이 주고자 하지 않아 정황 자신의 생활은 매우 궁색하였지만 그래도 난처하게 여기는 뜻이 없었다.

생각건대 그의 효도와 우애는 건전한 일상생활을 통해서 『논어』, 『맹자(孟子)』, 『효경』 등 유교 경전의 가르침대로 지성으로 부모를 섬기고 형을 공경하는 진정성이 감동의 원천이 아니었을까 한다.

정황의 효행과 우애는 당시의 전라관찰사 송순(宋純. 1493~1583)이 올린 서장(書狀)에 의해 왕에게 알려져 중종 37년 11월 10일 한 자급(資級) 올리는 특전을 입었다. 왕이 송순의 서장을 정원(政院)에 내리면서 "정황의 경우는 효행이 희귀한데 더욱이 한 집안에 효제를 아울러 행함이겠는가. 이는 근고(近古)에 듣지 못하던 일이다. 그래서 온 고을 사람이 모두 탄미하고 있는 것이다. 고사(古史)를 보면 행실이 특이한 자는 정표(旌表)하여 드러냈으니, 이제 특별히 한 직급을 올려 뒷사람을 권면하게 하라."라고 명하였다.

송순의 서장 요지는 아래와 같다.

전 경상도도사 정환(정황의 형)은 천성이 지극히 효성스러워 부친상에 모든 상제(喪祭)를 예문(禮文)에 따랐다. 첫닭이 울면 제복 입고 상청에 들어가 분향 통곡하고 무덤에 올라가 묘역을 쓸고 분향 통곡하였다. 저녁때에도 그렇게 하고 여막(廬幕)으로 돌아와서는 입을 다물고 손수 제찬(祭饌)을 만들었다. 조석의 곡은 풍설·질병 중에도 폐하지 않았으며, 여묘살이하면서 매일 좁쌀죽을 마시고 양념 반찬과 과일을 먹지 않았다. 너무 슬퍼하여 몸이 마르고, 웃는 일이 없었다. 모친상을 당하여는 아우 황과 상례를 부친상처럼 똑같이 하였다. 환은 지나친 슬픔으로 병이 나서 상중에 운명하였다.

　아우 황은 형의 약시중을 부모에게처럼 하였고, 온갖 일을 다해 형의 장수를 빌었다. 형이 위독할 때 똥을 맛보기도 하고, 회생의 가망이 없자 형의 아들 없음을 슬퍼하였다. 가난 중에도 장례에 드는 물품을 지성으로 마련하였다. 모친의 여막 곁에 형의 여막을 짓고, 조석으로 전(奠)을 올릴 때 모친의 신위에 먼저, 심의(深衣)로 갈아입은 다음 형의 신위에 올리고, 조석으로 곡하기를 부모와 같이 하였다. 모친복이 끝난 후에도 백의에 심상으로 형의 여막에 처하여 조석으로 전을 올리고, 형수 받들기를 모친 섬기듯 하며, 복직 소식을 듣고도 차마 버리고 가지 못해 청가원을 내고 그를 봉양하였다. 형수가 황이 오랫동안 복직하지 못함을 민망히 여겨 상을 마치기 전에 상경하기를 강요하자 황이 마지못해 복관하였다. 향리 사람들이 감화되어 눈물 흘리면서 효와 제(悌)가 한 집안에서 나온 것은 천고(千古)에 드문 일이라고 칭송하였다.

　정황과 거의 같은 시기에 출사한 하서 김인후는 그의 높고 돈독한 효우를 아래와 같은 7언절구로 기리었다.

「증 정 계회 황(贈丁季晦熿)」

효우하는 가풍을 흠앙하기 오랜데	孝友家風夙所欽
다행히 벼슬하며 한 마음 맺었네	幸因游官結同襟
남으로 돌아가매 군신 깊이 감동하고	南歸幾激君臣感
이날 장중*의 마음 깊이 알았네	當日深知張仲心

(*張仲 : 주 선왕(周宣王) 때 효우가 극진했던 사람)

정론(正論)을 펴다

옛날 선비들은 왜 공부(학문)를 했는가?

단적으로 한 마디로 요약하면 수기치인(修己治人)을 위해서였다. 첫째로 자기 자신부터 몸과 마음을 갈고닦아 하나의 완숙한 인간이 되는 것이다. 곧 완전한 인격을 갖추기 위해 학문을 했다. 그 최고의 경지가 성인(聖人)이다. 성인의 경지를 향한 끊임없는 절차탁마(切磋琢磨)가 바로 공부였다. 이 과정에서 중점 요소가 성의 정심(誠意正心)이다. 자기의 뜻을 참되게 하고 마음을 바르게 지니는 것이다.

성의 정심으로 자신의 인격을 갈고닦아 어느 정도 완성하고 나서 다음으로 생각하는 것이 남을 다스리는 치인이다. 치인은 남의 위에 서서 지배하고 호령하는 것이 아니라, 항상 낮은 데 처하여 대상을 위하고 편안하게 하고 보호하는 데 주력하는 것이다. 바로 위민·애민·보민(保民)이다.

수기한 내공을 혼자서 누리면 별 의의가 없다. 남에게 미치어 확충해서 중민(衆民)과 더불어 공생공영(共生共榮)해야 한다. 그러자면 그렇게 할 수 있는 지위가 있어야 한다. 그래서 예로부터 선비들이 벼슬을 얻고자 한 것이다. 산림(山林)을 고수한 처사는 오히려 예외에 속하였다. 벼슬하지 않으면 백성을 위해 일할 수 없다. 공자와 맹자가 그토록 벼슬하려고 천하를 주유(周遊)하며 유세한 이유가 여기에 있는 것이다. 결코 개인의 영달을 위한 것이 아니었다.

수기하고 나서 치인하기 위해 관직을 얻으려고 했다. 그러나 치인은 혼자서 할 수 없다. 위로는 왕이 있고 옆이나 아래로는 층층이 관료들이 진을 치고 있다. 이들과 뜻을 공유하고 함께 나아가야 한다.

관직에서의 성패 여부는 모든 인적 요소 중에서 오로지 군주에 달려 있다. 성군(聖君)·명군(明君)을 만나야 현신(賢臣)이 될 수 있고, 암군(暗君)·폭군(暴君)을 만나면 파멸하거나 간신 또는 역신으로 전락할 수 있다.

수기한 선비들은 명군을 만나 요순의 성세(盛世)를 구현하고자 하는 이상을 지니고 관도(官途)에 오른다. 조정에 나간 그 순간부터 그들은 평소에 꿈꾸어 온 안민·보민의 선정을 펴고자 진력한다. 여기에서 그 대척점에 자리하고 있는 존재가 임금이다. 임금 자신이 신하들과 한 마음으로 보민·안민을 바라야 한다. 그래서 조정에 나간 선비들이 힘을 쏟는 일이 임금의 마음을 바로잡는〔格君心〕 데 있었다. 맹자는 일찍이 "오직 대인이라야 군주의 잘못된 마음을 바로잡을 수 있다. 군주가 인(仁)해지면 온 나라가 인해지지 않을 수 없고, 군주가 의로워지면 온 나라가 의롭지 않을 수 없으며, 군주가 바르게 되면 온 나라가 바르게 되지 않을 수 없다. 이처럼 일단 군주의 마음을 바르게 하면 온 나라가 바르게 안정된다.〔惟大人 爲能格君心之非 君仁莫不仁 君義莫不義 君正莫不正 一正君而國定矣〕"라고 갈파하였다. 바로 이 대목이다. 인의를 존중하는 바른 정치를 실현하자면 모든 것에 앞서 군주로 하여금 인의를 존중하고 마음을 바르게 갖도록 해야 된다는 것이다.

조선조의 정치 체제가 여기에 초점을 맞추어 정해진 감이 있다. 우선 세자에게 어린 시절부터 시강원(侍講院)에서 엄격하고 혹독한 교육을 시키고, 왕위에 오르면 경연(經筵)에서 매일 아침, 낮, 저녁 세 번씩 강학하고 시정(時政)을 논하여 지적으로 단련시켰다. 또 삼사(三司. 홍문관·사헌부·사간원)를 두어 주로 임금에 대한 언로(言路)를 보장하고 창달하였다.

문과에 급제한 신진 엘리트 문신들이 이 삼사에 포진하여 경연을 출입하면서 진강과 간쟁(諫諍)을 통해 국가의 기강을 잡고 왕을 인의의 길로 인도하였다. 이 젊은 신예 사류들이 조정에 진출하면 으레 새로운 바람을 일으키기 마련이어서 왕과 기성의 관료들을 긴장시키게 된다. 왕에 대한 간쟁은 쓴소리가 아닐 수 없고 기성 관료층에게도 개혁을 요구하게 되니 왕과 신구 관료층 상호 간에 갈등과 마찰이 일어난다.

이러한 과정에서 현명한 군주가 있으면 이들을 잘 어거하고 조정하여 오히려 발전적 국면으로 전환시킬 수 있다. 봇물처럼 터져 나오는 군신의 중론을 듣고 정확한 판단을 내려야 하는 책무는 군주의 몫이다. 이러하므로 군주는 타고난 예지(叡智)와 총명이 있어야 하나 그보다도 후천적으로 학문과 덕행을 쌓기 위한 교육이 필요하다. 왕의 교육은 신하에 의하여 이루어졌다. 조선 시대에 사류가 조정에 들어가면 경연에 매달려 왕의 보도(輔導)에 전력을 다한 것은 성명(聖明)한 군주를 만들어 왕도를 구현하고자 함이었다.

이상은 성리학의 정치 이데올로기의 일단이다. 이것이 성종(1469~1494 재위)과 같은 명군이 나와서 꽃을 피우다가 연산군의 회오리가 불어와 뿌리째 뽑혀 버렸다.

중종 반정으로 사류의 정치 이상이 겨우 되살아나다가 기묘사화(1519)로 된서리를 맞고 거의 회생 불능의 처지가 되었다. 그래도 사림 또한 불사조와 같은 불멸의 생명력이 있어, 간신·권신·외척들의 틈새를 비집고 나와서 중종 말기에는 활기를 되찾고 있었다.

이 사림 부활기에 때맞추듯 정황이 어머니상을 마치고 조정에 돌아왔다. 중종 36년 승문원박사에 임명된 이후 승문원교검(校檢), 예조좌랑, 성균관전적 등을 역임하고 중종 39년에 드디어 사간원정언, 사헌부지평(持平) 등의 간관(諫官)직에 올랐다.

대간(臺諫)에 진출한 정황은 이제 매일 조석으로 왕을 시종하면서 국정에 대하여 왕과 문답하고 토론하고 논계(論啓)하는 중책을 수행하게 된 것이다. 신예 관리들이 얼마나 바라며 부러워하는 자리인가.

정황은 원칙과 절차를 존중하고 이를 지키는 데 굽힘이 없었던 듯하다. 중종 39년 초 정언이 되자마자 바로 있었던 일이다.

중종 39년 1월 22일 『실록』의 기사.

사간원에서 계하였다.

호조정랑 유세귀(柳世龜)·유수(柳洙)·형조정랑 성세영(成世英)은 모두 수령으로서 죄를 범하여 파직되었다가 복직되어 오래지 않아 승급되었으니 개정하여 후폐를 막게 해주소서."

이에 대하여, 왕은 아뢴 대로 하라고 답하였다.

이 과정에서 문제가 생긴 것이다.

전날 정황이, 모친 기일이라 출근하지 않았다. 그래서 정황이 참여하지 않은 가운데 사간 송세형(宋世珩. ?~1553)과 정언 이담(李湛) 두 사람이 인사 문제를 논의하여 결정하고 위와 같이 계하여 왕의 답이 내려진 것이다. 이에 이튿날 출근한 정황이 그것을 알고 발끈했다.

'첫째로 적어도 정사(政事-인사)는 세 사람이 참여하여 완전한 합의〔完議〕를 거쳐 계해야 마땅하거늘, 내가 불참한 가운데 이루어졌으니 부당하다. 둘째로 이런 일이 반복되어서는 안 되니 뒷일을 경계하기

위하여 문제 삼아야 한다. 셋째로 정언으로서의 나의 존재감이 희미하지 않은가.'

이렇게 생각한 정황은 왕에게 체직(遞職)을 청했다. 이러자 송세형과 이담도 역시 체직을 청했다. 대사간은 송세형이 정황에게 서면으로 물었으나 정황이 미진한 데가 있다고만 할 뿐 분명한 의사 표시가 없었다는 점을 들어 정황을 책망했다. 이에 헌부에서는 송·이 두 사람이 동료와 서로 의논하는 뜻에 어긋났다고 하여 양쪽의 체직을 청하여 그대로 결말이 났다.

원칙과 절차를 존중하는 강직한 정황이 조정에서 겪은 최초의 풍파였다.

나랏일은 공명정대해야

중종 39년(1544) 11월 15일 중종이 승하하였다. 이때 정황은 병조정랑에서 옮겨와 사헌부지평으로 재직하고 있었다. 왕의 초상 마당에 조정에 비상이 걸렸다. 명나라에 중종의 죽음을 알리고 시호를 청해야 하는데 중종이 왕위에 오른 뒤 명나라에 반정의 사실을 숨기고 전왕의 양위를 받은 것으로 했기 때문에 이젠 이실직고를 해야 할 난제에 봉착한 것이다. 사실대로 말한다면 과거에 명황을 속인 것이 되고, 계속 숨기자니 안 될 것 같아 정론(廷論)이 분분하였다.

이에 정황이 중대한 결심을 하고 12월 5일에 상소하였다. 아직 장례를 치르기 전이다.

그는 먼저 이렇게 운을 뗐다.

"일이란 앞에서 잘못되면 뒤에는 처리하기 어렵고, 오래되면 될수록 더욱 어려워집니다. 참으로 은미한 것을 밝히고 기미를 살피는 식견이 있는 자라면 마음을 움직여 미리 조처할 방도를 생각해야 됩니다.”

이렇게 전제하고 나서 그는 막힘없이 소신에 찬 어조로 당당하게 논리를 펴나갔다. 장장 1,400어에 가까운 웅변이다.

그는 첫째로, 중종은 천심과 민심에 순응하여 공명정대하게 왕위에 올랐다는 정당성을 강조하였다. 그럼에도 당시 대신들은 천명에 의한 하늘의 공을 자신들의 공으로 돌리고, 폐위 사실을 제쳐놓고 옹립만 강조하여 인심을 속이고 만세를 속이는 잘못을 범했다고 지탄하였다.

“그들은 선위(禪位)했다고 가탁했고 바르지 못한 말을 꾸며 우리 임금을 거짓에 빠뜨렸고, 또 명나라 조정을 속여 구차스러운 무사 안일만을 구하고, 자신의 이익과 영화만 도모하느라 후일의 근심을 생각지 않았습니다.”

둘째로, 그는 당시 일부 논자들의 주장, 곧 명나라에 부음과 함께 대행대왕(중종)의 덕행과 빛나는 치적을 고하여 시호를 청하고, 만약 전왕(연산)에 대하여 물으면 생존 중이라고 대답하자는 데 대하여 강렬하게 반대하였다. 이는 떳떳지 못한 한낱 미봉책에 불과하니, 이번 계제에 이실직고하여 털어 버리자고 역설하였다.

“신의 어리석은 생각으로는 일을 처리하는 데 정도(正道)로 하는 것만한 것이 없다고 여겨집니다. (중략)우리 대행대왕께서 나라를 얻으신 것은 애당초 정도였는데도, 여러 신하들에 의해 그르쳐서 그 처음을 바루지 못하여 오늘날 근심이 되고 있습니다.”

이렇게 말하고 이어서 명에 보낼 중종의 행장에 사실대로 직서(直書)하자고 주장한다.

“폐주가 도덕을 어겨 어지럽히고 술에 빠져 조정에서 포학을 일삼으니, 백성들이 도탄에 빠지고 나라가 위망한 지경에 이르렀던 것입니다. 우리 대행대왕께서는 폐주가 왕위를 잃고 물러난 날을 당하자 종묘사직을 위하여 인효(仁孝) 현명과 천명 인심을 겸한 몸으로 성종의 적자로서 들어와 대통을 잇고 중흥을 이룩했습니다. 당시 두세 대신은 식견 없고 법도도 몰라 오직 선위를 받는 것만이 순리인 줄 알았지, 난을 평정하여 나라를 바로잡는 일의 중대함을 생각지 못했습니다. 대행대왕께서도 초창기의 창졸간에 나라와 인심 안정을 급선무로 삼았고, 연세 어리어 원대한 생각과 행동의 겨를이 없었습니다. 사태가 안정되고 학문이 진보한 뒤에는 자신의 허물로 생각했으나 사실대로 말하지 못한 회한을 한들 어떻게 돌이킬 수 있었겠습니까?”

정황은 이와 같은 내용에 재위 40년 동안의 아름다운 언행과 선정을 서술해 붙인다면 중국 조정에서도 충서(忠恕)를 발휘하여 선처해 줄 것이라고 밝게 전망하였다 그러면서도 그는 또한 두려움과 근심을 떨쳐 버릴 수 없음을 실토하기도 한다.

“논자들은 신의 생각을 오활(迂濶)하여 사리에 맞지 않고, 40년 전의 일을 40년 후에 바로잡으려니 말이 순할 수 없고, 사람들을 믿게 할 수도 없어서 한갓 절박한 근심거리의 단서만 줄 뿐이라 쓸 수 없다고 할 것입니다.

신 역시 종이 한 장으로 과거의 잘못을 고치기 어려움을 압니다. 그러나 옛 잘못을 그대로 이어받아 끝내 나쁜 이름을 면할 수 없는 것보다는, 차라리 실정을 밝혀 중국 조정의 채택을 기대하는 것이 낫지 않겠습니까? 무릇 사람이란 눈앞의 고식적인 것만을 쫓다가 나중에 일을 그르치는데, 반성할 줄 모르니 두렵고 염려할 일입니다.”

끝으로 정황은 새 왕에게, 처음을 바르게 시작하는 때를 당해서, 과거의 잘못에 매여 기회를 놓치면 안 된다고 처절하리만큼 진정을 다해 호소한다.

"중흥하신 처음(반정 당시)에 이미 기회를 잃어 사실대로 말하지 못했고, 중흥하신 뒤에도 과거에 구애되어 거짓을 변별하지 못하고 거듭 잘못을 답습하여 지금에 이르렀습니다. 이제 세대가 바뀌었는데도 전철을 답습한다면 중국 조정에서 좋지 않게 여길 것이니, 대행대왕께서 구천에서 눈을 감지 못하실 뿐만 아니라 전하의 근심도 깊어질 것입니다. 임금의 조정에 서서 임금의 총애를 받으며 국가와 운명을 같이하는 자들이라면 어찌 눈물 흘리며 통곡하지 않겠습니까?"

그는 이렇듯 비장하게 울부짖었다. 이에 대하여 왕은 "마땅히 조정과 의논하여 조처하겠다." 하고, 정원에 전교하기를, "이약빙(李若冰)의 상소 예에 따라 모여 의논하라." 하였다.

이에 좌의정 홍언필, 우의정 윤인경 등 여러 중신들이 의논하여 아뢰었다.

"정황의 상소를 보니 사리에 맞는 듯하나 전에 상주(上奏)한 것과 비교해 볼 때 크게 달라, 대답하기 어려운 질문과 뜻밖의 사태를 불러올까 두렵습니다."

여기에 송세형이 자기의 단독 의견으로 덧붙여 아뢰었다.

"이 상소 내용은 신이 전일에 의논드린 것과 다른 의견이 없습니다. 다만 천명과 인심이 돌아와서 난을 평정하고 나라를 바로잡은 사실은 그대로 바로 쓸 수 없다고 하더라도, 중국 조정으로부터 뜻밖의 질문을 받을 때는 연산의 서거한 사실은 바로 말해야 합니다. 중국 조정에서 표리(表裏)가 오래 오지 않은 것으로 보아 서거 사실을 알고 있는 듯합니다. 지금 다시 전일의 잘못을 답습할 수 없습니다. 사신으로 하여금 사실대로 말하게 함이 어떠하겠습니까?"

이에 왕은 '다수의 의논대로 거행하라.' 하였다. 인종 즉위 초 중국과의 사대외교의 중대한 국면을 타개하는 데 정황의 상소가 크게 기여한 것이었다.

빈전에 궤식을 중단하다니

원리 원칙과 정도를 존중하는 정황이 중종 상중에 그냥 넘길 수 없는 일이 또 하나 있게 되어 그가 감연히 일어나서 시정하였다.

왕의 죽음이니 국상이 아닌가. 여염집 상중에도 있을 수 없는 해괴한 일이 일어났다. 그것은 중종의 빈전(殯殿)에 궤식(饋食. 음식물을 올림)을 중지한 일이었다. 민간에서도 출상 전 빈소의 영전에 조석으로 궤식하고 장례를 마친 뒤에는 3년간 궤연(几筵)에 조석으로 상식(上食)을 올리는 법인데 하물며 왕실에 있어서랴.

더욱이 궤식을 중지한 이유가 문제였다. 때마침 경원대군(慶原大君)이 역질을 앓았는데 세속(무속)에 궤식하는 것이 병에 불리하다는 설이 있어서 문정왕후가 대군을 위하여 중지시켰던 것이다. 경원대군이 누구인가? 중종의 제2계비인 문정왕후 소생으로 지금 왕위에 오른 인종 외에 중종의 유일한 적실 왕자로, 30세가 넘은 인종에게 아들이 없기 때문에 인종 유고 시 왕위 계승권자 1위인 존재였다. 나라는 둘째고 우선 문정왕후에게 천하와 바꿀 수 없는 우주 제일의 지고(至高)한 보배라 체모(體毛) 하나라도 손상이 있으면 안 될 일이었다. 대군의 병에 해가 된다면 조석 궤식 중지라는 상제 위반쯤 무엇이 문제이랴.

이 중대한 일에 대신들을 비롯하여 그 똑똑하고 잘난 만조 백관 중에서 누구 하나 말한 사람이 없었다. 아니, 오히려 영합하였다. 문정왕후의 위세에 눌려서였다. 그런데 정5품의 지평 정황에게는 그대로 보아 넘길 수 없는 중대사였다.

정황은 단독으로 진언하였다.

"주상께서는 성학(聖學)이 고명(高明)하신데 어찌 예에 심히 어그러지고 잘못됨을 모르시고 단지 모후(母后)의 뜻이 옳다고 순종하십니까? 닦으시고 삼가신 덕은 어찌하시고요. 신은 불가하다고 여깁니다."

정황이 아뢴 말을 듣고 왕은 받아들여 궤식을 계속하게 되었다.

국상 중에 정황은 여느 때보다 한층 더 생각할 일, 마음 쓸 일이 많았던 듯 발언 또한 활발해졌다. 중종의 능호(陵號) 문제를 두고 또 조신(朝臣)들 사이에 논의가 분분하였다. 대체로 헌릉(獻陵)의 고사(故事)를 인용하여 희자(禧字)를 그대로 따라 쓰자[襲用]는 의견이 우세하였다. '헌릉의 고사'란 헌릉은 태종의 능호로, 왕비인 원경왕후(元敬王后)가 먼저 승하하여 그 능호가 헌릉이었는데 뒤에 승하한 태종의 능을 그 옆에 나란히 정하고 능호를 전대로 헌릉이라 하였다.

이 헌릉의 예에 따라 중종도 이미 있는 장경왕후의 희릉에 능을 정하고 능호 희릉을 그대로 답습하자는 의견이 대세였다. 이번에도 정황이 나섰다.

"헌릉의 일은 본받을 수 없습니다. 높은 이는 낮은 이를 통괄할 수 있으나, 낮은 이는 높은 이를 끌어올릴 수 없습니다." 이런 요지로 여러 차례 계하여 결국 정황의 의견대로 희릉 대신 중종의 새 능호를 정하여 부르기로 하였다. 중종의 능을 장경왕후 능 곁에 정하고 능호를 정릉(靖陵)이라 하니 이후 희릉까지 통합한 능호가 되었다. 그 뒤 중종의 능을 지금의 강남 삼성동으로 옮김에 따라 희릉의 능호도 복원되어 지금에 이르고 있다.

대군의 병 치료 어의 가자 부당

인종 원년 1월 17일, 원리 원칙에 투철한 지평 정황이 인사(상벌) 문제에 관하여 계하였다. 사안이 문정왕후와 직결되는 매우 민감한 문제였다. 자칫 잘못하면 파직은 물론, 귀양을 가거나 목숨도 잃을 수 있는 무거운 일이었다. 지평이라는 직책상 마땅히 짚고 넘어가야 할 일이지만 앞뒤를 헤아린다면 선뜻 나설 수 없는 모험이었다.

대비인 문정왕후가 자신의 생애를 걸고 지켜보는 경원대군이 중종의 상중에 병에 걸려 있었는데, 내의원의 의원 유지번(柳之蕃)이 진료를 맡아 치유하였다. 대군을 살려 준 의원이라 대비가 얼마나 고마워하였을까 상상하고도 남음이 있다. 그래서 대비가 아마도 왕을 움직였을 것이다. 인종이 그에게 특별히 가자(加資)를 명하였다. 이에 정황이 이의를 제기한 것이다.

"작명(爵命. 관직 임명)은 조정의 공기(公器)이니 왕이라도 사사로이 베풀지 못하는 것입니다. 위에서 반드시 주어야 할 자에게 주어야 사정(私情)에 치우치지 않게 되며, 아래에서 반드시 받아야 할 실상이 있은 다음 받아야 공도(公道)를 해치지 않게 됩니다.

대군은 지친(至親)으로 존귀한 분이기는 하나, 신하의 반열에 있는데 신하의 병을 고쳤다고 의원에게 중한 가자의 상을 주기까지 하시니, 이는 조정의 공기를 도리어 전하의 사사로운 물건으로 만든 것입니다. 이는 사정에 치우치고 공평을 해침이 심한 것입니다.

동기간에는 정의(情意)가 서로 미덥게 되도록 힘써 피차에 간격없이 친애하면 그만입니다. 어찌 조정의 작명을 빌어 마땅치 않은 자에게 제수(除授)함으로써 구차히 자취를 남겨야만 천성에서 나오는 정을 다하는 것이 되겠습니까? 우애하는 도리는 아마도 이같이 구차하지는 않아야 할 듯합니다.

법관으로서는 사리 따라 굳게 간쟁하여 신정 초기의 상벌을 한결같이 바른 데에서 나오게 해서 치우치는 잘못이 없도록 힘써야 마땅합니다. 사연을 같이하여 합계(合啓)하려다가 곧 스스로 물러가 움츠리는 구차스런 계책을 도모해서는 안 됩니다.

신이 이 점에 대해 늘 마음속으로 개탄하고 있었는데 이제 이 벼슬(지평)에 제수되었으므로 결코 구차하게 용납하여 일을 함께 할 수 없으니 신을 빨리 체직해 주소서."

정황이 벼랑 끝에 선 느낌이다. 위험 수위를 넘은 것 같다. 대군 뒤에 누가 있는가. 실세 중의 실세인 대비 문정왕후가 있지 않은가. 새왕(인종)은 본래 병약한 몸으로 상중에 더욱 건강이 악화되어 있고 후사가 없으니, 만일의 경우 아들이 왕위에 오르게 되어 있다. 그런 대군의 병을 낫게 해준 의원에게 가자 포상이 부당하다니, 정황이 무사하기 어렵겠다. "대군은 신하의 반열에 있는데 신하의 병을 고쳤다고 의원에게 가자를 하시다니, 이는 조정의 공기를 도리어 전하의 사사로운 물건으로 만든 것"이라는 대목에 이르러서는 450년이 지난 후세의 우리들조차 마음을 떨게 한다. 내용이 이러하기 때문에 처음엔 사헌부 동료들이 합계하기로 했다가 다 빠지고 정황이 지평이 된 지 3일 만에 단독으로 계하였던 것이다.

왕은 물론 정황의 체직을 불윤(不允)하였으나 그는 재차 매우 절실하게 체직을 청했다.

"……장사날이 임박했는데 소란스럽게 아뢰는 것은 매우 황공하오나 대간의 체모로는 작은 일이라도 구차히 서로 용납할 수 없는 것인데, 더구나 소란스러움을 헤아릴 겨를이 없는 중대한 인사 문제이겠습니까……" 하지만 왕은 역시 불윤하였다.

중종의 장례를 마치고 졸곡(卒哭)이 지나서도 인종은 예를 따라 더욱 삼가고 소찬만 들며 애모(哀慕)에 겨워 건강이 날로 악화되어 갔다. 군신(群臣)이 건강식을 권하며 뜰에 서서 울며 빌었으나 왕은 오히려 굳게 거절하는 것이었다. 그러자 외척을 궁내에 들여보내어 간절히 권면하여 만분의 일이나마 왕의 마음을 돌리도록 꾀해 보고자 하는 자가 있었다. 이에 정황이 말하였다.

"종실의 원로와 두세 대신이 나서서 성의를 다하면 안 될 리 없는데, 왕위를 계승하여 바르게 왕정을 시작하는 때에 도리어 외척의 힘을 빌린다면 어찌 과오가 아니리까."

정부는 끝내 그의 말을 따르지 않았다. 왕의 병이 악화되자 정황은 위박(危迫)한 심정을 감당하지 못해 청하여 약원에 들어가 친히 탕제를 살피자, 관례에 따라 안 된다고 하는 자가 있었다. 그러자 정황은 말하였다.

"옛날 중국의 허(許)나라 세자 지(止)는 약을 먼저 맛보지 않고 올렸다가 임금이 죽었는데 『춘추(春秋)』에서는 결국 그가 시군(弑君)한 것이라고 했다. 하물며 오늘날 이 비상시에 의관에게만 맡겨 두어서야 되겠는가?"

이때 정황을 비롯한 뜻 있는 조신들은 인종에 대한 문정왕후 측의 불온하고 음험한 동향을 늘 염려하며 경계하고 있었다. 그중에서도 인종에 대한 충성이 돈독한 정황이 앉아서 보고만 있을 수 없어 문정왕후를 개의치 않고 약원에 들어가 탕제 검사를 감행하려 한 것이다. 그러나 약원 의관들의 방해로 뜻은 이루지 못했다.

중종 말년부터 중종 상중에 걸쳐 정황이 일관되게 인종 보위를 위해 보인 일련의 언행은 그때그때 문정왕후의 촘촘한 감시망에 그대로 걸려 후일의 화로 이어졌다.

을사년(인종 1. 1545) 7월, 재위 겨우 8개월째인 인종이 승하하였다. 병약한 몸으로 중종 상중에 지나치게 애상(哀傷)한 후유증으로 조서(殂逝)하니, 성군에 대한 조야 만백성의 기대감이 무너진 데 겹쳐 독살설까지 나돌아 인심이 매우 흉흉하였다. 문정왕후와 윤원형 일파 외에는 모든 조정의 신하와 신민(臣民)이 슬픔에 잠겼다. 정황의 애상은 양사(兩司. 사헌부와 사간원)에서 거론할 만큼 특별하였다. 그는 상이 나자마자 복을 입고 7일 동안 죽만 먹으니 친구들이 권도(權道)에 따라 밥을 먹도록 권유하여도 끝내 듣지 않았다. 그는 국상 중에 여러 번 몸져눕기도 하였다.

인종 국상 관련 간쟁

12세의 경원대군이 왕위에 오르고 문정왕후가 대왕대비로 수렴청정(垂簾聽政)을 하게 되었다. 이제 천하는 문정왕후의 손아귀에 들어간 것이다.

그런데 인종 상중에 문제가 하나 생겼다. 그것은 문정왕후가 상장례법을 무시하고 바로 익월인 8월에 장례를 치러 버리겠다는 단장(短葬) 발상이었다. 대행대왕에 대한 무례하기 짝이 없는 이 중대한 문제에 대하여 해괴하게도 대신들을 비롯한 그 잘난 많은 신하들 중 감히 아무도 말을 못하고 있었다는 사실이다.

이번에도 역시 정황의 등장을 기다리는 판국이 되었다. 직책상으로는 한발 비켜나 있는(삼사의 직임이 아닌 병조정랑 신분) 그가 마침내 명종 즉위년(을사) 8월 3일 입을 열었다. 항의의 상소였다.

단장 불가

"제후에게는 정해진 상제가 있습니다. 지금 아무 까닭 없이 서둘러 급하게 장례를 지내면 안 됩니다. 신이 들으니 살아 있을 때 봉양하는 일은 큰일이라 할 수 없고, 오직 돌아간 이를 보내는 일이야말로 큰일이라 할 수 있다고 하였습니다. 돌아간 이를 보내는 예는 한 번 잘못하게 되면 뒤에 후회하더라도 미치지 못하는 것입니다. 대행대왕께서 1년 재위하시는 동안 인후(仁厚)한 은택이 공경(公卿)으로부터 사서인(士庶人)에 이르기까지 두루 미쳤습니다. 그런데 이 망극한 일을 당하여 천하고 어리석고 무지한 자들도 모두 목숨이 다하고 뼈가 부서지도록 은택의 만분의 일이라도 갚으려 하는데, 뒷일을 부탁하는 유교(遺敎)를 받은 반열에서 먼저 구차하고 간략한 설을 내세워 중대사를 소홀하게 하려 할 줄 어찌 생각이나 하였겠습니까?

상을 당한 후 5개월 만에 장례를 치르는 것은 만세토록 후왕(侯王)에게 공통으로 시행되는 바꿀 수 없는 제도입니다."

장례를 급하게 당겨 행하려는 핑계가 12월 혹한기를 피하여 가을 좋은 계절에 치르자는 것이었으므로, 그는 이 점을 들어 통렬하게 비난하였다.

　　"옛날이라고 해서 어찌 겨울이나 봄에만 죽어 여름이나 가을에만 장례를 치렀겠습니까. 중국의 옛날 하(夏)·주(周)에서도 정월이나 2월에 장사를 치른 예가 허다했습니다. 당시라고 해서 혹독한 추위가 어찌 후세보다 덜했겠습니까. 그러나 지금의 우리와 같이 말한 사람이 있었다는 것을 듣지 못했습니다. 근본적으로 도와 예에 매우 어긋나는 사람이 아니라면 어찌 차마 성인의 법제를 문란케 하여 죽은 이를 생각하지 않은 죄를 받겠습니까.

　　처음에 10월 말경으로 정했다가 이것도 오히려 늦다고 생각하여 다시 중순 안으로 당겼습니다. 한 번 당긴 것도 심한데 또 어떻게 차마 두 번이나 당겨서야 되겠습니까.

　　지금 사대부의 가정에서 혹 힘이 미치지 못하거나 속기(俗忌)에 구애되어 간혹 사(士)로서 한 달이 못되어 장례 지내고, 대부로서 석 달이 안 되어 장사지내는 이가 있어도 태연히 이상하게 여기지 않습니다. 경박한 풍습이 고질이 되어 거의 고칠 수가 없으니 매우 한심합니다. 더욱이 국가의 대사를 처리하는 데 어지러워진 예법에 익숙해졌습니다. 그리하여 힘이 부족한 것도 아니고 속기에 구애되는 것도 아니면서, 꼭 염려하지 않아도 될 일을 잘못 생각하고, 차마 해서는 안 되는 일을 힘써 거행합니다. 이렇게 우리 전하와 자전(慈殿)을 미혹시켜 깨닫지 못하게 하니, 참으로 무슨 심사입니까? 대행대왕께서는 평소에 도와 예를 실천하시는 데 털끝 만한 실수도 주의하셨습니다. 만약 대행대왕의 혼령이 상제(上帝) 곁에 맴돌고 계신다면 장차 산소에서 편안하실지 모르겠습니다. 뿐만 아니라 뒷날 전하께서 학문이 더욱 진보하고 옛일을 박람하게 되면 지금의 논자들의 주장이 예의 중도에 맞는다고 하시겠습니까? 또 만약 능의 안장에 편기기만 위주한다면, 8~9월간의 일기가 가장 알맞아 공사가 아주 쉬울 터인데 왜 이때에 하지 않고 10월로 정합니까. 이는 반드시 두 달은 너무 가까워서 마음에 불편해서일 것이니, 그렇다면 국가의 마지막 영결 행사에 예를 어지럽히고도 되돌아볼 줄 모르는 것은 마음에 편안하실 수 있겠습니까? 이것은 오십보백보입니다."

거의 1,200어에 이르는 장편의 상소인데 갈수록 정서의 심연에 호소하며 그 신랄의 도를 더해 간다. 문정왕후가 과연 어떻게 반응할까? 위태롭다. 그의 말은 도도하게 계속된다.

"더욱이 대행대왕과 전하께서는 바른 의리로 맺어졌습니다. 진실로 자식이 계승한 것이나 동생이 잇는 것이나 한 세대(世代)를 이루기는 마찬가지로서 털끝만큼도 경중에 다름이 없습니다. 필부의 얕은 식견으로는 이러한 문제에 대하여 장기(葬期)를 당기거나 물리거나, 후하게 하거나 박하게 할 수도 있다고 말할 수도 있을 것입니다. 이것은 천박한 자들의 말이라 동요할 것은 없더라도 도를 아는 사람은 드물고 필부들은 세상일에 여론을 많이 따릅니다. 또한 그 주장이 정당한 이치에 근거를 두고 시류에 꼭 맞다고 여겨 뒷날 그 의혹을 분별할 여지가 없을 것이니, 어찌 그 일을 생각해 보지 않을 수 있겠습니까? 이러함에도 대신들이 어찌 유독 자기들의 견해를 고집하여 중론을 물리치고 강행할 수 있겠습니까? 전하와 자전의 지극하신 자애(慈愛)와 효성으로 대행대왕을 마지막 보내드리는 행사에 대해 처음부터 극진하지 않음이 없었으니, 더욱 그렇지 않다는 것을 분명하게 밝히지 않을 수 없습니다."

이 대문은 정말 목숨을 건 위태로운 수위다. 만약 아들이 대를 이었다면 장기를 줄일 발론조차 없었을 터인즉, 아우가 이었기 때문에 단장 논의가 나온 것이라는 말이 세간에 떠돌 수 있다고 아주 에둘러 집권파에게 가장 약점인, 문정왕후의 아킬레스건을 건드린 것이다. 정황의 예기(銳氣)가 번득이는 호소는 이어진다.

장례 마치기 전에 경연을 열다니

"경연이 급선무임은 온 나라 사람들 생각이 다 같을 것입니다. 그러나 옛날에 남을 가르치고 배우는 자들이 어찌 꼭 책으로써 글자를 읽어야만 배움이라고 하였겠습니까? 쇄소·응대하는 예절 또한 폐할 수 없습니다. 더욱이 슬픔이 극도에 달한 빈전에서 군신의 논란이 평상시와 같고, 가슴을 치며 애통하는 슬픔이 극에 달한 때임에도 아뢰는 태도가 아주 태평하니, 신은 이러한 전례가 있는지 없는지 알 수 없으나 고의(古義)에 비추어 본다면 결단코 차마 그렇게 할 수는 없다고 생각합니다. 혹시 전례가 있더라도 고의에 온당하지 못하다면 어찌 꼭 그대로 답습하여 지킬 것입니까? 재궁(梓宮)이 빈전에 있은 지 얼마 되지 않은데 이 렇게 경연을 거행하니, 비록 성인이 동몽(童蒙)의 교육을 급하게 여겼던 본의에 어긋남은 없을지라도 상중에는 3년간 말을 하지 않는다는 예법에 타당한 일이겠습니까? 중한 복을 입고 걱정스 러운 생각이 매우 절박하여 여러 신하들을 대할 시간도 없게 하 는 것 역시 학문하는 방도가 아니겠습니까? 옛날에 학문하던 방 법은 일상생활과 인륜 사이에서 일찍이 떠난 적이 없었는데, 오 늘날 학문하는 방법은 시의(時宜)는 고려하지 않고 반드시 책을 들고 글 읽는 것만 힘을 쓰니 역시 옛날의 학문하던 방법과 다릅 니다."

아니, 인종이 승하한 지 겨우 한 달밖에 안 되었는데, 물론 장례도 치르지 않고 재궁이 빈전에 있는데 새 왕을 학문시킨다고 경연을 열 고 있으니, 충신 정황이 가슴에서 불덩이가 솟아오른 것이다. 더욱이 진강하는 신하들에게 슬픈 기색을 찾아볼 수 없으니 될 말이냐. 애통 해야 할 상중에 왕이 책 몇 줄 공부하는 것보다, 선왕의 죽음을 애통 해하고 상장례 제도를 체득하는 것도 산 학문의 방법이라는, 구구절 절 폐부에서 울려나오는 부르짖음이다. 대신도, 더욱 언론을 맡은 삼 사의 요인도 누구 하나 입을 열지 못하는 판국에 방선(傍線)에 있는 병조정랑 정황의 이렇듯 용기 있는 충언에 문정왕후는 물론이고 온 조정이 진감(震撼)했을 것이다. 그의 말을 더 들어보자.

"무릇 이 두 가지는 마지막 보내드리는 예법에 중대한 관계 가 있는 것입니다. 장례 기일을 당기는 문제에서 시종(侍從)은 너무 늦다고 말하였고, 대간의 간쟁은 매듭을 짓지 못했으며, 경연의 간쟁은 여러 사람들의 생각이 모두 마땅하게 여겼으나 물러나 아무 말이 없었으니, 어찌 후회하는 일이 없도록 한다는 이치에 생각이 미쳤다고 할 수 있겠습니까? 신은 지금 병가 중으로 죽음이 임박하여 조석간에 어찌 될지 모를 목숨을 아끼지 않고 직분을 뛰어넘는 짓을 하는 것은, 실로 신이 평소에 스승이나 친구들로부터 들은 바를 성명(聖明)께서 보시는 앞에서 차마 입 다물고 있을 수 없어서입니다. 지위가 외람되이 경대부의 반열에 있으면서 국가를 생각하는 마음이 어찌 노부(魯婦. 노나라의 과부로 자신의 베 짜는 일보다 주나라 일을 걱정함)만 못하여 스스로 대단찮다고 여겨 상(上)을 저버리겠습니까?"

이상 1,200어가 넘는 장문의 상소인데 그 중심 요점은, 장례 기간 단축 불가와 경연 불가, 두 가지다. 불행했던 대행대왕에 대한 애모와 절통한 정을 담아 설진(說盡)하고 다음과 같이 맺었다.

"엎드려 바라옵건대 성명께서는 신의 외로운 정성을 가엾게 여기시고 신의 위태로움을 살피시어 특별히 이 두 가지 일을 조정에 내리소서. 대신들 역시 착하고 아름다운 도량을 넓혀 자신을 버리고 남을 따르는 미덕을 이룸으로써 대행대왕과 전하를 저버림이 없도록 한다면, 마지막 보내드리는 예에 유감이 없을 것이며, 또한 임금을 돕는 도리에 잘못이 없을 것입니다."

소가 들어가자 왕은 즉시 정원에 내리면서 일렀다. 요약하면 두 가지다. 첫째 나나 대신이 심사숙고한 끝에 날씨를 염려하여 당기려 한 것이나, 시종과 대관이 불가하다 하므로 또 생각했지만, 그래도 장례일은 미룰 수 없고 졸곡 날짜는 물려 잡을까 한다. 둘째 경연을 폐할 수는 없으나 졸곡 전까지는 조강만 하면 어떨까 하는데 원상(院相)에게 의논하라는 것이다.

이에 원상과 육조 판서가 회의하여 답계하였다. 장례는 애초에 정한 날짜를 따르고(5개월이 아님), 경연은 어린 왕에게 학문이 급선무라 잠시도 폐할 수 없다고. 이에 대하여 왕은 장례 기간을 아뢴 대로 하고(이미 정해진 短葬), 경연은 졸곡 전에는 조강만 실시하는 것이 좋겠다고 하였다. 그러나 영상 등이 경연은 조강만으로는 안 된다고 이의를 제기하였다.

결국 병조정랑 정황이 인종에 대한 충의와 상장례의 법도를 지키려고 분기하여 몸을 던져 장장 1,200여 어에 달하는 정론을 폈으나, 그 보람도 없이 인종의 장례는 새 집권파의 시간표대로 진행되고 말았다. 이 상소를 올린 뒤 그는 바로 느닷없이 의정부검상(檢詳)으로 전임되고 곧 사인(舍人) 겸춘추관편수관(編修官)으로 승진되었다. 그러나 그의 앞길에는 착한 사류들을 휩쓸어갈 격랑이 몰려오고 있었다.

출사(出仕) 이전

조금 늦은 감이 있지만, 이 대목에서 잠깐 붓끝을 뒤로 돌려 출생으로부터 출사하기까지 정황이 살아온 과정을 돌아보고자 한다.

정황은 창원 정씨(昌原丁氏)로 자(字)가 계회(季晦), 호는 유헌(游軒)이다. 중종 7년(1512)에 한성(漢城) 주자동(鑄字洞) 본제(本第)에서 출생하였다. 아버지는 사산감역(四山監役)을 지낸 세명(世明)이고, 어머니 김씨(金氏)는 장례원사의(掌隷院司議)를 지낸 김수형(金壽亨)의 딸이다. 그런데 정황의 외조부 김수형이 바로 세조(世祖)의 공신 권람(權擥. 1416~1465)의 사위이니, 그의 가문이 소위 훈구파 가문과 연결된 것이다. 그래서인지 정황의 집은 선대의 출신지인 남원에도 있고 서울에도 있었다. 소위 경저(京邸)와 향저(鄕邸)를 아울러 가진 힘 있는 가문이었다.

정황의 가문은 조상 대대로 효행에 힘써 명성이 높았다. 이런 가문에서 태어난 정황은 어려서부터 바로 천성 그대로의 효행과 우애가 매우 돈독해서 사람들이 모두 칭송하였다.

8세 때에 정암(靜庵) 조광조(趙光祖. 1482~1519)에게 가서 가르침을 받기 시작하였다. 여기에는 연유가 있다. 그의 형 정환이 이미 정암의 문인으로 수학(受學)한 지 여러 해가 되었다. 정황은 원래 재지(才智)가 총민하여 어린 나이임에도 학문의 기초가 쌓여 있어서, 그 형이 명문(名門)에 출입하는 것을 보며 자신도 따라 다니고 싶어 했다. 이에 형이 그 뜻을 가상히 여겨 이끌고 갔던 것이다.

그러나 불행히도 그가 정암 문하에 첫 발을 들여놓자마자 기묘사화가 일어났으니, 실은 정암의 친자(親炙)에 접할 기회는 적었으리라 짐작된다. 하지만 큰스승에게서는 기침 소리만 들어도 감화와 교화를 입는 것이라, 그가 단 몇 번이라도 정암에게 친히 가르침을 받았다면 그 훈도(薰陶)의 힘을 헤아리기 어려운 바가 있었을 것이다.

정황은 13세 때 경저에서 부친상을 당하여 남원 선산에 예장(禮葬)하고 형과 함께 여묘살이를 했다. 이 기간에 그는 형에게서 송사(宋史)

를 배웠다. (앞에서 언급). 그의 형 환은 자가 용회(用晦), 호가 회산(檜山)이다. 중종 11년(1516)에 사마시에 합격하고, 중종 23년(1528)에 별시 문과에 합격한 수재였다. 성균관전적, 호조좌랑, 경상도도사 등을 역임하였다. 또한 가문 전통의 효도와 우애가 지극하였다.

정황은 15세 때 복을 벗고 서울에 돌아와서 원대한 뜻을 품고 밤낮으로 학문에 정진하였다. 18세가 되자 흥성부수(興城副守) 억년(億年. 정종-定宗의 현손)의 딸과 혼인하였다. 조선의 제2대 왕의 5대 손녀를 부인으로 맞이했으니 왕실의 췌객(贅客)이 된 것이다. 그는 더욱더 학문에 진력하였다.

중종 31년 25세 때 경회루 북원(北苑)에서 실시한 왕의 친시(親試)에서 뽑혀 급제하여 마침내 조정에 진출하게 되었다. 곧바로 승문원정자(承文院正字. 정9품)에 임명되었다.

그의 거센 풍운의 관직 생활이 이렇게 시작된 것이다.

영천서원(전북 임실군 지사면 영천리 소재)

제2장

거제(巨濟)의 일월(日月)

파직

인종 1년(명종 즉위년 1545) 8월 22일 드디어 올 것이 왔다. 중종의 제2계비 윤씨(문정왕후)가 아들(경원대군)을 생산한 이후 12년간, 장차의 왕위를 놓고 내외정(內外廷)에서 온갖 음모, 모략, 공작 등으로 분란이 안으로 끌어 오다가 폭발하고 말았다. 자신의 배를 앓아서 낳은 아들을 왕위에 올리겠다는, 하늘에 사무치는 소원을 성취했으면, 봄 햇살과 같은 따뜻한 마음으로 만백성을 품어 안을 일이지 어쩌자고 피바람을 일으키는지.

구중궁궐 깊고 깊은 안방에서 갈고 갈아온 세 치 은장도를 휘둘러 섬섬옥수에 피를 묻혀 12세 아들 왕의 앞날을 축복할 셈이었나. 전왕의 장례도 마치기 전, 빈전에 아직도 눈을 감지 못했을 인종의 신체를 모셔 놓고 피의 제전을 벌이다니. 당대 나라의 주석(柱石)으로 죽어간 이가 얼마이며 동량재(棟梁材)로서 귀양 간 이가 또 그 얼마이며 유위(有爲)한 신예의 사류로서 파직된 이가 그 얼마였던가.

남명(南溟) 조식(曺植)의 말을 빌리자면 '한낱 과부와 고아'의 조정에서 바로 그 '과부'가 연출한 무서운 복수극이었다. 이름하여 '을사사화'다.

앞에서 본 바와 같이 중종과 인종의 상중에 문정왕후의 심기를 뒤집는 발언만을 계속한 정황의 운명은 어떠했을까?

문정왕후와 윤원형 측에서 아무리 잘 보아주어도 정황은 자기들 편이 아니었다. 특히 인종 승하 후 그의 언행은 이미 문정왕후의 폐부 속에 '용서 못할 사람'으로 낙인 찍혀 있을 것이었다. 문제는 그를 어떻게 어떠한 이름을 씌워 무리 없이 제거하느냐였으리라.

정황은 평소에 정언 이휘(李輝. ?~1545)·이조정랑 이중열(李仲悅. 1518~1547)과 친교가 있었다. 그런데 이 두 사람이 다 을사사화 당시 안세우(安世遇)의 무고로 빚어진 주서(注書) 이덕응(李德應. ?~1545)의 역모 사건에 연루되었다. 여기에 정황을 엮어 넣으려 했었던 모양인데 이중열이 차단에 성공하여 정황은 모면할 수 있었다.

오히려 윤원형이 평소에 정황의 명절(名節)을 아껴 회유하려고 공을 들였다. 윤은 심복 윤춘년(尹春年)을 밤중에 몰래 보내어 거듭 화복(禍福)으로 말을 꾸며 설득하였으나 정황은 끝내 들어주지 않았다.

을사년 9월 12일 마침내 사헌·사간 양사에서 정황의 처벌 문제를 들고 나와 계하였다. 윤원형 일파가 쳐놓은 촘촘한 그물을 피할 수 없었다.

"직제학 이약해(李若海. 1498~1546), 사인 정황, 이조좌랑 노수신(盧守愼. 1515~1590) 등은 물의(物議)가 많으니 청현직(淸顯職)에 있게 할 수 없습니다. 체직시켜 주소서."

물론 '아뢴 대로 하라'는 비답(批答)이 내렸다. 이번 양사의 체직 요청 계에서 그냥 보아 넘길 수 없는, 사신(史臣)의 주(註)가 하나 있다. 그것은 체직 대상을 열거하는 데 정황 이름 바로 아래에 붙인, 그의 사람됨을 소개한 글이다.

"정황의 자는 계회(季晦)다. 성품이 오활하고 우매하지만 부형에게 효도와 우애가 극진하였다. 평소에 병이 많았는데도 인종의 초상에 복을 입으면서 7일 동안 죽만 먹자, 친구들이 권도에 따라 밥을 먹으라 권유해도 끝내 들지 않았다. 국가에 하나라도 잘못된 일이 있으면 반드시 강력히 말하여 꺼리지 않았는데, 그렇다고 들추어내는 것을 강직한 것으로 여기지도 않았다. 노수신과 함께 명성을 떨쳤는데 죄를 받게 되자 사람들이 모두 애석하게 여겼다.”

파직이 아니라 체직을 요청했으니 의외로 가벼운 징계안이다. 이상하다. 그럴 리가 없는데.

그렇지. 가벼운 솜방망이는 한낱 전주곡이었다. 얼마쯤 지난 10월 10일에 원상(院相) 이기(李芑. 1476~1552)가 체직으로 그친 정황을 파직해야 된다고 계하여 결국 삭탈관직 처분이 내려졌다.

그래도 사사(賜死)나 유배를 면하고 파직에 그쳐 부모에게서 받은 신체발부(身體髮膚)를 보전하게 되었으니 천만 다행한 일이었다. 모친상 복을 벗고 조정에 복귀하여 겨우 만 3년간에 두 번의 국상을 치르는 과정에서 옳은말 바른말을 쏟아낸 우국 충정이 삭탈관직으로 돌아왔다. 그는 미련없이, 아니 흔연히 이 처분을 감수하고 고향 남원으로 돌아갔다.

남원의 산천은 예와 다름없이 한정(閑靜)하고 유정(有情)하고 아름다웠다. 살벌한 조정에서 시달리고 지친 정황의 심신을 남원의 산천은 기꺼이 받아들여 위로하며 치유해 주었다. 돌아온 이듬해 명종 원년 8월에 윤원형이, 사예(司藝) 이수경(李首慶)을 논척(論斥)하는 과정에서 그를 이휘·이중열과 같은 역적이라고 하여, 정황을 역적과 동류로 인식한 발언이 있었다. 이런 일 외에는 별다른 탈이 없이 한가로운 전원 생활을 즐기며 지냈다.

유배

문정왕후·윤원형은 참 집요하였다. 을사사화에 겨우 살아남은 사류들을 그대로 놓아두지 않고 겨우 한 해 걸러 명종 2년 정미(丁未. 1547)에 기어이 또 피바람을 일으켰다.

을사사화의 후렴이라 할, 양재역 벽서에서 불붙은 이른바 정미사화다. 윤원형의 패거리 부제학 정언각(鄭彦慤. 1498~1556)이 양재역에서 주워 온 벽서 한 장에서 발단한 무옥(誣獄)이 을사년에 겨우 살아남은 사류를 함정으로 몰아넣었다. 이른바 정미사화다. 많은 사류가죽고 귀양 가고 추방되었다.

남원의 수려하고 명미(明媚)한 고향 산천에서 유연하게 여생을 보내도록 놓아두지, 무엇 때문에 날갯죽지 잃고 날려야 날 수 없는 아무힘 없는 한낱 야인, 정황을 기어코 옭아매단 말인가. 예나 이제나 냉혹하고 표독스러운 것이 정치의 속성이긴 하지만.

명종 2년(1547) 3월 14일, 운명의 논고와 판결이 내려졌다. 사헌부·사간헌 양사에서 계하였다.

"……노수신과 정황은 본래 못나고 망령된 자들입니다. 헛된 칭찬과 명예를 내세우며 부박한 무리를 고무 선동하여, 식견 있는 주위 사람들로 하여금 감히 말을 꺼내지 못하게 하였습니다. 과격하고 괴이한 사습(士習)을 빚어내어 시사(時事)를 분란시켰습니다. 멀리 유배시켜야 합니다."

더 이상 논의가 필요 없었다. 미리 짜여진 각본에 따라 지령을 받고 양사가 앵무새 노릇을 한 것이다. 당시의 양사는 정상적인 언론 기관으로서의 기개와 권위를 이미 잃고 있었다. 지절(志節) 있는 사류가 사라진 뒤이니 윤원형·이기 등의 하수인, '지당 언관'들이 자리를 더럽히고 있었다. 참 추하고 부끄러운 세월이었다.

양사의 계에 왕은 기다렸다는 듯이 '노수신과 정황의 일, 아뢴 대로 하라'고 즉답하였다. 그는 원방 유배라 경상도 남쪽 먼 바닷가 곤양(昆陽)으로 귀양 갔다. 이때 그의 나이는 한창 장년 36세였다. 긴긴 세월 섬에 묶여 어이할꼬.

정황이 곤양 유배지로 간 뒤 얼마 안 되어 7월 1일이 돌아왔다. 이 날이 어떤 날인가? 바로 2년 전 인종이 승하한 날이다. 그러니 이 날은 민간에서 말하자면 대상 날이다. 그는 인종의 승하로 말미암아 유배된 것이고, 그 유배지에서 인종의 대상을 맞이한 것이다. 그 무렵 그는 곤양의 서봉사(瑞鳳寺)에 있었는데 이 날 남다른 감회에 젖었다. 그는 가슴 속에서 치미는 불덩이를 억누르고 통곡하면서 5언배율(五言排律) 한 수를 읊었다.

이 시 중에서 처음 4구와 끝 8구를 들어 유배지에서 인종의 대상(大祥)을 맞이했던 정황의 감회의 일단을 촌탁해 보고자 한다.

「감음(感吟)」

머나먼 변방에 외로이 던져져	絶徼投孤跡
누구와 함께 평생 사모할까	誰同沒世思
하늘 무너지는 설움 겪고 나서	天崩初戚杞
세월은 살 같아 벌써 두 해	駒隙再回期
(중략)	
대의 저버리고 어찌 부끄러운지	負大顔何覥

시름 깊어 귀밑머리 세었네	憂幽鬢已絲
사모하며 멀리 능을 바라보니	依依望陵邑
면면한 그리움 하늘가에 막히네	脈脈隔天涯
거년엔 묘지 아래 있었거니	前歲松楸下
올해는 기운 사나운 먼 바닷가	此年瘴海陲
병은 깊어 넋은 죽음 바라며	病吟魂欲死
홀로 피눈물 턱을 적시네	獨立血交頤

　가해자들은 곤양 유배로는 성에 안 찬 듯 그 해 9월 18일, 삼공이 함께 정황을 절도안치(육지에서 먼 섬으로 유배 보냄)에 처하도록 왕에게 봉진(封進)하고, 바로 이튿날 왕은 절도안치를 명하였다. 일종의 가중 처벌이다.

　명종 3년에 37세의 정황은 곤양에서 거제도로 쫓겨가 섬에서의 귀양살이에 들어갔다. 풀려날 기약이 없는 귀양살이, 그러나 그는 절망을 딛고 평소에 믿으며 행해 오던 바른길을 굳게 지키고, 오직 경적(經籍)을 가져다가 정밀하게 연구하였다. 비록 섬이라고 하나 다행히 거제도는 절해(絶海)의 고도(孤島)는 아니다. 하나의 군을 이룰 만큼 크고 기후는 온난하고 물산이 풍부하며 인심이 순후하였다.

　그는 자신이 놓인 처지를 태연히 평안하게 받아들여 안심입명(安心立命)을 꾀하고 독서와 저술에 매진하였다. 한번은 윤원형의 지시를 받은 자가 찾아왔다. 그는 윤원형의 치사(致辭)와 위로의 말을 전하며 윤에게 돌아서기를 은근히 권하였다. 정황은 요지부동이라, 그자는 빈 손으로야 돌아갈 수 없으니 무슨 한 마디 말이라도 들려주어, 가서 보고할 건덕지를 마련해 달라고 사정하였다.

정황은 자세를 바루고 곧추앉아 죽음을 걸고 맹세하듯 결연하게 일렀다.

"들으라. 나는 이곳에서 조석으로 후명(後命. 유배중인 죄인에게 사약을 내림)을 기다리고 있다. 어찌 감히 서로 누가 되는 일을 할쏘냐."

이에 그자는 부끄러워하며 물러갔다. 정황의 마음가짐이 이처럼 곧고 굳고 명확하였다. 윤원형 따위의 사특한 마음이 비집고 들어갈 틈이 있을 수 없었다.

학구 생활

정황의 14년에 걸친 유배 생활은 시종 독서와 저술에 전념하는 학구와, 존심양성(存心養性)에 진력하는 수양으로 일관하였다. 많은 시문(詩文)과 논저를 남겼다. 그는 학문 외에는 관심 두는 곳이 없었으나, 그래도 본시 충효 가문 출신이라 두고 온 조정·임금·나라의 안위를 잊고 지낼 수는 없었다. 아니, 오히려 세월이 지날수록 임금을 사랑하고 나라를 근심하는 정성이 더욱 간절해졌다. 들려오는 소식마다 나랏일이 잘되어가는 말보다는, 문정왕후의 국기를 뒤흔드는 비정(秕政)과 윤원형 등 권신의 폭정으로 민생이 도탄에 빠지고 있다는 비보(悲報)뿐이었다. 그의 애군·우국지성의 어두운 그림자가 얼굴과 몸매에 현저히 드러나 주위 사람들이 그의 심중을 헤아릴 만하였다.

그는 귀양살이 신분이다. 조심하고 삼가며 없는 듯이 죽어지내야 하는 신세다. 그러나 그에게는 조선 건국 이래 150여 년간 유학 이념이 함양해 온 사기가 혈맥 안에 고동치고 있고 생래의 애군·우국지성이 살아 있었다. 유배 오면서 이미 후명을 각오한 몸, 어찌 구차하게 연명을 강구하랴.

그는 가만히 잠자코 있을 수 없었다. 분연(奮然)히 일어나 심신을 가다듬어 붓을 들었다. 목숨 걸고 당시 국정의 여러 폐단을 극력 진술하는 상소문을 작성하여 올리려 하였다. 그때 마침 남명 조식이 그를 만나려고 배소에 찾아왔었다. 남명이 그의 상소문을 보았다. 일찍이 명종과 문정왕후를 채찍질하는 과격한 상소문을 올린 강직한 남명이건만, 정황의 상소문이 너무 과격하다고 빼앗아 올리지 못하게 하였다. 비록 상소하는 뜻은 이루지 못했으나 그의 애군과 우국의 간절한 정성은 한때도 잊은 적이 없었다.

그는 정말 열심히 공부했다. 유학의 경전은 말할 것이 없고 자·사·집(子史集)을 섭렵하였다. 그리하여 『부훤록(負喧錄)』, 『장행통고(壯行通考)』 각 10권을 저술하였다.

유배 생활에도 불구하고 대인 관계에 따른 서(書), 제문(祭文), 만사(輓詞), 묘갈문(墓碣文), 묘지명(墓誌銘) 등 각종의 글을 많이 찬술(撰述)하였다. 주요한 것들을 들어본다. 죽은 자씨(姉氏)의 제문, 종실(宗室) 철산부수(鐵山副守)의 제문·묘지명, 창원 정씨 족보서(昌原丁氏族譜序), 회재 이문원공 묘지명(晦齋李文元公墓誌銘), 이희안(李希顔)·성제원(成悌元) 애사(哀辭) 등이다.

이 중에서 특기할 사항은 회재 이언적(李彦迪. 1491~1553)의 묘지명이다. 회재는 정황과 마찬가지로 정미사화에 연루되어 강계로 귀양가서 돌아오지 못하고 유배 중 명종 8년(1553)에 정황보다 앞서 타계하였다. 회재는 훗날 문묘(文廟)에 종향된 대유(大儒)로, 동방 18현 또는 5현 중의 하나다. 이러한 대유의 묘지명을 유배 중의 정황이 지었다는 것은 그의 학자로서의 위상과 문장가로서의 명성을 드러내고도 남음이 있다.

정황은 공식적으로는 죄인의 신분으로 거제도에서 귀양살이하고 있음에도 전기 남명의 내방이 있었고, 또 당대의 저명한 학자 한강(寒岡) 정구(鄭逑. 1543~1620)의 내방이 있었다. 한강은 퇴계와 남명 두 문중의 고제(高弟)였다. 사람 그리운 귀양살이에서 한강 같은 학자의 내방이 얼마나 반가운 만남이었겠는가. 의기상통하는 두 사람은 학문과 시사 문제에 대하여 심도 있고 흥미진진한 이야기꽃을 피웠을 터이다. 때로는 비분강개도 하고 고담준론(高談峻論)도 오갔으리라.

이날의 대화 중에서 특히 정황이 의미 있는 질문 하나를 던졌다. 그것은 정황이 서산(西山)의 출사에 대하여 의문이 있어서 한강에게 물은 것이다.

"사미원(史彌遠)이 양후(楊后)와 공모하여 이종(理宗)을 세우고 나서 원래의 태자를 폐하고 죽였습니다. 그러니 이종에게 죄가 없지 않은데도 서산이 그 조정에서 벼슬한 것은 어째서입니까?"

이 질문의 내용에 대한 약간의 설명을 덧붙여야겠다. 중국의 남송 제4대왕 영종(寧宗)이 죽자 재상 사미원이 영종비인 양후와 공모하여, 왕위 계승 예정자인 양황자(養皇子) 귀화(貴和)를 폐하여 죽이고 기왕(沂王) 귀성(貴誠)을 제위에 올렸다. 이가 곧 남송 5대 왕 이종(理宗)이다. 이종의 즉위는 사미원이 영종의 유조(遺詔)를 가칭한 음모에 의한 것이므로 정통성이 없었다.

그런데 문제는 대의명분을 존중하는 주자 학파의 학자 서산 진독수(眞獨秀)가 이 정통성 없는 이종의 조정에 출사하여 한림학사가 된 것이었다. 정황이 평소에 이 점에 대하여 의문을 품어오던 차에 한강을 만나자, 진독수가 불의한 조정에 출사한 이유를 물었던 것이다.

한강은 즉답을 피하고 돌아가 퇴계에게 물었다. 퇴계는 "이것 참 좋은 질문이다. 전유(前儒)들이 아직 생각하지 못한 대목이다."라고 칭찬하였다.

이는 정황의 진지하고 도저한 학구적인 자세를 드러내는 하나의 좋은 에피소드다. 아울러 즉답을 피하고 일단 스승에게 가르침을 구하는 한강의 겸허하고 신중한 자세와, 질문을 받은 스승 퇴계의 후배에 대한 사랑과 배려가 잘 드러난 미담이라 하겠다.

최후

유형지의 세월은 더디고도 빨랐다. 낯선 산천과 익숙지 못한 풍토에서 처음의 하루는 한 달처럼 길고 한 달은 1년처럼 길었을 것이다. 얼마나 많은 시름이 쌓이고 회한이 서렸으랴만, 체념을 넘어 사색하고 책 읽고 저술하는 세월은 빠르기도 하였다. 해배 소식은 바다가 삼키는지 아득한 가운데 어느덧 14년이 되어가고 있었다.

아무리 강단 있고 대쪽 같은 지기(志氣) 높은 선비라 한들 철인(鐵人)이 아니잖은가. 원래 병약한 몸에 가정의 온기와 가족의 훈기(薰氣)에서 격리된 지 오래라, 육신은 시나브로 시들어가고 있었다. 거기에다 섬 특유의 풍토적인 장기(瘴氣)도 가해져 몸안에 병소(病巢)가 자리잡고 있었을까?

명종 15년(1560) 여름에 달포쯤 더위 증세로 병석의 몸이 되었다. 어떻게든 살아남아 해배의 밝은 날을 맞이하고 떳떳하게 이승을 떠나야지 여기에서 마칠 수야 없지 않으냐, 그래서 심신을 가다듬고 백방으로 치료를 받았다. 그러나 이미 기울어진 명운, 그의 간절한 소망과 약석(藥石)의 효과 없이 7월 6일 해산(亥山)의 귀양살이 오두막에서 숨을 거두었다. 부음(訃音)을 들은 이 모두가 놀라고 슬퍼하였다.

우암(尤庵) 송시열(宋時烈. 1607~1689)은 정황의 신도비명서(神道碑銘序) 말미에서 그의 일생을 단 몇 구절로 요약해서 설진하였다. 백천언이 필요 없다.

"……일찍이 『장행통고』, 『부휘록』 각 10여 권을 편집하고 나서 이르기를 '이것들은 공부를 낭비한 것이라 성현의 학에 잠심하여 본원(本原)에 전력(專力)한 것만 못하다.'고 하였다. 공은 참공부가 깊고 대의를 밝고 환하게 알았으므로 비상의 사태를 만나 지조를 잃지 않았다. 비록 옛말의 소위 은산철벽(銀山鐵壁)이라 하더라도 어찌 이보다 더할 수 있으랴. 전(傳)에 이르기를 '죽음에 이르러도 지조를 변치 않으니 강하다, 꿋꿋함이여!' 하였으니, 공이야말로 참으로 군자인이라 할 수 있다."

선조 3년(1570) 왕명에 의하여, 삭탈되었던 관작이 되돌려졌다.

광해군 11년(1619)에 남원 유림이 영천서원(寧川書院)을 창건하고 향사하였다. 이 서원은 숙종 12년(1686)에 사액(賜額)이 있었다.

숙종 30년(1704)에는 통정대부 홍문관부제학 증직을 받았다.

숙종 34년(1708)에는 다시 자헌대부(資憲大夫) 예조판서 증직, 충간공(忠簡公) 시호를 받았다.

제3장

문학

문집

유헌에게는 문집 『유헌집(游軒集)』 3책이 있어서 후세에 전해진다. 그의 성리학에 관한 본격적인 논저는 많지 않다. 『유헌집』의 「잡저(雜著)」 편에 학문의 편린(片鱗)이 산견(散見)될 뿐이다.

『유헌집』은 그의 5대손 재흥(載興)의 집에 소장되어 온, 유헌의 유배중 수록본(手錄本)을 우암의 고제(高弟) 권상하(權尙夏. 1641~1721)가 편집하여 숙종 41년(1715)에 영천서원에서 간행하였다.

뒤에 또 후손이 여러 전적에서 글을 수집하여 증보하고 연보(年譜)를 편찬, 합편하여 총 4권과 부록을 합해서 3책으로 순조 1년(1801)에 중간본을 냈다. 문집의 구성은 아래와 같다.

<권1>
부(賦) 4편
　　별지부(別知賦)
　　술회부(述懷賦)
　　몽위인부(夢偉人賦)
　　항해부(航海賦)
　　5언고시(五言古詩) 15제 21수
　　7언고시(七言古詩) 5제 5수
<권2>
　　5언절구(五言絶句) 20제 30수
　　7언절구(七言絶句) 60제 71수

연구(聯句)

5언율시(五言律詩) 31제 32수

7언율시(七言律詩) 56제 61수

5언배율(五言排律) 6제 6수

7언배율(七言排律) 2제 2수

<권3>

계사(啓辭)

　청 중종대왕릉전 개호 계사(請中宗大王陵殿改號啓辭)

　재계(再啓)

일기(日記)

별기(別記)

잡저(雜著)

　고종호학록(高宗好學錄)

　헌종청언록(憲宗聽言錄)

　맹장자효우록(孟莊子孝友錄)

　고종조갑자애록(高宗祖甲子愛錄)

　헌종(憲宗)

　덕종(德宗)

　송예조(宋藝祖)

　위효문(魏孝文)

　여강군 보담소급가존 약간조(輿姜君保談所及可存若干條)

서(序) 1편

기(記) 1편

논(論) 1편

송(頌) 1편

제문(祭文) 3편

<권4>

갈명(碣銘) 2편

묘지(墓誌) 7편

전(傳) 4편

<부록(附錄)>

행장(行狀) 등 13편

시(詩)

시형은 5언·7언고시, 5언·7언절구, 연구(聯句), 5언·7언배율 등 다양하며 화답한 시가 많다. 시가 양적으로 많지는 않지만(230여 수) 문학적인 수준이 높으며 7언절구와 7언율시에 특장(特長)이 있는 듯 양적으로 과반을 차지한다.

섬에서 유배 생활을 하면서도 친지와 주고받은 시가 가장 많으며, 심지어 정미사화에 같이 유배되어 진도에 가 있는 노수신에게 보낸 시도 수 편 있다. 때에 따라 일어나는 감상을 읊은 시가 다수 있고, 역사상 사실에 강개(慷慨)하는 시나 독후감의 시도 눈에 띈다.

유헌은 언관으로서 조정에 나서면, 서릿발 같은 의기와 도도한 변설로 거침없이 소신을 피력하여 정치(正治)를 구현코자 하는 강의(剛毅)한 선비였다. 그러나 '글은 바로 그 사람'이니, 그의 글 특히 시에 그의 사람으로서의 참모습이 드러난다.

그의 시는 대부분 유배 생활 중에 지은 것으로, 7언절구가 양적으로 가장 많으며 문학성도 높은 듯하다. 시에 드러난 유헌은 감성이 풍부하나 유배 중임에도 격한 감정의 분출이 없고, 매우 안온하고 절제된 정서를 통해 관조(觀照)의 경지에 이른 감이 있다.

우선 7언절구 몇 편을 들어본다.

「우후춘망(雨後春望)」

비 개자 꽃 버들 빛 더욱 곱고	花柳濃光小雨餘
화사한 봄 마음씨 여인 같구려	東君心事婦人如
사 년이나 살았어도 하늘 끝 손님	四年住得天涯客
이 봄 아니면 쓸쓸함 어찌 위로하리	非此將何爲索居

「해산월가(亥山月歌)」 ※해산은 거제도 배소

휘영청 달 밝은 가을의 해산	滿輪明月亥山秋
그림자 비친 바다 넓고 넓어라	影入東洋萬頃流
병 많아 문 닫고 북창 아래 누워	多病杜門北窓臥
서울을 볼 수 없는 타향의 몸	長安不見在他州

400여 년이 지난 우리 후세 사람의 가슴을 뭉클하게 하는 만시(輓詩)를 한 편 제시코자 한다. 그것은 정미사변으로 함께 유배에 처해진 회재 이언적에 대한 만시다. 회재는 강계로 유배되어 미처 해배되지 못한 채 명종 8년(1553)에 그만 별세하고 만다. 이 부음(訃音)이 3천 리 떨어진 거제도에는 이듬해에 풍편에 들려온 것이다. 동병상련(同病相

憐) 그 이상이다. 같은 귀양살이 처지인 데다 평소에 존경하던 선배 학자의 원통한 죽음에 유헌은 단장(斷腸)의 아픔으로 7언율(七言律)의 만시를 지어 보냈다. 7년 후에는 그도 배소에서 불귀의 객이 되는 같은 운명에 처해진다.

「회재 이공만(晦齋李公輓)」

아아, 공이여! 어쩌다 이 지경이 되었소	吁嗟公也至於斯
다시는 나라에 일월이 빛나지 않으리니	無復邦家日月輝
배우는 이들 어디로 돌아갈 길 찾을꼬	學者從何歸的路
우리 백성 이제 모두 오랑캐 되리니	吾民自此盡侏離
깊은 산 큰 못에서 용들 떠나 버리고	深山大澤龍蛇去
고금을 통하여 길이 짝할 이 드물리니	往古來今配耦稀
바로 동방을 향함이 생의 원리인데	直指扶桑是生理
공은 무덤 길에 임하니 또 어긋났구려	公臨壙道又相違

이제 순수 서정의 5언절구 한 수. 괴로운 귀양살이에도 임금을 그리는 뜻을 담은 이른바 '충신연군지사(忠臣戀君之詞)'다.

「유의즉사(有意卽事)」

외로운 섬에도 봄기운 피어나니	孤嶼發春心
겨울 매화 추위 시름 다 여의네	寒梅費病吟
그리운 미인을 볼 수 없음이여	美人不可見

비낀 달 아래 먼 산만 바라보네　橫月下遙岑

고도(孤島)에서의 유배 생활에도 유헌은 친지들과 주고받은 시가 꽤 많다. 퇴계(을사사화 때 정황과 같이 파직당했다가 곧 복직), 소재(노수신. 정미사화 때 진도로 유배), 하서(을사사화 직전 사직 귀향) 등이 대표적이다.

여기에서는 퇴계에게 보낸 5언절구 한 수를 소개한다. 유학자다운 진면목을 드러낸 시다.

「**봉정퇴계**(奉呈退溪)」

열두 해를 남쪽 변방에 와 있는데　一紀南荒遷
인간의 도리는 시경 서경에 있구려　人道坐詩書
시경과 서경을 이제야 알 만하오　詩書今可知
이 아니면 그 무엇이 날 위로하리　非此何慰余

마지막으로 장장 104구에 이르는 장편의 7언고시 「계룡산시(鷄龍山詩)」 한 수를 살피고자 한다. 이 시는 유배지 거제도의 진산(鎭山)인 계룡산을 제재로 읊은 시다. 서정·서경·서사의 요소를 모두 원용하여, 심신을 의탁할 곳 없는 '천애객(天涯客)'으로서 계룡산에 정을 붙이고, 주객일체의 경지에 이르러 회포를 풀어냈다.

이 시에서 볼 수 있는 유헌은 결코 서생풍의 섬약한 선비가 아니라 호쾌(豪快)하고 장대(壯大)한 기상을 지닌 대장부다. 유배 중의, 위축되어 쪼그라들고 기력 잃은 촌부(村夫)가 아니다. 호걸지사의 기개를 지니고 있기에 시상이 웅대하고 사기(詞氣)가 분방(奔放)하다.

여기서는 첫 부분의 10개구와 끝 부분의 8개구를 들어보겠다.

「계룡산시(鷄龍山詩)」

계룡산은 바다 속에 있어 푸르고	鷄龍山在海中碧
가파른 산세가 동방 하늘 누르네	峥嶸勢壓扶桑天
고래가 뿜어내는 물기둥 우뚝	鯨噴萬頃屹砥柱
창파는 거의 뽕밭 되어 보이네	滄波幾見爲桑田
바위산은 빼어남 겨뤄 남쪽 진정하며	巖巒競秀壯南鎭
동서로 백 리나 서로 이어졌네	東西百里根相連
관문은 빙 둘러 줄 지어 요해를 잇고	環列關防趁要害
요해처는 산 앞뒤에 나뉘어 여덟	形勝八分山後前
오아에는 예로부터 대장영을 두고	烏兒自古置大帥
오포의 봉화는 높은 산정으로 통하네	五浦烽火通危巔
(중략)	
비 온 뒤 북창 아래 국화를 가꾸고	雨邊栽菊北窓下
사랑스런 겨울꽃 눈서리 속에 고와라	爲愛寒花霜雪鮮
처마 앞에 생강 십여 본 심으니	簷前種薑十餘本
신명이 통하여 사기와 더러움 맑히네	神明可通邪穢蠲
소요하기 어느덧 마칠 해가 되는데	於焉逍遙以卒歲
어찌 몸이 얽매이게 되기를 생각하리	豈念身是爲拘攣
어떻게 응당 높은 정상 한번 오르고파	何當一凌高頂望
양 겨드랑이 날개 펴 훨훨 날아오르네	兩腋羽翰飛翩翩

부(賦)

『유헌집』에 수록되어 현존하는 부는 모두 4편이다. 「별지부(別知賦)」, 「술회부(述懷賦)」, 「몽위인부(夢偉人賦)」, 「항해부(航海賦)」 등이다.

「별지부」는 『유헌집』의 첫머리에 올라 있어 아래에 전문을 소개코자 한다. 유배지에서 지나온 세월을 돌아보고 회한과 더불어 미인(임금)을 그리는 절절한 심사를 담담하게 읊었다.

「술회부」는 자전적 작품으로 사별한 부모·형·자(姉) 등 가족의 애사(哀史)를 담고 있다.

「몽위인부」는 풍부한 상상력으로 유헌이 항상 마음 속에 조소(彫塑)하고 동경(憧憬)하던 군자상 내지는 대인상(大人像)을 표출하였다.

「항해부」는 송(宋)나라가 북방의 금(金)국에 패망하여 남으로 양자강을 건너 남송을 건국한 고종(高宗), 남송마저도 지탱 못하고 원(元)에게 패하여 바다에 빠져 죽은 말제(末帝) 위왕(衛王) 등을 중심으로 송의 망국 비사(悲史)를 조상하였다.

「별지부」 ※명종 4년(유배 3년째) 작

산은 서리서리 빙 둘러 있고	山盤盤兮紆廻
바다는 깊고 깊어 휘감아 돈다	海幽幽兮環周
내 생애를 도깨비에게 붙이고	寄生涯於魑魅
음식을 억지로 구했어라	飮食强而焉求
소리개 날개 아래로 떨어져 내려	鳶羽趈趈而自落
내게 목숨 구하나 어쩔 수 없네	救余命其何修

옛날 부모님 일찍 여읠까 서러워 　　昔余怨怙恃之早世

오래 늘이고자 내 근심 무거웠네 　　俾其延兮重余愁

하늘은 널리 덮어 주어 용서하며 　　天廣覆而容假

군자를 욕뵈는 슬픔도 거두네 　　辱君子之哀收

생사의 은혜도 갚을 수 없음이여 　　恩生死而莫酬兮

벽촌에서 세 번이나 봄을 전송하네 　　三餞春於荒陬

벼슬 전을 생각하면 심히 어그러져 　　顧初服焉殊戾兮

볼 낯 없어 부끄러움 일어나네 　　靦面目兮舉羞

진실로 앙화는 나로 말미암음이니 　　固殃禍之由己

또 골육의 상고가 이어졌네 　　又骨肉之連憂

할 일이 있는데 오래 슬퍼함이여 　　有所爲而長慟兮

숨겨진 나의 생각 꺼내지 말자 　　秘余思之莫抽

바라건대 헤매지 말고 자립하라 　　庶迷復而自立兮

대낮에 홀연히 물 흐르듯 　　白日忽其如流

큰 길은 멀어 그 어디인가 　　緬周道其何許兮

옛 사람의 행실 굳셈을 추억하네 　　追古人之行輈

높은 계룡산이여 집 뒤에 있고 　　巍鷄龍兮屋後

소나무 하늘 높이 늘어서 가지 서로 맺고 　　松參天兮枝相摎

저 하늘 가 한쪽에 미인 그리며 　　懷美人兮天一方

번민하여 나는 나부에 있네 　　悶來酌我羅浮

아아 한번 만날 기약 없어라 　　吁一接之無期

애오라지 난을 땀이여 내 뜻이 아니야 　　聊採蘭兮不自由

동풍을 통해 소식을 부치리 　　因東風以托音兮

돌아가지 않으리 아아 누가 머물지 　　歸不歸兮謇誰留

자고로 선비란 뼈를 깎고 피를 말리는 과거 공부를 하여 천행으로 급제하면 조정에 진출하여 소위 치인(治人)이라는 막중한 일에 종사한다. 관리가 되는 것은 개인의 출세욕의 만족이나 명예·영달을 위한 것이 아니고, 태평한 나라와 백성의 삶을 안정시키는 데 신명(身命)을 다하는 일이었다. 한 마디로 '국태민안(國泰民安)'을 위함이었다.

과거라는 지난한 관문을 뚫고 고원한 이상과 충천하는 사기를 지니고 관도에 오른 순간부터 청순한 신예들은 기성의 혼탁한 관장(官場)과 정치판에 몸을 적시게 된다. 유교적인 세계관과 정치 이상을 실현코자 한 열정은 세월과 함께 시들어 가고 각박한 현실판에서 부대껴 삭아든다. 그러다 보면 혹은 충신도 되고 혹은 권신·간신·유신(諛臣)·탐관오리, 심지어 역신도 된다. 전자는 열의 하나요, 후자들이 열의 아홉이다. 왜냐하면 전자는 수난의 길이며 때로는 목숨까지 내놓아야 하지만, 후자는 우선 안락과 영화를 누릴 수 있기 때문이다.

유헌은 훈구파 대신의 외손이요, 왕실의 가까운 췌객이라, 급제 후 집권 세력에 적당히 추세하고 영합했으면 평생 고위 관직에서 안락을 누렸을 것이다. 그럼에도 그는 선비로서의 초심을 잃지 않고 정도(正道)와 충군 애국의 고절(高節)을 지켜냈다.

중종·인종의 연이은 국상 중에, 서슬 퍼런 문정왕후에 맞서 정론을 설진한 정황. 백관 중 홀로 문정왕후·윤원형에게 살아 있는 선비의 기상을 보여주고 경각심을 불러 일으켰다. 결국은 거제로 유배되어 14년간 독서와 저술로 패역(悖逆)의 세월을 이겨내다 배지 해산(亥山)에서 숨을 거두었다. 향년 49세. 나라의 동량재가 미처 자라지도 못한 채 난세의 광풍에 꺾이고 말았다. 하지만 청사(靑史)는 그의 의로운 이름을 길이 전하고 있다.

전라도 사람들 7

펴낸날 | 2019년 10월 20일 초판 1쇄 발행

지은이 | 김정수
펴낸이 | 김병준
펴낸곳 | (주)하서출판사
주 소 | 서울특별시 강남구 논현로 71길 14
전 화 | 02)2237-8161(대표) | 02)557-6352(팩스)
등 록 | 제2009-000078호(1967. 12. 18)

편집책임 한은선
ISBN 978-89-6259-253-5 03990

잘못 만들어진 책은 구입하신 곳에서 바꾸어 드립니다.
책값은 뒤표지에 있습니다.